재난공동체 일본

SNU일본연구총서 17

재난공동체 일본

초고령·재난 사회에서 돌봄과 유대의 재편

초판 1쇄 발행 2024년 12월 31일

편저자 박승현·지은숙·권숙인

펴낸곳 서울대학교출판문화원
주소 08826 서울 관악구 관악로 1
도서주문 02-889-4424, 02-880-7995
홈페이지 www.snupress.com
페이스북 @snupress1947
인스타그램 @snupress
이메일 snubook@snu.ac.kr
출판등록 제15-3호

ISBN 978-89-521-3880-4 94330
978-89-521-1086-2 (세트)

이 연구는 2020년 서울대학교 일본연구소 관정일본연구사업의
지원을 받아 수행되었습니다.

SNU일본연구총서
17

재난공동체 일본

초고령·재난 사회에서 돌봄과 유대의 재편

박승현·지은숙·권숙인 편저

서울대학교출판문화원

Rebuilding Japan, a Disaster Community

Park, Seung-hyun

Jee, Eunsook

Kweon, Sug-In

Seoul National University Press

초고령·재난 사회 일본

2024년 새해 첫날 이시카와현 노토반도(能登半島) 지진이 발생하여 많은 사상자가 발생했다. 가옥과 마을은 파괴되었고 여진의 공포가 살아남은 사람들의 삶을 위협했다. 2024년 1월 17일 고베에서 개최된 한신아와지대진재(阪神淡路大震災, 이하 한신대지진) 추도식은 노토반도 지진의 희생자들을 애도하는 것이기도 했다. 고베 시민들은 한신대지진이 발생한 새벽 5시 46분에 이어서 노토반도 지진이 발생한 오후 4시 10분에도 묵념을 하며 '함께(ともに)', '고베에서 노토(能登)로'라는 메시지를 보냈다.

1995년 발생한 한신대지진은 아와지섬 북부를 진원으로 하는 규모 7.3의 대지진이었고, 도시직하형 지진의 궤멸적인 파괴 속에 6,434명의 사망자가 발생했다. 한신대지진 이후 30년이 흘렀지만, 아직도 1월 17일 즈음 고베 지역에서는 대지진의 교훈과 힘겨운 복구의 경험이 풍화되지 않기를 바라는 기억과 추모, 연대의 물결이 출렁인다. 1월 17일을 전후로 재난 지역 활동가들과 연구자들이 고베로 모여들고, 한신대지진의 자장 속에서 재난과 부흥의 네트워크가 일본 전역을 잇는다. 한신대지진 당시 23명의 학생과 교직원이 희생된 간세이가쿠인대학교는 재해로부터 10년이 지난 2005년 1월 '인간의 부흥'을 연구 이념으로 하는 재해부흥제도연구소를 설립하고, 해마다 1월 17일 즈음 전국 피재지 활동가 및 NPO, NGO, 연구자들의 연대 속에서 원탁회의를 열고 있다. 번화가 모토마치(元町)에 위치하는 고베 마치즈쿠리 회관 갤러리에서는 때맞춰 '재난의 전시'가 개최된다. 2023년에는 참사 100주년이 된 관동대지진 석판화가 전시되었다. 갤러리에는 고베 재난의 역사뿐 아니라 2011년 3월 11일 동일본대진재(東日本大震災, 이하 동일본대지진) 이후 재난 복구의 과정을 담은 사진과 그림도 전시되었다.

2011년 동일본대지진 이후는 1945년 8월 15일 패전 이후를 가리키는 '전후(戰後)'와 비교하여 '재후(災後)'라는 인식이 대두되었다. 총리 대신 자문기구로 설치된 동일본대지진부흥구상회의는 보고서 「부흥을 위한 제언: 비참함 속의 희망」에서 "파괴는 전조도 없이 찾아왔다. (…) 일순간의 공포가 지난 후에 수습할 수도 없는 공포가 찾아왔다. 전례 없는 사태의 발생이다. 그리하여 이 나라의 '전후'를 계속 떠받쳐 온 '무언가'가 소리를 내며 무너져 내렸다"라고 대지진의 충격을 표현했다(東日本大震災復興構想会議 2011. 6. 25). 후쿠시마 원자력 발전소의 방사능 누출 및 오염, 도쿄전력과 정부의 대응을 둘러싼 일련의 문제가 노정되면서 경제 우선주의, 지방의 희생을 요구하는 통치 시스템 등 전후 일본 사회에 내재되어 있던 구조적 모순들이 분출했다. 후쿠시마 제1원전 사고는 국가적 공공성이 어떻게 '공공'을 위험에 빠뜨릴 수 있는가에 대한 각성을 촉구한 사건이었다.

'재후'라는 문제의식은 1995년 한신대지진 이후 고베가 던진 질문이기도 했다. 지진 사망자의 상당수가 오래된 목조 가옥이 무너져 압사한 것으로 밝혀지자, 사회적 약자가 구조적으로 배제되어 왔다는 것에 대한 사회적 각성이 있었다. 재해로부터의 부흥을 위한 정책과 대규모 도시 개발이 도리어 재해 후 또 다른 사회문제를 야기하는 역설을 담아 '부흥재해'(塩崎賢明 2014)라는 문제의식이 제기되었고, 이는 오늘날 보통명사처럼 사용되고 있다.

한편, 한신대지진 이후 고베는 시민사회 활동의 중심 무대이자 전국 피재지 네트워크의 중심이 되었다. 당시 전국에서 모여든 자원봉사자들은 피재지의 일상 회복을 위해 힘을 보탰고, 부흥과 재생을 둘러싼 시민사회의 전례 없는 연대와 참여 속에서 1995년은 '볼런티어의 원년'으로 기록되었다. 구조와 구호의 과정에서 많은 외국인이 지역사회 생활자로 존재하고 있다는 자각이 생겨나기도 했으며, 이후 고베 지역은 지자체 다문화 공생 실천의 구심점이 되었다.

일본 사회는 반복되는 재난의 경험과 집합적인 기억, 그 불안과 염려마저도 공유하는 '재난의 공동체'(박승현 2020)다. 코로나19도 재난의 연속선상에서 복합적인 재난 상황의 일부로 나타났으며, 정부의 대처 역시 그러했다. 코로나19의 위기 속에서 미야기현과 후쿠시마현에 지진 피해가 있었고, 이 복합 재해의 상황에서 비대면 구조와 구호가 불가능하다는 사실에 망연자실하기도 했다. 피난소는 밀폐·밀집·밀접의 3밀(密閉·密集·密接, 三つの密)을 피하라는 방역 지침을 지키기 어려운 가장 취약한 장소였기 때문이다.

대재난의 경험은 한편으로, 사회적으로 의미 있는 변화를 불러일으키는 동력이 되어 왔다. 비평가 후쿠시마 료타는 전쟁과 재난 후의 시기를 부흥의 에너지와 생기로 "전례를 찾아보기 어려운 기적이 일어나는 시간대"라고 기술한다. 나아가 새로운 시점과 방법론을 끌어들여 재난의 흔적과 기존 시스템에 신선한 활기를 불어넣고, 부상당한 사회를 일으켜 세운 창조적인 부흥 문화의 역사적 계보를 짚는다. 그리하여 그는 재난이 지나간 후의 "흔적의 시공간"을 다양한 사색과 표현으로 발현하는 특별한 "역사의 웅덩이"라고 표현한다(후쿠시마 료타 2020). 그 '웅덩이'에서 리베카 솔닛이 2012년 "재난 유토피아"라고 개념화한 재생(再生)과 유대(絆)의 언어들이 흘러나왔다. 재난의 상황은 관습적인 사고가 깨지고, 지배적 규범과 기존의 질서에서 일시적으로 해방되는 순간이며, 숨은 갈등이 표면으로 올라오는 사회적 격동의 순간인 동시에 공동의 이해를 기반으로 한 공적인 삶, 기존 질서를 뒤집는 연대의 가능성이 열리는 순간이다. 기존의 사회체계가 무너진 비일상적 상황에서 이타적 감정과 유대, 공적인 삶과 시민사회에 대한 열망, 또 다른 세상의 가능성을 열어 가게 되는 것이다.

일련의 대재난이 일본 사회의 취약성을 드러낸 외부적 충격이었다면, 내부적으로 초고령화는 취약한 구성원의 생명과 생활을 지탱하는 일본 사회의 역량을 시험했다. 2024년 1월 고령화율 29.2%를 기록하고 있는 일본은, 세계 어느 나라보다 앞서 초고령화와 그에 따른 사회변동을 겪고 있다. 돌봄과 유대의 재편은 대규모 재난이 연속되는 가운데 더욱 긴요한 주제가 되었고, 성장주의 사회에서 잔여적이고 구제적인 차원에 머물렀던 '복지'의 영역은 생활세계 변동의 구심점이 되고 있다.

고령자나 빈곤층 등의 사회적 약자는 자연재해에서 그러했듯, 코로나19 팬데믹 상황에서도 가장 취약한 처지에 놓였다. 동시에 그 약한 고리가 끊어지면 공동체 전체가 감염의 위험에 처하기에 누구도 놓쳐서는 안 된다는 절박함 속에서 '서로의 생명을 지키는' 공동체의 유대가 강조되었다. 거리두기가 강조되면서 비대면 상황은 일상의 고독과 고립을 증폭했고, 돌봄노동이야말로 비대면으로는 불가능하다는 새삼스러운 깨달음도 있었다.

1975년에 간행된 『노인(お年寄り)』은 일본을 배경으로 미국과 일본의 노년 경험을 비교한 연구다. 저자 에드먼 팔머와 마에다 다이사쿠는 미국 노인이 노화를 숨기려 하는 것에 비해, 일본 노인은 장수하는 것을 자랑스럽게 여긴다며 두 사회의 노년 경험을 대조적으로 기술한다. 저자들은 일본의 전통적인 경로문화가 산업화의 영향에도 불구하고 노인의 지위를 유지하는 원동력이라고 분석하며 사회통합적인 일본의 노년을 그렸다(アードマン パルモア·前田大作 1988: 169).

그러나 저자들이 개정판 서문에서 밝힌 바와 같이, 이와 같은 분석은 일본 노인이 안고 있는 문제들을 제대로 다루지 못하고 장밋빛으로 그리고 있다는 비판을 받았다. 일본 사회에서 나타나는 부모와 기혼 자녀의 높은 동거율은 가족 내 노인의 지위와 역할과 관련된 것으로 해석되어 '사회통합적인 일본의 노년'으로 분석되곤 했으나, 혼자 사는 고령자보다 자녀 세대와 동거하는 고령자의 자살률이 높다(上野正彦 1981)는 조사 결과 등이 곧 이를 반박했다.

일본은 이미 1970년에 고령자가 인구의 7% 이상인 고령화사회로 진입해 있었다. 그러나 당시 고령인구 부양은 본격적인 사회문제가 아니었다. 이른바 '일억총중류'의 정점에 있었던 1973년에는 복지 원년이 선언되고 노인의료비 무료화가 공표되었다. 하지만 동시에 1973년은 오일쇼크로 일본의 고도 경제성장이 막을 내리는 해이기도 했다. 또한 1970년대 후반부터는 여성의 노동시장 참여율이 높아지고, 출산율은 저하되었으며, 단독 세대 비율이 늘어나는 등 전업주부의 무상노동에 기댄 '가족복지'의 기반이 흔들리기 시작했다. 배우자특별공제 등 성역할 분업을 강화하려는 정책들이 잇달아 강화되었지만 이미 시대착오적인 것이었다.

노인 돌봄이나 케어로 번역되곤 하는 '개호'는 한국에서는 쓰이지 않는 용어다. 일본어사전 고지엔(広辞苑)에도 1983년 제3판까지는 없었으나 1991년에 간행된 제4판부터 '개호'라는 단어가 게재되었으니, 일본에서도 개호는 현대적인 신조어다(岩本通弥 2017: 92). 장수화가 본격화되고 돌봄을 떠맡을 가족 자원이 빈약해지는 가운데 개호는 일본 사회를 설명하는 핵심어로 부상했다. 개호 살인, 개호 동반자살, 개호 이직과 퇴직 등이 사회문제화되고 일본인의 가장 큰 걱정이 '노후'가 되자, 이에 대한 대응으로 '개호의 사회화'가 본격적으로 논의되었으며, 2000년도에 개호보험제도가 실시된다. 2000년도 일본 고령화율은 17.2%로, 일본 사회는 이미 본격적인 고령사회로 진입해 있었다. 개호보험제도는 처음부터 지속 가능성의 우려 속에 개시되었고, 초고령화는 순식간에 일본 사회의 가장 무거운 과제가 되었다.

이와 같은 상황에 주목하면서 이번 공동연구는 재난의 경험과 초고령화라는 문제를 생활자의 눈높이와 복지라는 측면에서 포괄적으로 살펴보고자 했다. 재난과 초고령화가 드러낸 취약성(vulnerability)의 문제를 사회적인 것의 회복, 혹은 새로운 공동체를 통한 유대와 결속으로 풀어 가려는 일본 사회의 노력을 아래로부터 다각적으로 접근하려는 것이 이 공동연구의 취지다. 이를 위해 1995년 한신대지진 이후 반복되는 재난 상황을 염두에 두면서, 인류 역사상 유례없는 초고령화의 진행과 더불어 재난의 위협이 일상화되어 있는 초고령·재난 사회 일본에서의 돌봄과 유대의 재편을 고찰하고자 한다.

공동연구의 결성과 진행

이 공동연구는 2019년 6월 간세이가쿠인대학교 한일공동세미나를 계기로 한일 간 복지인류학의 가능성을 모색하면서 시작되었다. 세미나에서는 '외국인 개호자와 개호 로봇' 등 최첨단의 사회적 적응력을 요하는 개호 현장의 돌봄노동, 한일 고령자 돌봄제도의 비교 및 남성의 가족 개호, 일본 사회의 지역재생과 커뮤니티 케어에 대한 연구발표가 있었다. 이어서 오와 미에(大和三重) 교수와 야마 요시유키(山泰幸) 교수의 안내로 효고현 아시야시(芦屋)의 개호시설, 도쿠시마현 히가시미요시초(東みよし町)의 마을재생과 지역예술 현장 등을 견학했다. 이 현지조사를 계기로 한일 공동 복지인류학 연구의 긴요함을 공유하며 공동연구팀을 결성하게 되었다.

공동연구팀은 서울대학교 일본연구소 관정일본연구지원사업의 지원으로 "초고령사회, 재난사회 일본의 생활세계의 재편과 재생: 1995년 대지진 이후 한신 지역에 대한 인류학적 연구(연구책임자: 권숙인, 공동연구자: 박승현, 지은숙, 야마 요시유키, 오와 미에)"에 착수했다. 그리고 일본 필드워크를 공동의 과제로 삼아, 학술적이며 실천적인 중요성에도 불구하고 국내에서 연구 축적이 미비한 복지인류학의 연구 영역을 구축하는 것을 목표로 삼았다.

그러나 2020년 3월 1일 연구 개시와 함께 공동연구 자체가 코로나19 팬데믹이라는 '재난 상황'에 부딪히게 되었다. 현지조사가 가능해지기를 기다리며 연구 기간 연장을 거듭하였고, 한편으로는 온라인 회의를 통해 주제를 조율하면서 '코로나19 팬데믹'이 주요한 문제의식으로 부상했다. 어렵게 만들어 낸 공동연구의 성과들은 서울대학교 일본연구소의 학술활동과 연계하여 학술대회 및 대중강연, 워크숍 등을 통해 온라인으로 발표될 수 있었다. 2021년 12월 6일 열린 〈코로나19 위기 속 일본 사회의 일상과 돌봄〉 오픈강좌에서 박승현은 "자숙의 의미와 실천: 일본 코로나19 방역 일상의 탐구"를, 야마 요시유키는 "일본 고령자의 사회참여 문제: 코로나19 대응을 중심으로"를 발표했고, 공동연구팀이 모여 라운드테이블 대담을 진행했다.

2021년 3월부터 1년간 오와 미에 교수는 서울대학교 일본연구소 방문학자로서 서울에 체류하였고, 일본전문가 초청세미나에서 "초고령 사회에서 고령자 복지의 현상과 과제"를 제목으로 연구성과를 발표했다. 2022년 3월 일본연구소 국제학술대회 〈포스트 재해—부흥 시대, 동아시아 재해인문학의 가능성〉에서 야마 요시유키는 "코로나19 이후 시대와 일본 사회"를 주제로 한 기조 대담에 참여하였고, 박승현은 "'자숙'의 공기: 코로나19 방역과 일본이라는 세켄(世間)"을 발표했다. 이렇듯 연구팀은 대면 활동의 제약 속에서도 온라인을 통해 공동연구의 끈을 놓지 않고 진전시켰다. 2022년 11월에 열린 일본연구소 학술대회 〈초고령화 일본, 다층적 삶의 경관〉에서 지은숙이 "고령화 시대의 사회운동과 여성 주체의 부상"을 발표할 즈음에 이르러 연구자들 간의 본격적인 대면 교류가 재개될 수 있었다.

이후 공동연구물의 출판을 준비하는 과정에서 문제의식을 같이하는 박경민과 김경화가 합류했다. 두 연구자의 참여 덕분에 이 책의 폭과 깊이가 더해질 수 있었다. 일본어로 작성된 원고의 번역에는 서울대학교 역사학부 강사 김민의 도움을 받았다. 무엇보다 관정이종환교육재단의 연구지원과 관정일본연구사업을 통해 공동연구의 성과를 발표할 기회를 제공해 준 서울대학교 일본연구소에 감사를 표한다.

책의 구성

이 책은 크게 '돌봄의 주체와 객체', '고령화와 지역공동체의 재편', '팬데믹 속에서 드러난 과제'라는 세 가지 주제를 중심으로 전체 3부로 구성되어 있다. 먼저 제I부 '돌봄의 주체와 객체'는 개호를 둘러싼 정책과 제도, 실천과 인식의 전환에 대한 인류학적 분석을 담는다. "'웃는 얼굴, 상냥하고 밝은': 돌봄노동의 글로벌화와 외국인 개호인재"에서 박경민은 2000년대 이후 일본 사회의 돌봄레짐과 외국인 이주노동자 정책을 둘러싼 이주레짐의 변화를 포착한다.

일본 사회의 인구 변동에 따른 이주레짐의 변화를 간략히 소개하면 다음과 같다. 2014년 이른바 마스다 보고서가 야기한 '지방소멸'(増田寛也 2014) 논쟁은 인구 감소에 대한 경각심을 불러일으키는 한편, 로컬아베노믹스, 지방창생의 정부 정책을 이끌어 낸 바 있다. 인구 감소는 피할 수 없으나 인구 급감은 막아야 한다는 위기의식 속에서 인구문제의 해결책으로 제시된 것이 '희망출산율 1.8'의 달성이었고, 일본 젊은이들의 결혼과 출산을 방해하는 요소를 정책적으로 제거하는 것이 국가적 과제가 되었다. 마스다 보고서에서 인구 감소의 대응책으로 이민은 고려되지 않았다.

그러나 일본의 합계출산율은 2022년 1.26으로 1947년 통계 집계 후 가장 낮고, 출생아 수도 1899년 통계 작성 이래 처음으로 80만 명 이하로 집계되었다. 제2차 베이비붐 시기인 1973년 출생아 수가 209만 명에 달한 것에 비하면 3분의 1 수준으로 떨어졌다. 세계 최저 수준인 한국보다는 높지만, 출산율 반등을 위한 어떠한 노력도 통하지 않는 가운데 2024년 1월 민간의 경제인과 전문가로 구성된 인구전략회의는 2100년 총인구 8,000만 명을 목표로 하는 '인구비전2100'(人口戦略会議

2024. 1. 10)을 발표했다. 여기서 눈에 띄는 것은 노동을 목적으로 입국해 영주·정주하고 있는 외국인에 대한 종합적인 전략과 정책의 사령탑 설치를 강조했다는 점이다.

오늘날 일본에서 이민은 가장 논쟁적인 주제가 되었다. 정책용어로서, 또한 학술용어로서 이민을 둘러싼 논의가 활발해지고 있는 가운데 정부 출입국 정책은 일관되게 "이민 정책은 취하지 않는다"라는 입장이다. 그러나 2019년 "사실상의 이민 정책"이라 할 특정기능 2호의 재류자격이 신설되었고, 이를 통해 단순노동자의 기한 없는 체류 연장과 가족 형성이 가능해지면서 '이민국가 일본' 논쟁은 본격화되었다. 일본 정부가 지자체로 전가해 온 외국인 사회통합 과제 또한 더는 미룰 수 없게 되었다.

이와 같은 이주레짐의 변화를 배경으로 박경민의 글은 돌봄을 둘러싼 노동 현장의 참여 관찰과 심층 인터뷰를 통해 단순·비숙련 노동자에 대한 출입국 정책 전환의 함의를 살펴본다. 특히 일본에서 외국인 노동자의 수용이 문화 차이, 젠더, 종족, 노동 표상과 관련하여 어떻게 변화해 왔는가를 조명하고, 젊은 외국인 비숙련 여성 개호인재의 경험에 초점을 맞추어 외국인 인재 조건의 변화를 분석한다. 일본 사회가 외국인 인적 자본을 선택적으로 재정의하며, 돌봄노동자의 자격과 조건을 구체화하는 과정을 밝힘으로써 '통합 없는 수용(immigration without integration)'의 현재를 비판적으로 기술한다.

나아가 박경민의 연구는 전 세계적으로 전개되어 온 돌봄노동의 글로벌화와 일본의 선택(권숙인 2009: 210-211)이란 맥락에서도 중요한 함의를 가진다. 구미와 동아시아 여러 국가에서는 이주 여성이 다양한 방식으로 돌봄노동을 담당해 온 것에 비해 일본은 "하나의 변칙적 사례"였다. 일본이 동남아시아로부터 개호인재를 수용하기 시작한 것은 이

"변칙"에서 일단 벗어나는 것을 의미하지만, 그 방식이나 정도에서 나타날 '일본적' 특징에 대해선 향후 좀 더 면밀하게 분석할 만하다.

박경민이 돌봄노동 제공을 둘러싼 상황에 초점을 맞추었다면, 지은숙은 "자립과 의존을 둘러싼 모색의 40년: 고령사회 여성운동의 어제와 오늘"에서 돌봄을 받는 쪽이 구성하는 돌봄 담론에 주목한다. '고령화 쇼크', '장수의 재앙'과 같은 표현에서 보듯 노년은 인류 역사상 그 어느 때보다 길어졌지만, 장수화는 노골적으로 '문제'로 취급되고 타자화되었다. 그러나 고령자들이 거대 연령집단이 되어 긴 노년을 함께 살아가는 것은 인류가 지금까지 경험하지 못한 첨단의 사회현상이며, 미지의 세계다. 그 가운데 커다란 사회적 영향력을 끼친 것 중 하나가 길어진 돌봄의 시간이다. 돌봄의 시간은 돌보는 쪽에서나 돌봄을 받는 쪽에서나 고령사회 대부분의 구성원에게 찾아오는 삶의 중요한 부분이 되었다. 지은숙은 돌보는 쪽과 돌봄을 받는 쪽을 구분하는 대신, 돌봄의 주체와 객체를 되묻는 것을 통해 오히려 돌봄의 상호관계는 주체와 객체로 구분될 수 없으며, 돌봄이란 상호작용 속에서 비로소 성립하는 사회적 행위라는 것을 강조한다.

지은숙이 현장연구를 수행한 '더 나은 고령사회를 위한 여성의 모임(Women's Association for a Better Aging Society, 이하 WABAS)'은 1983년 발족해 고령사회 여성운동의 대중화에 앞장서며 노인 돌봄의 탈가족화와 사회화를 주도한 시민운동 단체다. 지은숙은 40여 년간 전개해 온 WABAS 활동이 동시기 노년 여성의 대안적 표상으로 부상한 '귀여운 할머니' 담론과 어떻게 맞물리고 경합하는가에 주목한다. 그리고 아내, 딸, 며느리로서 돌봄을 제공했던 회원들이 나이 듦에 따라 돌봄을 받는 입장이 되어 '귀여움'에 호소하지 않고도, 어떻게 존엄을 지키면서 타인의 돌봄을 능숙하게 받아들이는가를 탐구한다. 이는 단기간에 장수 혁명을 겪은 사회에서, 여성이 돌봄 제공자에서 돌봄 의존자로 위치가 변경되고 역할이 전환되는 과정을 해명하려는 시도다.

제II부 '고령화와 지역공동체의 재편'은 일본의 시민사회와 커뮤니티 케어에 대한 오와 미에와 야마 요시유키의 연구로 구성된다. 코로나19 속에서 지역사회 현장을 필드워크한 이들 연구는 고령자의 고립을 해소하기 위한 지역사회와 공공의 움직임, 편안한 익명성 속에서 결성되는 느슨한 돌봄의 연대에 초점을 맞추고 있다.

오와 미에의 "우리 동네 '모임터': 고령자의 고립 예방과 교류의 장"은 재택생활을 하는 요개호(要介護) 고령자의 지원체계, 의료와 돌봄의 결합 등 에이징 인 플레이스(Aging in Place)를 위한 지역포괄시스템 구축의 과제를 검토한다. 한신대지진 이후 가설주택의 고령자가 고립사(孤立死)하는 사건이 증가하면서 고령자의 사회적 고립은 커다란 사회문제로 대두했다. 오와 미에는 이러한 역사적 교훈이 스며들어 있는 고베시 등 한신 지역을 중심으로 팬데믹 거리두기 가운데 고령자의 사회적 고립을 막기 위한 커뮤니티 케어의 양상을 관찰한다. 특히 일본 각지에서 시도되고 있는 '모임터(通いの場)' 만들기를 고찰하며, 그 중심에 있는 NPO법인의 활동과 그 역할에 주목한다.

야마 요시유키의 "퇴직한 남성들의 지역 데뷔: 철학카페와 대화 장소 만들기"는 연구자 스스로 지역에 뛰어들어 공공성의 담지자가 되는 현장을 보여 준다. 일본에서 철학카페는 한신대지진을 계기로 시작되어 동일본대지진 이후 도호쿠의 재해지역을 중심으로 퍼져 나갔으며, 코로나19 팬데믹을 거치면서 온라인을 포함해 전국으로 일거에 확대되고 있다. '이야기 나눌 장소'를 필요로 하는 사회적 상황이 생겨나고 있는 것이다. 야마 요시유키는 행정과 협조하여 본인이 개설한 효고현(兵庫県) 다카라즈카시(宝塚市)의 '철학카페'를 중심으로, 이른바 '회사

인간'(대부분 남성)이 60세를 넘겨 그동안 소원했던 지역과 새롭게 관계를 맺고 새로운 인간관계를 구축하는 '지역 데뷔' 양상을 조명한다. 필자는 철학카페의 실천을 통해 행정의 사각지대를 메우며 아래로부터 새로운 공공성을 구축해 나가는 시민사회의 노력을 구체적으로 드러낸다.

2000년대 이후 일본 사회에서는 신자유주의적인 행정개혁과 함께 '새로운 공공성'(齋藤純一 2000)에 대한 논의가 활발하게 이루어졌다. '새로운 공공'은 전후 일본체제를 이끌어 온 국가와 시장, 가족의 실패 속에서 그 공백을 메워 줄 제3 영역의 역할에 대한 기대를 담고 있는 개념이다. 일본 사회에서 새로운 공공이 추진될 수 있었던 배경으로서 다양한 비영리 섹터가 지역사회에 이미 견실한 생활 운동의 저변을 가지고 있었던 것을 꼽을 수 있다. '공익을 추구하며 영리를 목적으로 하지 않는 것'을 표방하는 NPO단체들이 제도와 행정을 지지하고 다른 한편으로는 주민들의 참여를 끌어내는 중간 역할을 하는 과정에서, 지역사회에 공(公)과 공(共), 사(私)의 경계가 모호한 제3 영역의 확장이 이루어졌다. 오와 미에와 야마 요시유키의 연구에서 보듯, 대학이 지역으로 연계될 수 있는 매듭 역시 NPO법인이다. 한신대지진과 재난 구조의 과정을 계기로 특정비영리활동촉진법(NPO법)이 제정되었다는 사실도 상기하고자 한다.

제III부 '팬데믹 속에서 드러난 과제'는 초유의 감염병으로 사회불안과 긴장이 고조된 가운데 일본 사회에서 수면 위로 부상한 문제들을 기록한 두 편의 글로 구성된다. 세계보건기구는 2020년 3월 11일 코로나19의 세계적 대유행, 즉 팬데믹을 선언했다. 코로나19 팬데믹은 전 세계의 시련이었지만 도쿄올림픽·패럴림픽의 기대 속에 있었던 일본 사회의 혼란은 더욱 컸다. 공교롭게도 팬데믹이 선언된 2020년 3월 11일은 동일본대지진 발생 이후 9년이 되는 날이었다. 동일본대지진 이후 '부흥'의 도쿄올림픽을 기대하고 있던 일본 사회에서 코로나19는 두 번째 '3·11 재난'이었다.

"돌봄과 감시의 동거: 코로나19 사태와 '자숙경찰'"에서 김경화는 글로벌 팬데믹 당시 일본 사회에서 불거진 자숙경찰 현상을 통해 사회적 돌봄과 감시(surveillance)가 공존하는 기술사회의 양상을 검토한다. 다른 나라들은 주로 정부가 직접 방역을 위한 도시봉쇄와 벌칙 등 강화된 법과 규제를 시행하고, 시민들은 이에 반대하여 대규모 시위를 벌이는 양상을 보였으나, 일본 정부는 시민들에게 '자숙'을 '요청'했다. 그러자 이를 적극 수용한 시민들이 자숙 기간 중 영업을 하는 가게에 "자숙하라"는 경고 문구를 붙이는 등 자숙경찰까지 등장해 문제시되었다. 자숙경찰이란 방역을 위한 자숙 가이드라인을 위반하는 주체를 사적으로 감시·적발·공격하는 일종의 자경단 활동을 말한다.

자숙경찰의 등장은 한편으로 동조압력이 강한 일본 문화가 반영된 현상이지만, 다른 한편으로는 글로벌 팬데믹 국면에 개인 간의 상호 감시가 정당성을 확보한 전 세계적인 경향이었다. 코로나19 바이러스로 인한 위기 상황에서 개인의 일상적인 상호 감시에 방역이라는 사회적 정당성이 부여되었다는 점에서 감시사회의 새로운 국면으로 볼 수 있다. 필자는 일본 문화와 감시사회라는 서로 다른 두 담론 공간에서 자숙경찰의 함의를 검토하는 한편, 한 발 더 나아가 디지털 기술의 진보에 따른 일상적 상호 감시의 확대라는 차원으로 논의를 끌어들임으로써 자숙경찰의 함의가 '돌봄 감시'라는 보편적 국면으로 연결될 수 있음을 보여 준다. 그리하여 자숙경찰이라는 일본의 특수한 현상이 감시사회 심화에 대한 성찰로 이어져야 함을 강조한다.

"우머노믹스와 여성 불황: 코로나19로 돌출된 여성 빈곤"에서 박승현은 코로나19 팬데믹 위기 속에서 부각된 여성 빈곤을 연구의 출발점으로 삼아, 2000년대 이후 언론과 방송을 통해 보도된 여성 빈곤의 쟁점들을 분석한다. 2020년 4월 첫 번째 긴급사태선언으로 일본 경제는 큰 타격을 입었고, 사회적 거리두기와 스테이 홈, 영업자숙에 따른 고용 불황은 여성 노동의 급격한 위축을 초래했다. 여성 차별적인 제도와 정책, 가부장제 가족주의, 신자유주의적 노동시장의 영향 속에서 여성 빈곤은 일본 사회에 뿌리 깊게 존재해 왔다. 그러나 경제성장기의 성별 분업 속에서 고용과 임금의 젠더 격차는 당연시되었고, 사회문제화되지 않았다. 이 글에서 필자는 2000년대 중반 이후 부각된 여성 빈곤을 조명하며, 여성을 둘러싼 사회적 환경의 급변에도 불구하고 고용 관행과 젠더의식이 여전히 쇼와시대에 머물러 있는 사회적 정체(停滯)를 분석한다. 또한 고용과 임금의 젠더 격차에 초점을 맞추어, 코로나19 팬데믹의 특수한 상황에서 여성 차별적인 노동시장의 모순이 드러났음을 고찰한다. 팬데믹 속에서 드러난 일본의 여성 빈곤은 가족 등 여성을 둘러싼 사회적 환경의 변화와 여성 차별적인 노동의 역사가 만나는 지점에서 분출했다 할 것이다.

2019년 연구의 기획단계에서 권숙인, 박승현, 지은숙은 도쿠시마현 히가시미요시초의 마을재생 사업과 효고현 아시야시의 고령자 개호시설 등을 함께 돌아보면서 일본 연구의 인류학적 연구 주제로서 '복지'가 갖는 가능성과 중요성을 실감했다. 오랫동안 소득 증대나 국제화 등 외형적 성과를 지향했던 일본 마치즈쿠리 사업의 초점이 '복지'와 '돌봄', '연대'로 이동하고 있는 것을 목격했기 때문이다. 그것은 한편 잇따른 재해의 충격과 초고령화에 따른 '사회적 적응'처럼 보이기도 했다. "재난 시 누구를 가장 먼저 구조하고 구호해야 하는가", "재난 시 누가 가장 취약한가", "돌봄 네트워크를 만들고 유지하는 공동체의 힘은 어떻게 길러지는가"를 질문하고 답을 찾기 위해 머리를 맞대는 지역의 구성원들을 보면서, 절박한 필요와 진심 어린 노력이 산출하는 새로운 연대와 공동체의 가능성을 포착하는 연구를 해보자는 데 뜻을 모았다.

이 책은 코로나19라는 재난을 함께 겪은 공동연구의 산물이며, 여기에는 사회적인 것을 새롭게 구축하기 위해 애쓰는 '과제 선진국' 일본의 오늘이 담겨 있다. 재난의 공동체를 살아 내는 일본인의 생활세계 감각, 우리가 경험한 변화의 직접성과 접촉성이 독자들에게 전달되기를 바란다.

2024년 12월

박승현·지은숙·권숙인

차례

제III부 고령화와 지역공동체의 재편

제3장 우리 동네 '모임터' | 오와 미에

제4장 퇴직한 남성들의 지역 데뷔 | 야마 요시유키

제III부 팬데믹 속에서 드러난 과제

제5장 돌봄과 감시의 동거 | 김경화

제6장 우머노믹스와 여성 불황 | 박승현

제1부

돌봄의 주체와 객체

제1장

"웃는 얼굴, 상냥하고 밝은"

돌봄노동의 글로벌화와 외국인 개호인재*

박경민

* 『한국문화인류학』 56권 2호에 실린 "'언제나 웃는 얼굴, 상냥하고 밝은' 외국인 개호인재: 일본의 외국인 돌봄 노동자의 노동 경험과 종족성, 젠더 표상"을 수정 보완하였다.

1. 일본의 개호 이주노동자

일본 미에현 이가시의 2020년 7월 5일 자 『타운 정보신문』은 그해 4월부터 노인요양시설에서 기능실습생으로 일하고 있는 5명의 인도네시아인 개호인재(介護人材)를 소개했다(伊賀タウン情報ユー 2020. 7. 5). 기사는 휠체어를 타고 있는 90대 일본인 여성 옆에서 마스크를 쓴 채 환하게 웃는 20세 인도네시아 여성의 사진을 게재했다.

코로나19로 입국 제한을 하기 바로 직전인 2020년 2월에 일본에 들어온 10대 후반에서 20대 초반의 이 여성들은 이미 4월부터 고령자의 식사·입욕·배변 등 기본적인 개호를 보조하고 있었으며, 그 후 3년간 일본에서 일하게 된다. 이들은 레크리에이션 시간에 인도네시아 교복을 입고 자국의 문화를 소개하여 호평을 받기도 했다. 일본인 스태프는 이들에 대해 “언제나 웃는 얼굴로 적극적이며 일을 기억하는 게 빠르다”라고 평가했다. 기사는 이 여성들이 개호 기술의 습득과 함께 12월에 열릴 일본어능력시험에서 일상생활이 가능한 수준인 N3급에 합격하는 것을 목표로 하고 있다고 마무리했다.

이 글은 최근 일본에 입국하기 시작한 외국인 개호사(介護士, 이하 맥락에 따라 개호노동자 혹은 개호인재, 개호복지사로 표기)에 주목한다. 개호사는 정식 명칭은 아니지만, 일본에서 자격 유무에 상관없이 노인요양시설 등에서 개호 서비스를 제공하는 사람들을 통칭한다. 외국인 개호사는 일본의 국가자격증을 가진 ‘개호복지사(介護福祉士)’뿐만 아니라 무자격자로서 개호 분야에 종사하기 위해 입국한 숙련·비숙련 외국인 이주노동자를 포함한다.

일본에서 개호(介護)는 “신체적 혹은 정신적 장애로 인해 일상생활이 불가능한 자가 목욕, 배설, 식사 등을 할 수 있도록 도와주는 행위”

를 의미한다. 개호는 '카이고'로 발음되는데 영어 단어 케어(care)의 일본식 발음에서 유래되었다고도 하고, 시중(support)을 의미하는 일본어 카이조(介助)와 간호(nursing)를 의미하는 칸고(看護)의 한자어를 조합한 것이라고도 전해진다(최무현·김경희 2004: 316).

일본의 개호(사)가 우리의 간병(인)에 단순 대응하는 것으로 생각하기 쉽지만, 간병(看病)으로 번역하기에는 뉘앙스의 차이가 있다. 현재 한국 사회에서 흔히 사용하는 간병은 일본의 개호와 같은 의미에서 고령자 등에 대한 일상적 돌봄을 의미하지만, 이와 함께 일반적 용법상 가정이나 병원, 요양소, 각종 사회복지시설에서 거동이 불편한 환자와 장기 입원 치료나 요양이 필요한 환자의 돌봄을 모두 포함하는 경향이 있다.

일본의 맥락에서는 간병과 개호를 구분한다. 간병은 질병에 걸리거나 장기적으로 병든 사람을 돌보는 것을 의미하지만(병원에는 간호사와 환자를 돕는 간호 조수가 있다), 개호는 질병이나 노화로 인해 일상생활을 영위하기 어려운 사람들의 생활 전반을 지원하고 이들이 자립할 수 있도록 서포트하는 것을 말한다. 개호보험법상 개호는 65세 이상 고령자와 40~64세 사이 의료보험 가입자 중 노화로 인한 법정 질병으로 지원이 필요한 사람에 대한 돌봄 서비스를 가리킨다.

이런 이유로 개호사는 고령이나 치매 등으로 불편을 겪는 사람들을 케어하는 사람을 지시하는 것이 일반적이다. 따라서 많은 개호사가 가정, 사회복지시설, 데이케어 서비스 등에서 고령자나 치매 환자를 돌본다. 국가공인자격을 갖추고 고령자를 대상으로 돌봄 서비스를 제공하는 한국의 '요양보호사'는 일본의 '개호복지사'에 해당한다. 이처럼 한국어와 일본어 용법 사이에 뉘앙스가 다를 뿐만 아니라, 이 장에서 중요하게 분석하고 있는 개호인재(介護人材)라는 단어의 문맥을 살리기 위해 이 글에서는 개호라는 일본식 한자어를 그대로 사용하기로 한다.

일본에서 외국인 개호 인력의 수용 확대와 관련하여, 앞서 언급한 기사에 소개된 '젊은 외국인 비숙련 여성 개호인재'는 2000년대 이후 일본에서 돌봄레짐과 외국인 이주노동자 정책의 변화와 맞물리며 몇 가지 주목할 만한 논의점을 제기한다.

일본은 2000년에 가족과 지역사회에 의존하던 돌봄을 사회화하고 2008년부터 'EPA 간호사와 개호복지사 후보자'를 수용하기 시작했다. 이를 통해 이전에 외국인 비숙련 연수생을 수용했던 직종이 주로 토목과 건설 부문 등에 집중되었다면, 이제 개호와 같은 돌봄 서비스로 확대되었다. 이는 일본 사회에서 외국인 수용에 대한 문화적 저항감이 강했던 면대면 돌봄 분야의 중요한 변화를 보여 준다.

더욱이 일본 이주레짐의 변화와 관련하여 2010년대 이후 일본의 외국인 노동자 정책은 "고도인재 수용"과 "단순노동자의 공적 배제"라는 이중적 노동자 수용 정책에서 주목할 만한 전환을 보여 준다. 1990년대 외국인 노동자를 본격 수용하기 시작한 이래 일본은 「출입국관리 및 난민인정법」(이하 입관법)을 개정하면서 외국인 이주노동자의 재류(在留)자격과 활동 범위를 수정하면서도 전문기술이나 지식을 가진 외국인 고도인재의 적극 수용과 단순노동 분야의 비숙련 외국인 노동자의 공적 배제 정책을 유지해 왔다.

이러한 가운데 종전의 「기능실습제도」(속칭 연수생제)를 개정하며 2017년에 새로운 「외국인 기능실습제」(약칭 기능실습제)를 시행했다.[1] 2019년 4월에는 외국인 노동자의 새로운 재류자격으로서 '특정기능'을

1 일본 정부는 2023년 11월, 1993년부터 실시해 온 「기능실습제도」를 폐지하고, 새로운 재류자격인 「육성취로제도(가칭)」로 변경하기로 하였다.

신설했다. 일본 정부는 "일본인이 일하고 싶어 하지 않아 만성적인 노동력 부족을 겪고 있는 농어업, 빌딩 청소, 제조, 건설, 조선, 자동차 정비 등 12개 특정 업종"에 '개호'를 추가하고, "바로 현장에 투입"할 수 있도록 재류자격을 완화했다. 이를 통해 이전까지 외국인 수용을 회피해 왔던 단순노동 분야에서도 노동자라는 법적 테두리하에 외국인 이주노동자들을 받아들이기 시작했다.

한편, 최근 일본으로의 국제 이주 양상은 이주의 여성화와 이주노동의 여성화 흐름을 보여 준다. 일본 사회는 1990년대 초까지 공식적으로 외국인 노동자 수용 정책을 표방하지 않았고, 1980년대 전반까지 여성 이주노동자의 대다수가 미등록 상태였다. 그러나 1987년 성비가 역전하면서 미등록 남성 이주노동자가 증가하기 시작하였고, 1990년대에는 아시아 출신 남성 노동자가 입국 외국인 노동자의 80%를 차지했다(森廣正 2002: 3). 2010년대 이후에는 돌봄 분야를 중심으로 외국인 여성 이주노동자의 증가가 두드러지고 있다(오가와 2016: 5; 男女共同参画局 2021; 内閣府 2019; MUFG 2021).

2023년 10월, 일본에 입국한 외국인 노동자 수는 200만 명을 넘었다. 국적별로는 베트남인이 전체의 25%로 가장 많고, 이어 중국, 필리핀 순이다. 개호 분야에서 일하고 있는 외국인 개호인재는 약 4만 명이다. 이 가운데 개호 분야의 특정기능실습생 수는 2020년 6월 170명에서 2023년 1월 1만 7,077명으로 급격하게 증가했다(厚生労働省 2023a). 한편, 코로나19로 연기되었던 기능실습생의 입국이 재개된 이후, 2022년 1월에서 3월까지 3개월 동안 외국인 개호 인력은 136%의 증가율을 보였다(厚生労働省 2022a).

2022년 3월 말 기준 일본 체류 외국인 노동자의 성비는 남성(52.3%)이 여성(47.5%)보다 약간 많지만, 개호 분야에서는 여성이 74.6%

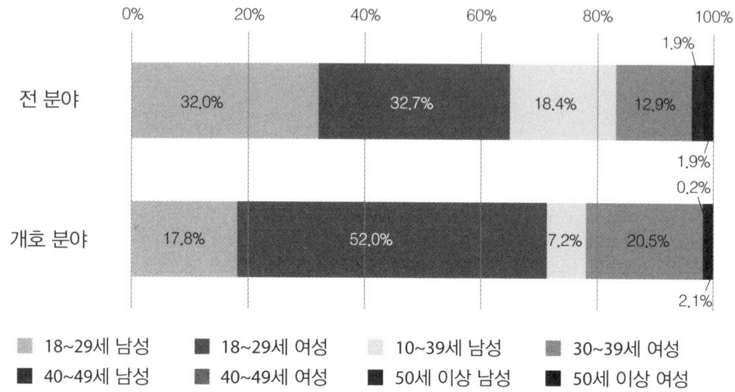

자료 1-1. 일본 체류 외국인 노동자 성별·연령별 비율(2022년 3월 기준)[2]

를 차지했다. 연령별로는 18~29세 여성이 52%로 가장 많았고, 다음으로 30~39세의 여성이 20.5%였다(MUFG 2023). 일본 정부는 2025년까지 개호 분야에서 55만 명의 외국인 개호노동자의 수용을 목표로 하고, 2019년 특정기능을 신설하면서 개호 분야에서만 가장 많은 6만 명을 수용하고자 했다(厚生労働省 2018a). 앞으로 개호 분야에서 외국인 여성 이주노동자의 꾸준한 증가가 예측되는 대목이다.

더욱이 종족적 측면에서 제한적이었던 일본의 외국인 인력 수입국이 아시아 국가를 중심으로 다변화했다. 이는 외국인 정책과 동일시했던 일본의 외국인 노동자 정책의 변화를 보여 준다. 1990년 개정 입관법을 실시하면서 일본 정부는 종족적 유사성에 근거하여 남미계 일본인 이민자의 후손인 닛케진(日系人)을 우선 수용하기 위한 재류자격으로서 '정주자(定住者)'를 신설했다. 그리고 닛케진 중심의 외국인 인력 수용 정책을 적극 실시한 반면, 다른 국가로부터의 노동자 수용은 제한

2 MUFG, 2023, "외국인 개호인재의 복지사 취득을 위한 조사연구 사업 보고서".

했다.

그러나 2001년부터 동남아시아 국가들과 경제연계협정(EPA)을 맺으면서 일본으로의 국제 이주노동은 아시아 역내 이주의 양상을 보인다. 2017년 외국인 노동력 수입국은 인도, 인도네시아, 우즈베키스탄, 캄보디아, 스리랑카, 태국, 중국, 네팔, 방글라데시, 필리핀, 베트남, 페루, 미얀마, 몽골, 라오스 등 15개국으로 늘어났다. 개호 분야에서는 종전의 인도네시아, 필리핀, 베트남 등 3국에서 캄보디아, 중국, 태국, 미얀마, 네팔, 몽골을 포함하며 아시아 9개국으로 확대되었다. 2023년 현재 일본 국내에서 일하고 있는 개호 분야 외국인 노동자의 국적은 베트남이 가장 많고, 인도네시아, 미얀마, 필리핀, 중국, 몽골, 캄보디아, 태국 순이다(外国人技能実習機構 2022).

이러한 변화 속에서 이 글은 최근 일본 정부가 적극 수용하고 있는 외국인 개호노동자에 주목하여, 2000년대 이후 일본 국내의 복지레짐의 변화와 정치경제적 이해관계로부터 시작하여 돌봄의 수요 증가로 추동된 이주레짐의 변화 속에서 외국인 개호인재에 대한 수용 범주와 자격이 문화적 차이에 의해 어떻게 재정의되고, 일본 사회의 맥락에서 개호인재에 대한 젠더·종족·노동 표상이 어떻게 변화해 왔는지를 민족지적으로 분석하고자 한다. 이를 위해 이 연구는 돌봄과 이주를 둘러싼 정치·경제·사회문화적 변화와 관련하여 돌봄 이주노동자들의 사회적·시민적 권리를 가시화하고자 하는 레짐(regime)의 관점에서 접근한다. 특히 정책과 제도의 수준에서 이민의 재류자격이나 돌봄노동자의 자격, 노동조건에 초점을 맞춘 오가와의 "중위적 수준에서의" 레짐 개념을 원용한다(오가와 2016: 2).

이 연구는 2022년 9월 14일부터 28일까지, 2022년 11월 15일부터 2023년 2월 14일까지 일본에서 수행한 현장 연구에 기초하고 있다. 이

기간 동안 고베에 소재한 노인요양시설에서 심층 인터뷰를 수행하였고, 줌(zoom)을 활용하여 다른 현에서 일하는 외국인 개호복지사를 비대면으로 인터뷰했다. 또 감리단체(외국에서 기능실습생을 수용하여 일본어 교육과 직업 연수를 마친 후 회사에 배치하는 단체)의 사무 담당자, 외국인 개호노동자에게 일본어를 가르치는 개호 일본어 강사, A시 사회복지협의회 사회복지사, 외국인 노동자 지원단체와 A시 국제교류협회에서 활동하는 일본인 주민을 대상으로 인터뷰를 실시했다. 이와 함께 정책 문건, 방송, 신문 기사, 인터넷 자료 및 광고 등을 분석했다.

일본에서 이주자 관점의 외국인 돌봄 이주노동자에 관한 연구가 상대적으로 부족한 상황에서 이 연구는 외국인 개호인재에 관한 민족지적 사례를 제시하며 돌봄 현장에서 일하는 개호인재들의 경험을 보다 생동감 있게 보여 주고자 했다. 단순·비숙련 노동자에 대한 정책 전환의 의미, 개호노동자를 중심으로 한 외국인 노동자들의 유입, 그리고 이에 대한 사회문화적 표상 변화와 그 함의를 검토하는 것은 전 지구화가 진행 중인 현대 일본 사회를 이해하는 데 중요한 의미를 갖는다. 외국인 이주노동자의 표상이 한 국가의 정치경제적 맥락 속에서 이주와 복지 정책, 문화적 수사, 종족·젠더·노동 담론과 어떻게 교차하는지를 이해하고, 실제 돌봄 현장에서 이주노동자들의 경험을 살펴봄으로써 앞으로 일본 사회의 변화를 전망할 수 있을 것이다.

이러한 일본의 사례는 또한 앞으로 한국 사회에도 중요한 시사점을 준다. 일본과 마찬가지로 주로 가정 내 돌봄에 의존했던 한국 사회도 고령자를 위한 돌봄 수요가 늘었고, 2000년대 초반 "시설 돌봄"과 노인병원이 증가했다. 한국은 2008년에 "노인장기요양보험"과 요양보호사제도를 실시했다. 요양보호시설에서 요양보호사의 고용을 의무화함으로써 노인병원 등에서 간병 인력이 부족해졌다. 이에 한국어가 가능한 중국 동포(조선족)가 돌봄 분야에 유입되어 서비스를 제공하기 시작했다. 그러나 2020년 OECD 조사에 따르면, 현재 한국의 돌봄노동자는 평균 연령 58.9세다. 1세대 조선족 간병인은 현재 60~70대로 고령화가 진행 중이며, 새롭게 들어온 젊은 조선족 노동자들은 간병 분야에서 일하고 싶어 하지 않는다는 점도 고려해야 할 것이다. 향후 한국 사회에서도 일본과 같이 외국인 간병 인력의 문제가 대두될 가능성이 있다는 것을 시사한다.

2. 국제 이주노동의 여성화와 돌봄노동

1) 아시아 역내 국제 이주노동의 여성화

2019년 아시아 지역 내 이주노동자는 전체 1,150만 명이며, 이 가운데 여성은 850만 명이다. 그리고 2016년 기준 전 세계적으로 여성 이주노동자의 83%가 가사노동에 종사하고 있다(ILO 2019). 전 지구적 이주의 흐름에서처럼 아시아 역내 이주의 풍경은 이주의 여성화(feminization of migration)와 이주노동의 여성화(feminization of labor migration) 경향을 보여 준다(파레냐스 2009; 김현미 2010: 122; Piper 2006: 134; Chan 2019: 417; ILO 2019: 3, 5).

이주의 여성화는 "이주하는 여성의 수가 남성을 압도하고 이주 여성들이 전형적으로 '여성의 일'로 간주되던 가사노동, 육아, 간병과 같은 돌봄노동을 위해 국경을 넘는 현상"을 의미한다(김현미 2010: 122). 이주의 여성화는 특히 젊은 여성이 전체 이주노동자의 절반 이상을 차지하는 아시아에서 더욱 두드러진다(UN Women 2012). 이들은 주로 간병,

가사노동, 엔터테인먼트, 제조업, 섬유업에 종사한다. 국제 이주의 여성화는 목적국의 복지레짐의 변화, 돌봄노동에 대한 수요 증가와 이주정책의 변화에서 기인한다(이현옥 2016: 240).

한편, 개발도상국에서 여성이 공적 생산 영역의 노동시장에 참여하는 것에 주목했던 노동의 여성화는 1960~1970년대 신국제 노동분업(New International Division of Labor)의 관점에서 중심 국가의 자본과 값싼 노동력을 착취당하는 후진국 노동자의 관계로 접근되었다. 1990년대 이후 전 지구화가 진전되고 여성의 국제적 이주가 증가하면서 노동의 여성화는 재생산 노동의 새로운 국제적 분업으로서의 "이주노동의 여성화" 논의로 확대됐다(채수홍 2003; 김현미 2010: 127). 이러한 재생산 노동의 신국제 분업(New International Division of Reproductive Labor)은 개발도상국 여성이 선진국의 공식화된 재생산 노동시장에 참여하게 된다는 점에 초점을 맞추었다(이현옥 2016: 241; Hochschild 2000: 131).

재생산 노동에 관한 여성주의 연구는 종전까지 국제 노동 이주레짐에서 주요 경제 행위자로서 평가받지 못하고 비가시화되었던 도우미, 보모, 간호사, 성 산업 종사자, 계약 신부와 같은 저임금 유색인종 여성 노동자들이 전 지구적 경제구조에서 새로운 경제의 중심이라는 점을 조명했다(Sassen 2003: 256, 260). 나아가 여성 돌봄노동자의 이주가 매우 복잡한 관계와 또 다른 형태의 글로벌 돌봄 체인(Global Care Chain) 구조를 구성하고 있음을 보여 주었다(김현미 2010: 134; Hondagneu-Sotelo and Avila 1997: 549). 즉, "유·무급 돌봄노동에 기반한 전 세계 사람들 간의 일련의 개인적 연결관계"로 정의되는 글로벌 돌봄 체인은 여성 돌봄노동자의 이주가 만들어 내는 노동 하청구조의 체인을 통해 돌봄노동자의 돌봄이 연쇄적 의존관계를 가지고 있음을 밝혀 냈다(Hochschild 2000: 131). 이는 여성의 초국적 이주가 단지 개인적 문제가 아니라 송출국 및 목적국의 내적 동력과 깊이 관련된 구조적 문제라는 점을 조명했다.

가사노동자, 돌봄노동자, 간호사 등 재생산 노동 분야의 국제 이주노동은 국제적인 노동구조뿐만 아니라 각 국가의 복지 및 이주 정책과도 밀접하게 관련되었다. 이주 정책과 정치는 이주의 동기, 출발 전 훈련 정책, 목적국의 선택, 입국 조건, 노동자 보호, 통합 정책까지 이주의 전 과정에 걸쳐 영향을 미친다. 그리고 국제 이주의 과정에서 남성 이주자와 여성 이주자는 송출국의 정치 상황이나 정책에 따라 서로 다른 영향을 받는다. 그뿐만 아니라 목적국에서 이주자들의 통합 정책 역시 젠더에 따라 다르게 영향을 미친다. 그러나 이주자와 관련한 이주 제도와 정책은 전통적으로 국가를 주요 행위자로 간주하는 국가나 정부 중심의 관점에서 접근되어 왔다(Piper 2006: 134). 젠더화된 이주 과정의 복잡성에 주목한 연구자들은 이주, 정착, 귀환의 과정에서 이주자들의 시민적·정치적 행위자로서의 행위 주체성과 젠더 관점에서 분석해야 한다고 주장했다.

2) 돌봄노동자의 젠더와 종족성

국제 이주에서 여성 돌봄노동자는 주로 가사노동, 육아와 같은 여성들의 전통적인 역할과 관련한 젠더화된 노동, 가사 담당자, 어머니됨으로 표상되어 왔다(Hondagneu-Sotelo and Avila 1997: 549, 554). 돌봄노동에 종사하기 위해서는 여성의 능력이나 자질과 상관없이 여성이라는 사실만으로 "아이를 돌보는 방법을 아는지"가 면접 내용의 전부인 것처럼, 돌봄노동이 오랫동안 여성(주부)이 무상으로 수행해 오던 가정 내의 일을 대체하는 것이라는 인식으로 인해 이주 돌봄노동자의 권리는 간과

되었다. 따라서 돌봄노동은 비숙련·단순 기술로 간주되었고, 주로 저소득층 여성들이 도시의 부유층에 고용된 '서번트'라는 부정적인 이미지로 표상되었다.

한편, 재생산 노동 분야에서 일하는 이주 여성은 특정 종족적·성적 이미지와 연동되었다. 예컨대, 20세기 초부터 이민·이주 노동의 역사를 가진 필리핀은 1980년대 중동 및 아시아 지역에 현지 여성들의 취업으로 생긴 가사·양육·돌봄 영역의 공백을 메우는, 가사·간병·보모 등의 돌봄노동에 종사하는 '세계화의 하인', '세계의 서빙 계급'을 송출하는 대표적인 국가가 되었다(파레냐스 2009). 외국인 이주 여성들은 또한 목적국의 남성과 여성에게 성적인 대상으로 표상되었다. 이주 여성들은 목적국 남성들에게 성적 대상이 되거나, 목적국의 여성이 상실한 젠더 이미지 속에서 오리엔탈리즘적인 동시에 서구적·근대적 특성을 가진 이중적인 성적 이미지로 표상되었으며, 그렇지 않으면 빈곤한 본국에 남아 있는 가족을 부양하기 위해 경제적 선택을 하거나 혹은 체류 비자를 위해 성을 매개로 전략적 선택을 하는 불편한 존재로 그려졌다(김현미 2010: 123; Faier 2007: 135; Suzuki 2007: 432). 그뿐 아니라 현지의 여성들에게는 아내와 엄마의 역할에 도전하고, 아내나 성적 파트너로서의 여성의 역할을 위협하는 성적인 존재로 인식되기도 했다(Constable 1997: 542).

3. 일본의 외국인 이주노동자 정책과 돌봄노동

1) 외국인 이주노동자 정책

젠더화와 종족화

현재 일본에서 진행되고 있는 국제 이주는 주로 아시아 지역에서 입국이라는 지역 내 이주의 특성을 보여 준다(Chan 2019). 일본은 1990년대 이후에서야 떠오르는 이주 수용국의 하나로 간주되었다. 오랫동안 일본은 조선인과 대만인과 같이 식민지 통치 기간에 일본으로 이주한 사람들을 내부 이주자로 간주하며 국제 이주자로 분류하는 것을 부인함으로써 "이주·이민 없는" 단일민족국가로서 알려졌다(Kashiwazaki 2006). 제2차 세계대전 이후 경제 발전기인 1970년대까지도 일본은 공식적으로 해외 이주노동자를 수용하지 않고, 식민지 조선인과 농촌 및 여성 노동력에 의존하며 "국내 노동자만을 활용"했다고 주장했다(津崎克彦 2014: 125). 하지만 일본은 메이지 시대 원년인 1868년부터 이주노동자를 송출·수용해 왔다(Sellek 1997; Yamawaki 2000).

1970년대까지 외국인 이주민에 대한 정부의 공식 정책이 부재한 가운데 젠더화된 노동구조 속에서 비공식적으로 여성 중심의 성 산업과 남성 중심의 육체노동으로 대별되는 시기가 있었다. 1970년대부터 1986년까지 필리핀과 태국, 한국과 대만을 포함한 동아시아 출신 여성 미등록 이주노동자들이 증가했다. 이 여성 노동자 중 많은 수가 적절한 재류자격 없이 엔터테인먼트 분야와 성 산업에 종사했으므로 이들은 국제 이주자나 노동자로 간주되지 않았다(Sellek 2001).

1987년에서 1988년 사이에 여성 이주자의 수는 아시아 출신 남성 노동자들에 역전되었다(森廣正 2002: 3). 일본 버블경기의 영향으로

1987년부터 1990년대 초반까지 남성 노동자들의 비공식적인 입국이 압도적으로 증가했기 때문이다. 주로 필리핀, 파키스탄, 방글라데시, 중국, 한국, 말레이시아, 태국, 이란 출신의 남성 노동자들이 일본인들이 위험하고(kiken), 더럽고(kitanai), 힘든(kitsui) 노동으로 여기는 3K 분야를 점하며 저임금 육체노동에 종사했다. 그러나 당시에는 아직 공식적인 노동자 수용 정책이 없었으므로 이 시기 남성 외국인 이주노동자들 역시 일본 사회에서 비가시적인 존재로 남아 있었다(Sellek 1997: 178-186). 1993년에 「기능실습제도」가 실시되기 전까지 일본의 외국인 이주노동자들은 법적 재류자격의 유무와 별개로 비공식적이고 젠더화된 노동시장의 일부였다.

일본 내에서 경제·사회의 '국제화'가 진전됨에 따라 일본 정부는 1982년부터 「외국인 연구제도」를 통해 기술 연수라는 명목으로 외국인 인력을 수용했다. 그리고 1990년대 초 전 지구화의 진전과 국제사회의 압력으로 인해 노동시장을 개방하고 공식적 수용 채널로서 「기능실습제도」를 실시했다(Sellek 1997; Tsuda 2000; Yamawaki 2000; Roth 2002). 이를 계기로 외국인 이주노동자의 수가 극적으로 증가하게 되었다. 이때 국제 노동시장의 개방 압력에 맞서 일본 정부가 취한 정책 전략은 '혈통주의'에 근거하여 일본의 종족적 기원을 공유하는 것으로 간주되는 라틴계 닛케진, 이른바 일본계 이민자의 후손을 수용하는 것이었다(Selllek 1997: 178). 종족적 우선순위 위에서 비숙련·단순 기술직으로 들어오기 시작한 닛케이 귀환 이주 남성 노동자들은 1990년대에 주류 일본인들이 꺼리던 3K 부문의 일손 부족을 메웠다. 2010년대 이후부터는 돌봄 분야에서 외국인 이주 여성 노동자의 증가가 가시화되고 있다.

수용과 배제의 이중 정책

일본의 외국인 수용 정책은 1980년대부터 유학생 및 전문직 등을 중심으로 하는 「고도 외국인재 정책」과 단순노동 분야의 「외국인 연수제도」(1982)를 거쳐 1993년부터 2023년 현재까지의 「기능실습제도」로 나누어진다.[3] 여기서 단순노동 수용 과정에서 주목할 만한 것은 1) 1970년대 기술 이전과 국제 협력이라는 연수제의 이념을 기반으로 하여, 2) 1993년에 만들어진 기능실습제도의 골격을 유지한 채 재류자격을 변경하며 현재까지 외국인 노동력을 수용해 왔다는 점이다. 1990년대 이후 외국인 이주노동자인 기능실습생의 일본 재류자격은 연수(1993), 기능실습(2010), 특정기능(2019)으로 변화해 왔다.

1960년대 고도 성장기에 일본 기업의 해외 현지 법인에서 일하는 외국인 사원을 일본으로 초청해 연수하던 것을 모태로 하여 기술 연수가 실시되었다. 하지만 급격한 경제성장에 따른 노동력 부족, 미등록 이주노동자의 증가, 해외 노동시장 개방에 대한 국내외의 압력이 거세지면서 일본 정부는 1989년 입관법을 개정(1990년 실시)했다. 이는 외국인 수용 정책에서 큰 전환점이 되었다(哲佐野 2002). 개정 입관법에 근거

3 일본 정부는 2023년 11월 「기능실습제도」를 폐지하고, 새로운 재류자격으로서 「육성취로제도」를 새롭게 시행한다고 발표했다. 「육성취로제도」는 지금까지 국제 공헌이라는 목적에서 외국인 인재의 확보와 육성이라는 목적을 분명히 하고 있다. 새로운 제도는 인재 육성뿐만 아니라 인재 확보와 원칙적으로 불가능했던 전직(転職)을 허용하는 변경안을 담았다. 5년간 체류가 가능한 기능실습 1호에서 3호 제도를 폐지하고, 특정기능제도와의 연결을 중시하여 3년간의 육성 기간을 거쳐 특정기능 1호로의 이행을 목표로 한다. 특정기능 1호의 12개 직종 가운데 외국인이 일할 수 있는 분야를 전문 지식 및 기술을 요구하는 개호·건설·농업 분야로 제한했다. NHK NEWS, "技能実習生制度を廃止「育成就労制度」に名称変更 最終報告書", https://www3.nhk.or.jp/news/html/20230410/k10014033941000.html, 2023. 11. 24(2024. 1. 15 접속).

하여 일본 정부는 "불법 취업을 해소하고 단순노동자 수용 금지를 원칙"으로 외국인 이주노동자들의 재류자격으로서 '연수'를 신설했다(山口裕子 2020: 95).

1993년에 「기능실습제도」(1993~2009)가 본격 실시되었다. 당시 「기능실습제도」는 「외국인 연수제도」의 이념에 기반하여 "국제 공헌을 위해 개발도상국 등의 외국인을 일본으로 일정 기간(최장 3년간) 받아들여 '직장 내 훈련(OJT: On-the-Job Training)'을 통해 기능을 이전하는 제도"였다(守屋貴司·傅迎莹 2010: 155; 厚生労働省 2016a). 재류자격 '연수'에 근거하여 입국한 외국인 노동자는 1년간 연수생으로 활동한 후 추가로 기능실습 1년이 가능했다. 이들은 기술과 기능을 배우기 위해 입국한 연수생이었기 때문에 고용관계를 인정받지 못하여 보수를 받지 못하고, 연수 수당이라는 형태로 생활비나 교통비를 지급받을 수 있었다. 그리고 연수가 주요 목적이었으므로 노동 관련 법규의 대상이 아니었다(田村穂 2020: 1, 4).

그러나 실제로는 노동자이면서도 '연수생'으로 불리며 법의 사각지대에 있는 외국인 이주노동자들의 열악한 노동환경, 외국인 차별과 인권 침해, 저임금 단순노동의 온상이라는 비판이 꾸준히 제기되었다(山口裕子 2020: 98). 이러한 문제의식 속에서 2010년에 외국인의 재류자격을 종전의 '연수'에서 '기능실습'으로 전환했다. 이로써 기능실습생은 고용관계가 인정되는 노동자로서 노동 관련 법의 보호 아래에 들어가게 되었으며, 노동자로서의 새로운 의무 사항도 추가되었다.

2017년에 "외국인 기능실습을 적정하게 실시하고 기능실습생을 보호"하기 위해 새로운 「외국인 기능실습제도」가 실시되었다(法務省 2017). 일본 정부는 외국인기능실습기구(OTIT)를 설치하여 이전까지 지방 출입국재류관리국이 담당하던 업무를 이관했다. 2019년에는 입관법을 재개정하면서 새로운 재류자격으로서 '특정기능'을 신설하여 단순 노동 분야의 기술직 노동자들의 재류자격을 세분화, 완화했다.

다른 이주 수용국과 마찬가지로 일본의 외국인 노동자 정책은 이주노동자들의 정주화(定住化)를 회피해 왔다. 따라서 종래의 「외국인 연수제도」는 외국인 연수생이 '연수'를 종료하면 본국으로 돌아가야 했다. 그러나 2019년부터 특정기능 자격을 가진 외국인 노동자에 한해 재류 기간에 제한을 두지 않음으로써 일본에서 가족 동반 입국과 정착이 가능해졌다(朝日新聞 2022. 5. 7; 厚生労働省 2018b).[4] 이로써 고도 전문직 분야(고도인재포인트 제도)에서와 마찬가지로 '영주권'을 얻을 수 있게 되었다. 고도인재와 함께 비숙련 외국인이 정착할 수 있는 통로를 제시하면서 공식적으로 이민 없는 이주 국가였던 일본이 이민 사회로의 전환을 시작한 것이다.

이러한 「고도 외국인재 정책」과 「외국인 기능실습제도」와 같은 외국인 이주노동자 정책의 변화는 일본의 외국인 이주노동자에 대한 이중적 관념 및 정책 지향의 변화를 반영할 뿐만 아니라, 사회 내부의 노동과 돌봄을 둘러싼 여러 다른 층위의 정책 담론과 깊이 관련되어 있다.

4 '특정기능실습생'의 재류자격은 1호와 2호로 구분되며, 1호의 경우는 최대 5년까지 체류가 가능하다. 기능시험에 합격하여 재류자격 2호로 자격을 갱신하면(현재는 건설과 조선·선박용 공업의 두 업종에서만 취득 가능) 재류 기간에 제한이 없으며, 가족 동반이 허용된다(法務省 2021). 2022년에 건축업에 종사하는 30대 중반 중국인 남성(2010년에 일본 입국)이 처음으로 특정기능 2호 자격을 취득했다. 朝日新聞, "全国初の特定技能2号､岐阜の中国籍男性「やっと家族と暮らせる」"(松永佳伸), 2022. 5. 7, https://www.asahi.com/articles/ASQ555F5SQ4MOHGB00F.html(2023. 4. 2 접속).

2) 일본 돌봄레짐의 변화와 돌봄노동의 글로벌화

돌봄의 사회화

1980년대까지 일본의 복지레짐은 가족·지역사회·기업 복지를 특징으로 했다(최무현·김경희 2004: 308, 314). 일본에서 개호 분야 종사자는 전통적으로 남성보다 여성의 비율이 높다. 가정 내 개호에서 여성이 주 개호자가 되기 쉽고, 부모의 개호가 끝난 후에는 배우자의 개호를 하는 경우가 많기 때문이다(厚生労働省 2021). 일본 사회에서 가정 내 개호는 1975년부터 들어온 '외국인 신부'와 필리핀인 '엔터테이너' 노동자로 입국하여 일본인 남성과 결혼한 외국인 부인이 주로 담당했다(遠藤清江 2019: 246).

하지만 2000년대 중반부터 일본인과 결혼한 외국인 여성들이 가정을 벗어나 돌봄노동 시장에 참여하기 시작했다(Lopez 2007). 육아를 끝낸 여성들이 가정을 벗어나 고령자 시설 등 개호 서비스 분야에서 일하기 시작한 것이다. 이들의 경우 개호복지사 국가자격증이 필요하지 않고 간단한 연수를 받으면 일할 수 있었다. 일본으로 돌아온 "중국 잔류 고아와 부인(中国残留孤兒·夫人)"이 고령화함에 따라, 이들의 돌봄을 위해서는 재일 중국인과 중국 잔류 고아의 가족 등이 돌봄 자격을 취득해 돌봄 서비스에 종사했다(遠藤清江 2019: 247). 일본 가정에서 주로 여성이 개호를 담당하는 이러한 성별 구조는 오랫동안 변화하지 않고 있다(男女共同参画局 2021). 더욱이 코로나19 영향으로 가정에서 여성의 개호가 급증했다(日本経済新聞 2021. 7. 7).

그러나 가족 돌봄이 당연시되던 일본 사회에서 저출산·고령화·핵가족 현상이 나타나고 여성의 사회활동이 증가하면서 1980년대 후반부터 개호에 대한 국가와 사회의 제도적 필요성이 제기되었다. 더욱이

1990년대 버블 경기 붕괴 이후 장기불황이 지속되는 가운데 고령화와 가족구조 변화 등의 영향으로 일본의 돌봄레짐은 크게 변화했다. 그리고 2000년에 공적 사회보험제도를 실시하면서 개호보험제도가 도입되었다. 이에 따라 가족 개호 중심에서 개호 사업소에 의한 서비스 제공이 활발해져 '개호의 시장화'가 촉진되었다. 2000년에 실시된 개호보험은 종전에 국가가 제공하던 노인 개호를 국가, 노동자, 사업주 등 3자 부담을 통해 재정 문제를 해결하려는 시도였다(최무현·김경희 2004: 317). 이로써 요양 서비스의 입소 등을 행정이 결정하는 "조치제도(措置制度)"가 개호보험법에 근거하여 이용자가 개호 사업자와 서비스를 직접 선택 계약하는 "계약제도(契約制度)"로 전환됐다(厚生労働省 2001).

개호보험제도가 도입되기 전 개호 서비스는 노인복지와 노인보건 제도하에서 이뤄지고, 방문 서비스는 시·정·촌(홈헬퍼, 외부 위탁)과 의료법인(방문간호)이 제공하고, 시설 서비스는 지방공공단체, 사회복지법인 및 의료법인이 제공했다. 단순 민간사업자는 가사 서비스를 실시했다(厚生労働省 2008: 23, 29). 개호보험법이 도입된 이후에는 주식회사나 NPO법인 등에 의한 방문 서비스가 가능해졌다. 개호보험법의 시행 이후 개호 서비스의 수요가 급증하면서 돌봄노동자의 육성 및 확보와 처우 개선이 중요한 이슈가 되었다.

돌봄노동의 글로벌화

생산 인구가 감소하면서 매년 필요한 6만 명 정도의 개호인재를 국내에서 확보하기 어렵게 되었다. (…) 이에 고령화의 진전 등에 따라 지속적으로 증가하는 개호 서비스 수요에 적절하게 대응하기 위해 개호 업무의 기초가 되는 능력이나 사고방식 등을 갖추어 이용자의 심신 상황에 맞춰 스스로 일정 정도 개호를 실천할 수 있는, 즉전력 있는 외국인을 수용하여

이용자가 안심하고 서비스를 받을 수 있는 체제를 도모할 필요가 있다(厚生労働省 2018a: 2).[5]

일본은 2008년에 돌봄 시장을 제한적으로 개방하여 동남아시아에서 개호 인력을 수용하기 시작했다. 2002년 싱가포르를 시작으로 동남아시아 국가와 포괄적인 경제협력 관계를 구축하는 동아시아 경제연계협정(EPA)을 체결했다. "일본 노동시장에 악영향을 주지 않도록 수용 인원의 상한"을 설정하면서 2008년에 인도네시아와 EPA를 체결하며 소위 "EPA 간호사와 개호복지사 후보자"를 수용하기 시작했다. 이후 필리핀(2009), 베트남(2014)에서 개호복지사 후보자가 입국했다(伊藤鏡 2014; 厚生労働省 2016a: 1). 필리핀 정부는 일본 정부에 간호사와 개호사를 비롯하여 가사노동자와 베이비시터의 수용을 제안했지만, 일본 정부는 전문직·기술직 중심의 국가 외국인 수용 정책에 근거하여 국가자격증을 가진 간호사와 개호복지사에 한해 공동사업을 추진하기로 합의했다(오가와 2016: 8; 安里和晃 2007). 일본 개호 서비스의 해외시장 개방은 "개호 분야의 노동 부족에 대응하는 것이 아니라, 양국 간의 경제활동의 연계"를 표방했다(厚生労働省 2022b).

일본은 다른 선진국에 비해 외국인 노동력에 대한 개방이 늦었고, 특히 전 세계적으로 재생산 노동의 분업이 활발히 진행되던 1990년대에도 돌봄노동과 같은 단순 서비스업에서는 문호를 개방하지 않았다(Japan Times 2007. 1. 10; Lan 2018). 이는 국가적 차원에서 이민 사회로의 전환을 늦추고, 전문 기술 및 지식을 가진 외국인들에 대한 수용을 우

5 외국인 개호인재를 수용하는 채널은 EPA, 재류자격 '개호', 기능실습, 특정기능제도 등 4가지다.

선시하는 종전의 이주노동자 정책을 유지하려는 국가적 노력의 일환이었다. 한편, 돌봄 서비스와 같은 사적 영역에 외국인이 진입하는 것에 일반 대중의 문화적 저항감이 강했다는 점도 작용했다. 사적 영역에 외국인이 들어와 돌본다는 것에 대한 문화적 거부감은 오랫동안 인종적·종족적 단일성을 주장했던 일본 사회의 외국인 노동자 정책에도 그대로 반영되었다.

당초 외국인 간호사와 개호사의 수용은 국민적 합의가 형성되지 않은 상태에서 하향식으로 이루어졌다. 일본 정부의 "전문적·기술적 분야의 노동자 수용"이라는 이주 정책에 따라 간호사와 개호사의 수용은 "정치적 타협의 산물"이 되었다(오가와 2016: 8; 安里和晃 2007). 하지만 고령인구 증가뿐 아니라 개호 및 의료보험 부담에 대한 정부 보고서와 미디어의 보고가 잇따르면서 일본 사회 내에서는 외국인 개호 인력의 수용에 대한 긍정적 담론이 전개되었다(鹿毛理恵 2018: 19-20).

외국인 개호 인력의 수용은 노동자 부족을 보완하기 위한 형식이 아니었으므로 입국 이후 이루어지는 특정 실습과 교육은 민간 주도로 진행되었다. 따라서 일본 기업의 해외 법인 등이 직접 기능실습생을 받아들이는 "기업단독형"과 사업협동조합, 상공회 등 비영리단체를 중심으로 하는 "감리단체형"의 두 가지 형태로 나뉘었다. 2022년 기준 기능실습생의 98.4%가 감리단체를 통해 수용되고 있다(外国人技能実習機構 2022). 감리단체는 기능실습생에게 일본어와 법적 보호에 필요한 지식을 교육한 뒤 이들을 일본 기업에 배치한다(国際人材協力機構 홈페이지).

이어지는 두 절에서는 이상의 일본 사회의 돌봄레짐과 이주레짐의 변화 속에서 최근 입국한 젊은 외국인 개호 이주노동자의 현장 경험을 살펴본다. 이를 통해 외국인 노동자에 대한 수용 범주와 자격이 어떻게 직종, 종족, 문화적 차이, 젠더와 관련하여 표상하는지 분석할 것이다.

4. 외국인 개호노동자의 자격과 조건

1) 인재로서의 개호노동자

개호인재

개호인재라는 말은…… 듣기에 좋은 말(聞こえのよい言葉)인 것 같다(국제교류협회 스태프, 50대 일본인 여성).

일본에서 일하는 외국인 노동자들은 보통 "연수생" 혹은 "기능실습생"이라고 불린다. 외국인 이주노동자들을 노동자로 지칭하는 표현은 정부 문서 등에서는 사용되지만, 대중적으로는 외국인 기능실습생들의 재류자격을 가리키는 연수생, 기능실습생이라는 표현으로 사용하는 경우가 많다. 50대 일본인 여성 사쿠라 씨는 "외국인 기능실습생은 흔히 '기능실습생'이라고 부르는 경우가 많아요. 하지만 노동자라는 말은 그다지 들어 본 적이 없는 같아요"라고 했다. 그녀는 노동자를 "일하는 사람, 일을 해서 임금을 받는 사람이라고 생각한다"라고 정리했다.

최근에는 정책 자료, 방송 매체 등에서 인재(人材)라는 용어를 빈번히 사용하고 있다. 일본어로 '진자이(jinzai)'라고 읽는 인재는 영어의 '휴먼 리소시스(human resources)' 혹은 '탤런트(talent)'에 대응한다. 사전적 의미는 "유능한 사람, 능력이 있고 도움이 되는 사람"이다. 대중적으로는 '글로벌 인재', '외국 인재' '인재 부족(인력 부족)' 그리고 '개호인재' 등의 용법으로 흔히 사용된다. 최근에는 건설업의 인재, 제조업의 인재와 같이 특정 산업 분야의 인재라는 식으로 자주 쓰이지만, 건설 인재, 제조 인재, 농업 인재, 숙박업 인재와 같은 표현은 거의 볼 수 없다. 하지만 개호의 경우 기능실습생이나 개호노동자보다는 "개호인재"라는 용어를 사용한다.

1970년대에서 1980년대까지 일본으로 기술 연수를 온 비숙련 외국인 노동자는 "기술 이전을 통해 본국의 경제에 공헌할 수 있는 인재"로 간주되었다. 이제 일본 사회에서 인재라는 표현은 전문 분야뿐만 아니라 단순 분야의 외국인 노동자에까지 폭넓게 사용되고 있다(박경민 2022: 141). 일본의 선진 기술을 배워 '본국의 인재'가 될 것에서 일본 국내의 노동력으로써 '일본을 위한 인재'가 되어 줄 것을 요구하고 있는 것이다.

노동자를 대신하여 인재와 같은 용어가 흔히 쓰이게 된 배경은, 한편으로 수용과 배제라는 일본의 외국인 이주 정책의 흐름과 밀접하다. 일본 정부는 애초부터 외국인 이주노동자 정책을 입안하는 과정에서 외국인 이주노동자들을 노동자라는 개념적·법률적 테두리 안에서 사고하지 않았다. 일본의 정책은 유학생이나 전문 기술을 가진 외국인에 대해서도 노동자가 아니라 '고도인재'라는 용어로 분류했다. 무엇보다 비숙련 노동자의 수용을 공식적으로 배제했으므로 단순·비숙련 노동 분야에 들어오는 외국인 이주노동자들은 '연수생'이나 '기능실습생'과 같은 우회적인 용어로 범주화되었다. 이와 유사하게 2008년 간호사와 개호복지사 후보자를 본격적으로 수용하기 시작했을 때도, 일본 정부는 경제연계협정에 근거하여 아시아인 개호인재를 노동력 보완의 일환이 아니라고 강조함으로써 노동자라는 틀 안에서 고려하지 않았다. 이전의 연수생, 기능실습생을 노동 정책 안에서 정의하지 않음으로써 이들이 의무와 권리를 가진 존재임을 표명하지 못하게 했다면, 개호인재에게도 노동자라는 직접적인 용어의 사용을 회피하고 있는 것이다.

따라서 (필자가 만난 사람들에게) 개호인재는 종전의 연수생과 마찬가지로 "일본의 선진적인 개호 기술을 이전받아 본국으로 돌아가 개호업에 종사할 사람들"이라는 이미지로 남아 있었다. 하지만 인도네시아인 개호복지사인 무함마드 로비에 따르면, "일본에서 배운 개호 기술은 인도네시아에서 크게 필요가 없다. 개호 경험을 쌓아 인도네시아에 돌아가도 일본어 교사나 통역사로 일하는 경우가 많기 때문"이다. '개호인재'라는 용법은 실제로는 "일본인이 일하고 싶어 하지 않아 만성적인 노동력 부족을 겪고 있는" 노동집약적 분야에서 일하는 단순 노동자이지만, 이들을 특정 기술과 기능을 가진 자로 이미지화한다. 하지만 지금까지 연수생과 마찬가지로 귀국이 전제된 일시적 체류자, 혹은 게스트 워커(guest workers)와 같은 표상 안에서 사고함으로써 노동 현장에서 개호인재가 담당하고 있는 노동의 연속성을 간과하고 이들이 처해 있는 현실적인 노동조건을 은폐할 수 있다.

한편, 인재라는 의미에는 일본 정부가 기대하는 개호의 직업적 특성이 반영되어 있는 것으로 보인다. 개호 일은 노동집약적이지만, 동시에 면대면 돌봄 서비스라는 점 때문에 "일정 정도의 전문성과 기능"을 요구한다(厚生労働省 2018a). 개호 일본어 강사 가쿠이 씨(50대 일본인 여성)는 "개호노동자에게 왜 인재라는 표현을 쓰게 되었을까?"라는 질문에 "개호가 누구나 할 수 있는 일이 아니라서 일하는 사람이 중요하다. 언제나 개호 인력은 부족하니까 (개호사를) 중시하는 이미지가 있다. 만약 개호 일을 하고 싶어 하는 사람이 많다면 개호인재라는 말은 쓰지 않을 것 같다. 아마 몇 년 후에는 이 일을 하고 싶어 하지 않는 사람이 더 많아질 것이다"라는 의견을 피력했다.

일본 정부는 EPA 간호사와 개호복지사 후보자를 수용하면서 간호학 전공이나 4년제 이상의 학력과 함께 일본의 간호사국가시험에 합격할 것을 요구했다. 하지만 필자가 2011~2012년에 오사카부의 한 국제교류협회에서 만난 20대 초중반의 인도네시아 EPA 간호사 후보자들은 간호사국가시험에서 합격하는 것이 매우 어렵다고 했다.[6] 후보자는 시험 합격까지 최대 5년간 일본에 체류할 수 있으며, 시험을 준비하는 동안 파트타이머로 병원에서 간호 조수로 일할 수 있었다. 그들은 인도네시아에서 간호사 근무 경력이 있었기 때문에 실무는 자신이 있지만, 한자어로 된 시험을 치르는 것이 가장 어렵다고 했다. 당시 협회에서 일본어를 공부하던 후보자 한 명이 간호사국가시험에 합격했을 때는 그의 합격 소식이 지역뉴스에 보도되었다. 4차례 시험에서 불합격한 후 마지막 시험을 앞두고 있던 한 남성은 시험에는 자신이 없지만, 시험공부를 하는 4년 동안 개호시설에서 파트타이머를 하면서 모은 돈으로 가족을 부양하고 본국에 집을 지을 수 있어서 나쁘지 않았다고 말했다.

이 사례는 일본 정부의 예상과 달리 일본이 요구하는 전문 자격을 갖춘 외국인 간호사와 개호복지사를 확보하는 것이 어려웠음을 보여 준다. 이제 일본 정부는 특정기능실습생으로서 개호인재의 자격을 "즉전력을 가진 외국인재"로 규정하고 비숙련 개호노동자를 수용하고 있다.

즉전력(即戦力)

(현장에서 일하기 시작한 개호 특정기능실습생은) 솔직히 즉전력이 없어요(특별노인요양홈 이사장, 50대 일본인 여성).

2019년에 일본 정부가 설정한 특정기능실습생의 조건은 "즉전력

6 2011년 당시 EPA 간호사 후보자의 국가시험 합격률은 4.0%였다. 이듬해인 2012년부터 10%대의 합격률을 유지하지만, 지금까지 20%를 넘지 않고 있으며, 2023년의 합격률은 11.9%였다(厚生労働省 2023b). 한편, 2023년도 개호복지사 국가시험에서 EPA 외국인 개호복지사 합격률은 36.9%였다(厚生労働省 2023c).

(即戰力)"이다. 일본식 한자어인 즉전력은 "연습하거나 준비하지 않고도 바로 사용할 수 있는 수행 능력"을 의미한다. 즉전력은 고용이 유연화된 전 지구적 흐름 속에서 채용 및 인재 육성 비용을 낮추기 위한 일본 기업의 인재 확보 전략의 하나다. 일본의 전통적 채용제도였던 신규 대학 졸업자의 일괄 채용과 종신 고용의 관행이 사라지면서 이직 시장이 활발해졌다. 외국인 이주노동자에게 즉전력을 강조하는 것은 외국인 인력 양성 비용을 낮추고 일본 사회에서 긴급하게 노동력을 필요로 하는 분야에 외국인 비숙련 노동자들을 신속하게 투입하고자 하는 일본 정부의 의지를 보여 준다.

시미즈 씨(50대 초반 일본인 여성)는 2017년 이후 압도적으로 많이 들어오기 시작한 베트남인 기능실습생을 수용하는 감리단체에서 사무직으로 일한다. 원래는 사회보험과 세무를 다루는 회사였지만, 2020년에 "새로운 비즈니스로" 감리단체 일을 시작했다. 시미즈 씨에 따르면, "사업 진입이 늦은 편이라" 이미 많은 감리단체가 있어서 계약이 쉽지 않다. 개호는 "사람의 생명과 관련된 일이라 회사 보스가 손대는 게 무서워서" 다루지 않고 있다고 했다.

실습생은 연수 기간 동안 일본어 교육과 기숙사 비용으로 1인당 7만 엔을 일본어 학교에 지불하며, 식비는 자비로 한다. 일본어 학교는 감리단체를 대신하여 공항 픽업부터 시작해 1개월간 이들에게 법정 교육과 일본어 교육(매일 8시간)을 한다. 1개월의 교육이 끝나면 바로 회사에 배속한다. 그리고 기능실습생과 함께 시청으로 가서 앞으로 실습할 공장으로 주소지를 변경하고, 바로 다음 날부터 일을 시작한다. 감리단체는 1인당 3~5만 엔의 수익을 얻는다.

코로나19 팬데믹으로 연기되었던 개호인재의 입국이 2020년 11월 하순부터 재개되었다. 입국자는 방역을 위해 호텔에서 14일간 대기하

면서 개호 일본어와 개호 실무에 관해 원격 강습을 받았다. 그리고 기숙사로 이동해 다시 2주간 교육을 받은 후 각 사업소에 배치되었다(CNCケアネットワーク協同組合 홈페이지). 가쿠이 씨와 같이 개호에 종사하는 일본인들은 이처럼 짧은 기간 교육을 받고 개호 현장에 새로 진입하는 외국인 비숙련 개호인재의 즉전력에 의문을 제기했다.

가쿠이 씨는 오사카부의 한 도시에 소재한 감리단체 산하 일본어 학교에서 개호 일본어와 개호 실무를 가르치고 있다. 그녀는 개호복지사 자격증을 가지고 17년간 개호 분야에서 일했다. 그녀에 따르면, 개호 일은 파트타임이 많고 야간 근무가 있어 힘이 많이 들지만, 급여는 많지 않아 일을 그만두는 비율이 높아서 구인 구직이 매우 활발하다. 가쿠이 씨도 일이 힘든 것에 비해 급여가 적어서 다른 일을 찾아보기 위해 일을 쉬고 있다가, 국제교류협회에서 외국인을 대상으로 일본어를 가르치는 자원봉사를 시작했다. 일본어를 가르치다 보니 본격적으로 일본어 강사 자격증을 따야겠다는 생각이 들어 일본어 교수 자격증을 취득했다. 그런데 시기가 좋게도 2017년부터 본격적으로 들어오게 된 외국인 개호인재의 일본어 교육이 의무화되면서 개호 일본어 강사의 수요가 늘었다. 가쿠이 씨는 일본어 교수 자격증뿐만 아니라 오랜 개호 실무 경험과 개호복지사 자격증까지 가지고 있어 2017년부터 일본어 학교에서 외국인 개호인재를 대상으로 개호 일본어와 개호 실무를 가르칠 수 있었다.

외국인 개호인재들은 본국에서 일본어능력시험 N4 정도의 실력을 갖추고 일본에 온다. 일본에 와서는 6주간 일본어와 실무 교육을 받는다. 가쿠이 씨는 코로나19가 심할 때는 일이 없다가 2022년 6월부터 45명의 기능실습생이 들어오면서 일을 재개했다. 비대면으로 일본어와 개호 실무 수업을 진행하기도 했다. 비대면 수업을 마친 외국인 개호인재들은 곧 현장에 배치되었다. 하지만 가쿠이 씨가 보기에 일본에 오기 전에 본국에서 연수를 받았다고 하더라도 약 한 달 정도의 일본어 수업과 실무 수업만으로는 외국인 개호인재가 현장에서 일하기에 불충분하다.

개호 일을 시작한 지 4개월(인터뷰 당시)이 된 아잉(20대 초반 여성)은 특별노인요양홈에서 일한다. 그녀는 2018년 베트남에서 고등학교를 졸업하고 18세에 일본에 왔다. 유학생 자격으로 일본어 학교를 마치고 경리 전문학교에 다니던 중 코로나19로 학비와 생활비 조달이 어려워졌다. 하지만 전문학교 선생님과 상담하여, 베트남으로 돌아가지 않고 특정기능으로 자격을 전환하기로 했다. 그녀는 변호사를 소개받아 17만 엔 정도 자비를 들여 '유학생'에서 '특정기능'으로 자격을 변경하여 개호시설에서 일하고 있다. 아잉은 자신이 하는 일을 다음과 같이 정리했다.

> 개호의 기본은 3대 카이조(介助, 시중)인데, 식사 카이조, 배설 카이조, 입욕 카이조입니다. 개호 경험이 없어도 보조로서 일하는 게 가능해요. 대개 하는 일은 식사 이동, 목욕 보조, 배설물 정리, 청소예요.

아잉이 노인요양시설에서 일하기 시작했을 때 그녀는 개호에 대한 지식이 전혀 없었다. 일본어가 능숙하지는 않지만, 개호 업무가 반복적인 일이다 보니 이제는 용어나 일이 제법 익숙해졌다. 그러나 그녀는 상주 간호사가 퇴근하고 난 후 야근은 하고 싶지 않다고 했다. 혹시 밤새 응급상황이 생기면 구급차를 부르고, 시설장에게 연락하고, 가족에게 설명해야 하는 것이 무섭기 때문이라고 했다. 아잉의 주간 근무(9시간) 일과는 오전 7시부터 시작된다. 아침에 출근하면 30분 정도 직원회의를 하면서 밤 사이 이용자들의 상태에 대해 정보를 나눈다. 그리고 곧바로 투약 점검, 식사 보조, 양치질 보조(구강 케어), 티타임 보조, 배설물 처리(기저귀 교환), 목욕 보조, 화장실 청소, 쓰레기 정리 등 기본적인 개호 일을 매일 정해진 시간에 반복한다.

특별노인요양홈 이사장은 개호 업무에 새롭게 진입한 개호인재들이 즉전력이 없다고 단언하며 이들의 비숙련성을 인정하면서도, 개호 업무가 현장의 반복적인 실무를 통해 익숙해지는 일임을 강조했다.

> 개호 자체가 경험이 없으면 안 돼요. 하지만 모두가 처음에는 비기너입니다. 미경험자들이죠. 누구라도 그래요. 1년만 지나면 레벨업이 됩니다. 매일이 연습이에요(특별노인요양홈 이사장, 50대 일본인 여성).

이는 특정기능으로의 자격 전환이 비숙련 개호인재의 전문성보다 노동력 해소에 중점을 두고 있음을 보여 준다. 특정 분야에서 즉전력을 강조하지만 실제로는 단순노동인 경우가 많다.

2) 개호인재의 조건

초국적 문화의 소재지

외국인 기능실습생은 기본적으로 일본어 능력과 일본 문화에 대한 지식을 장착할 것이 요구된다. 2004년과 2010년 내각부의 여론조사는 일본인들이 외국인 노동자에게 전문적 기술·기능·지식보다 일본어 능력과 일본 문화 및 관습에 대한 이해를 바라고 있다는 것을 잘 보여 준다(内閣府 2004; 2010). 이러한 일반인의 생각은 일본 사회에서 외국인 개호인재에게 요구하는 인재 조건의 일부를 구성한다.

개호 일은 면대면 서비스라는 직업적 특성으로 인해 언어 소통과 함께 문화적 지식에 대한 압력도 강하다. 외국인 개호노동자 수용에서 제기되는 문제는 주로 커뮤니케이션, 기록, 생활 습관 등의 차이다(遠藤清江 2019: 250). 구체적으로는 일본 문화 중 "연중행사에 대한 이해", "생활문화의 차이", "일상생활에서의 청결, 불결에 대한 인식 차이", "문화와 상식 차이" 등을 비롯하여 "쓰레기 분리수거" 등이 있다(大和三重 2020: 63).

개호복지사로 일하고 있는 야스민(30대 중반 인도네시아 여성)에게 개호 업무 외에 일본 문화에 대한 지식을 갖추어야 한다는 것은 상당한 "스트레스"다. 인도네시아에서 간호학을 전공한 야스민은 14년 전인 2008년에 "EPA 간호사와 개호복지사 후보자" 1기생으로 일본에 왔다. 그녀는 인도네시아에서 6개월간 일본어 연수를 마치고 입국하여 일본 국제교류기금 일본어 센터에서 6개월간 일본어 연수를 했다. 간호사가 되고 싶었지만, 대학을 졸업하자마자 일본에 와서 일본의 간호사국가 시험 응시 요건인 2년간의 실무 경험이 없었으므로 개호복지사 시험을 준비했다. 시험공부를 하면서 요양 시설에서 파트타임으로 개호 일을 하다가 결혼과 출산 문제로 본국으로 돌아갔다. 출산 후 본국에서 일자리를 찾지 못해서 곤란해하던 차에 이전에 일했던 일본의 시설에서 일해 보지 않겠느냐는 연락을 받고 다시 일본으로 돌아와 개호복지사 시험에 합격했다. 인도네시아인 남편도 개호사로 일하고 있고, 이제 영주권을 신청할 수 있는 조건을 갖추어서 몇 년 안에 영주권을 신청할 계획이다.

야스민은 개호복지사이자 전반적인 개호를 설계하는 케어매니저(개호 지원 전문원)다. 그녀는 책임자로 일하고 있다. 일도 만족스럽고 추가 근무를 하면 급여도 나쁘지 않다. 한자어 일색인 개호 용어에도 익숙해졌고 수기로 해야 했던 개호 일지 작성도 능숙해졌다. 이제는 수기가 아니라 전자 패드로 하기 때문에 더욱 수월해졌다. 개호복지사가 되기 전에는 일본인 선배의 지시에 따라 개호 보조 일을 했다. 지금은 시설에서 개호복지사로서 책임도 커졌지만 그만큼 자신이 할 수 있는 재량의 범위도 늘어났다.

하지만 야스민이 가장 어려워하는 부분은 절기에 따라 일본 전통 행사를 매달 수행하는 일이다.

> 1월에 신년 행사를 위한 가키조메(신춘휘호)와 젠자이(단팥죽) 만들기나 2월 절분에 마메마키(콩 뿌리기)처럼 매달 이벤트를 해요. 일본의 시설에서는 절대적으로 하지 않으면 안 돼요. 사실 문화적으로 완전히 이해하지 못한 채 매달 진행해야 해서 너무 어려워요. 하지만 시설 이용자를 위해서, 문화적으로 해야 하는 것이니까, 일본인이 아닌 담당자(야스민 자신)가 달라져야 합니다.

야스민은 일본 전통 행사의 의미를 완전히 이해하지 못한 채 매달 있는 일본의 많은 문화 행사를 진행해야 하는 것을 어려워했다. 이러한 일본 문화에 대한 체험, 교류, 이해, 연행은 단순히 개호시설 내에만 한정되지 않는다. 절기에 따른 행사 연행뿐만 아니라 다도 등과 같이 일본의 전통문화를 체험하고 이해할 것이 요구되기도 한다(熊本県 2023).

한편, 시설에서 일하는 외국인 개호사는 일본 문화에 대한 지식을 장착해야 할 뿐만 아니라, 지역사회에서 일본 주민을 대상으로 개호사 자국의 문화를 적절하게 연행할 것을 요구받기도 한다. 2023년도 「외국인 노동자가 일하기 좋은 기업 만들기 사례집」은 개호복지사들이 자국의 문화를 대표하여 연행하는 것을 성공 사례로 보고하고 있다. 보고서는 “인도네시아 개호 후보자에게 장기인 발리 춤을 추게 해 시설 이용자와 가족, 직원 등 사이에 타문화 교류를 수행하여 귀중한 경험을 제공하는 것이 가능했다”라고 기술하고 있다(熊本県 2023). 필리핀 후보자에 대해서는 “인근의 유치원에서 ‘보란티아(지원봉사자)’로 영어 교원을 경험하도록 하여 아이들과 선생님들에게 호평을 받으며 지역 공헌에 전력을 다했다”라고 보고했다.

이 글의 도입부에서 소개한 신문 기사에서도 20세 전후의 인도네시아 여성 개호 실습생들은 레크리에이션 시간에 인도네시아 복장을 하고 인도네시아 문화를 소개해서 호평을 받았다. 외국인 개호 서비스에 종사하는 노동자로서 일터에서 개호 능력 이외에 ‘자국의 문화 소재지’로서 일본과는 다른 ‘문화적 차이’를 긍정적으로 연행할 수 있는, 글로벌하고 초국가적인 인재임을 보여 줄 것이 요구되고 있는 것이다. 개호 외국인 노동자에게는 그러한 정의에 걸맞은 ‘외국인 돌봄노동자로서의 가치’를 어필하고, 본국과 일본 문화의 차이를 적당하게 재현할 수 있는 ‘초국적 인재상’을 내면화해야 하는 압력이 동시에 작동한다.

선택적이고 지정된 문화 연행

개호인재들이 자국의 문화를 연행하도록 요구받지만, 이러한 연행은 부분적으로 일본 사회가 지정한 재현에 국한된다. 이 과정에서 개호인재들의 특정 문화적 속성이 배제되기도 한다. 한 인도네시아인 기능실습생 송출 기관이 홈페이지에 올려놓은 인도네시아 개호인재 소개 영상은 선택적인 문화 연행의 사례를 보여 준다(日本技能実習生支援センター 홈페이지). 영상은 개호시설 이사장과 현지 일본어 학교 운영자의 대화로 구성되어 있다(강조는 필자).

이사장 1: 저희는 1년 전에 외국인 채용을 단행했습니다.

이사장 2: 인도네시아에서요? 근무 태도는요? 언어는 가능합니까?

이사장 1: 그게, 일본어를 꽤 잘합니다. 환대정신도 있어서 언제나 밝게 응대합니다.

이사장 2: 그런가요? 그런데 인도네시아인의 약 90%가 이슬람교죠?

이사장 1: **네. 하지만 직장 내로는 종교를 들여올 수 없기 때문에 그 점도 문제가 없습니다.**

이사장 2: 왜 인도네시아인인가요?

일본어 학교 운영자: **그 사람들은 성실하고 따뜻하고 밝은 사람들이 많기 때문에 개호 등 사람들에게 친절하게 대하는 일에 몰두합니다.**

(…)

이사장 2: [인도네시아 여성들의 실제 업무 동영상을 보고 나서] 와, 놀랐습니다. **웃는 얼굴에 환대정신이 아주 훌륭하네요.**

이 대화에서 개호시설 이사장이 인도네시아 개호사들의 종교에 우려를 표하자, 종교를 직장으로 들여올 수 없다고 안심시킨다. 이 영상에 대해 필자와 이야기를 나누었던 일본인들은 "일본인은 기본적으로 종교와 같은 마음속의 것을 잘 말하지 않으니까 (무슬림이) 일할 때 큰 문제가 없을 것이다"라고 말했다. 다른 사람들은 "일본인이 인도네시아에 공장을 만든다면 그쪽(인도네시아)을 존중해야 하겠지만, (개호사들이) 일하는 곳이 일본이기 때문에 기능실습생을 수용하는 측의 입장에서…… 사업자를 배려해서 말한 측면이 있는 것 같다", "가벼운 기분으로 말하는 것으로 보인다"라고 논평했다.

개호복지사이자 케어매니저로 일하고 있는 무함마드 로비(30대 인도네시아 남성)는 무슬림으로서 지금껏 종교가 회사 내에서 특별히 문제가 되었던 적은 없다고 했다. 그는 인도네시아에서 간호학을 전공하고 2008년에 "EPA 간호사와 개호복지사 후보자" 1기생으로 일본에 왔다. 무함마드 로비는 개호복지사 자격시험에 합격하여 지금은 전국 체인을 가진 기업형 노인요양홈에서 근무하고 있다. 현재 일하는 시설에는 외국인 개호복지사와 개호사가 14명(남녀 각각 7명) 있다. 인도네시아에서는 의사 수가 적어서 간호학과가 인기가 많지만, 근무할 수 있는 병원이나 시설 수가 적어서 돌아가더라도 일할 수 있는 곳이 적다. 그는 일본에 14년 동안 거주하며 개호복지사로 일해 왔고, 인도네시아인 아내도 개호사로 일하고 있어서 영주권을 신청할 생각이다.

무함마드 로비는 "처음부터 종교가 문제가 없을 만한 곳을 찾아" 입사를 했다. 그는 하루에 5번 기도를 한다. 기도 시간은 아침 5시, 정오, 오후 4시와 6시, 저녁 8시에 5분 내외로 기도를 하기 때문에 일에 크게 지장을 주지 않는다고 덧붙였다. 그는 "일본 문화 때문에 특별히 힘든 적은 없었지만, 언젠가 동료들과 일본의 신사에 갔을 때 같이 간 일본인들이 기도를 하라고 해서, 진심이 아니니까 마음속으로는 웃으면서 손을 모으고 기도를 했다"라는 일화를 들려주었다.

여기서 "성실함, 따뜻함, 밝음, 환대정신"과 같은 문화적으로 해석되는 특정 속성을 일터에서 중요한 인재의 조건으로 강조하고 있으면서도, 종교와 같은 또 다른 문화적 속성은 일터에 가져올 수 없는 것으로 배제하는 점에 주목할 필요가 있다. 무함마드 로비가 "진심이 아니니까" 저항감 없이 신사에서 기도했다는 일화는, 과묵하지만 시니컬하고 쿨한 그의 성격이 반영된 것으로 보인다(그는 인터뷰 내내 자신은 웃지 않으면서도 간간이 일본 사회에 대해 농담했다). 이 일화는 신사에서 기도하는 것이 종교를 가진 그에게 어떤 의미를 가질지 아무도 고려해 보지 않았음을 보여 준다. 종교와 같이 개호인재에게는 중요할 수 있는 문화가 가볍게 다루어지거나, 그 문화가 일본인이나 사업자 측에 중요한 것이 아니므로 간과되고 있는 것이다.

개호 분야에서는 면대면 서비스가 기본이므로 개호인재가 이용자들을 위해 일본의 문화적 관습을 이해하는 것은 중요하다. 하지만 인도네시아의 발리춤처럼 일본 사회가 관심을 가지는 개호인재의 문화는 적극적으로 선보일 것이 기대되지만, 이들의 다른 문화적 특성은 특정 형식 안에서 재현하거나 배제할 것이 요구된다. 일본 정부가 향후 증가하게 될 외국인 이주노동자의 인구학적 변화에 주목하고, 야스민과 무함마드 로비와 같이 정착을 준비하는 외국인 개호인재가 "지역에서 공생사회를 구축하면서 일상적 생활을 영위하는 외국인 생활자(生活者)"가 되리라는 것을 고려하고 있음을 생각해 볼 때(内閣官房 2006), 이러한 인식은 현재의 부족한 인력 해소에만 중점을 두는 근시안적인 접근이다.

가족애와 잃어버린 일본적 가치

이용자 할머니들이 "내가 가장 좋아하는 언니가 왔다"라고 하는 말을 들으면 기분이 좋아요. 가족은 몰라봐도 나는 알아봐요. (나를) 가족처럼 생각해요(40대 스리랑카인 여성, 개호 보조).

필자가 생각했던 것보다 개호 현장에서 고령의 일본인 이용자들은 외국인 개호사들의 서비스를 자연스럽게 받아들이고 있었다. 2002년 실시한 외국인 서비스 이용 의식조사를 보면 "음식점의 외국인 점원 서비스"에 대한 저항감은 낮은(4.8%) 반면, "'가정부'를 필두로 외국인이 자택에 오는 돌봄 서비스"에 대한 저항감이 강했으며(30%), 특히 여성들에게서 저항감이 큰 것으로 나타났다(ライフデザイン研究所 2002).

그러나 2019년 조사에서는 "인력이 부족한 직종에 대한 외국 인재의 수용 확대"를 찬성하는 비율이 58.7%로 절반을 넘었고, 시설에서 외국인에게 개호 서비스를 받겠다는 비율은 76.6%였다(ディップ総合研究所 2019). 이는 외국인 개호 서비스에 대한 일본인들의 인식이 달라졌음을 보여 준다. 필자가 만난, 부모의 돌봄이 중요한 문제가 되는 50~60대 일본인 여성들 역시 개호 분야의 외국인 인재에 수용적이었다. 하지만 외국인 가사노동자가 자택으로 들어와 서비스하는 것에 대해서는 여전히 불필요하다거나 거부감을 보였다.

"이용자들이 왜 외국인 개호사들을 좋아하는 것 같은가?"라는 필자의 질문에 많은 일본인이 "일본인은 잘 웃지 않으니까"라고 답했다. 베트남인 아잉이 보기에도 "일본인들은 냉정하다". 그녀는 "하지만 외국인 개호인재들은 가슴이 따뜻하다. 나만 해도 이야기할 때 농담을 많이 하고, 가능하면 좋은 분위기를 만들려고 노력한다"라고 덧붙였다. 일본 정부가 밝히는 개호노동은 1) 개호노동자와 서비스 이용자 간의 "후레아이(만남, 접촉, 소통)를 시작으로 충분한 만족감을 제공"하는 것, 2) 이용자에게 직접 서비스를 제공해야 하는 노동집약적 특성, 3) 서비스 이용자인 고령자 등이 살고 있는 지역밀착형을 특징으로 한다(厚生労働省 2008: 29).

이처럼 만남과 소통을 강조하는 개호 일에서 아시아인 개호노동자의 친밀함은 매우 중요한 인재 조건으로 간주된다. 고베 지역 530개 개호시설 및 사업소에 관한 오와 미에의 연구에서도 시설 측에서 외국인 개호인재를 고용할 때 인품(人柄), 일본어 습득 수준, 일하려는 의지(80~90%의 응답률)를 중시하고 있음을 볼 수 있다(大和三重 2020: 63). 반면에, 기능 수준에 대한 요구는 36%였다. 오와 미에의 연구결과는 2004년과 2010년 내각부의 여론조사 결과에도 상응한다(각주 8번 참고).

이 글의 도입부에서 소개한 인도네시아인 개호 여성의 "상냥하고, 밝고, 친절하고, 언제나 웃는 얼굴"은 외국인 개호사들의 인성을 표현하는 흔한 수사다.

인도네시아인 개호복지사인 무함마드 로비도 이용자들에게 "귀여움을 많이 받는다". 무함마드 로비는 고령의 이용자들이 "오니이상(젊은 남성을 친근하게 부르는 호칭), 밭에서 일을 많이 해서 피부가 (까맣게) 탔네"라고 한다며 웃었다. 무함마드 로비가 일하는 시설에는 치매 노인들이 많아서 무함마드 로비의 갈색 피부를 잘 알아보지 못하고 밭에서 열심히 일해서 까맣게 탔다고 생각한다. 베일을 쓰고 일하는 인도네시아 여성 개호사들에게는 "귀엽네(かわいいね)"라고 말한다.

2016년에 일본에 와서 개호 전문학교를 졸업하고 개호사로 일하고 있는 스리랑카인 아나르칼리(40대 여성)는 개호학교에 다니면서 학교의 소개로 파트타이머로서 개호 일을 시작했다. 파트타이머로 일할 때는 일본어를 잘 못해서 화장실 청소와 같은 간단한 일만 했다. 하지만 지금은 전문학교를 졸업했기 때문에 "자기 책임"이 생겨서 스스로 결정해서 일하는 경우가 많다. 아나르칼리는 이용자들이 자신을 "가장 좋아하는 사람이라는 의미의 '이치반상(一番さん)'이라고 불러 준다"라고 자랑스러워했다. 아나르칼리가 일하는 시설은 치매 노인들이 많다. 그녀는 "(할머니들이) 가족은 몰라봐도 나는 알아본다. (나를) 가족처럼 생각한다"라고 덧붙였다. 가족이 와도 아나르칼리만 알아보고 "오네에상(젊은 여성을 친근하게 부르는 말), 나 좀 데려다줘"라고 말하곤 한다. 아나르칼리는 이 사실을 매우 뿌듯해했다.

베트남인 개호사 아잉 역시 고령자를 돌볼 때 본국에 있는 할머니와 할아버지 생각을 많이 한다. 20대 초반의 아잉은 80~90세 고령자를 돌보는 일에 "크게 저항감은 없다". 다만 그녀는 "베트남에서는 주로 손자나 증손자가 돌보지만, 이곳에서는 아무 관계가 없는 사람(시설 직원)이 돌봐 주니까 일본의 고령자들이 불쌍하다고 생각해요. 절대로 가족과는 다르죠"라고 강조했다. 이처럼 개호인재가 고령자에게 가지는 '가족 같은' 관심이나 '연민'의 감정은 고령자를 돌보는 외국인 개호인재에게 요구되는 중요한 감정적 가치다.

정부 문건이나 개호인재 파견업체는 개호 분야에서 일하는 아시아인 여성들이 "일본에서 보기 어려워진 배려, 연민을 의미하는 '오모이야리(思いやり)'나 '상냥함(優しさ)'"과 같은 일본적 가치나 가족을 중시하는 아시아의 문화적 가치를 담지하고 있음을 강조한다(Lopez 2007). 일본 정부 역시 "외국인 개호인재가 이용자를 가족과 같이 생각하고 대한다"라고 소개한다(厚生労働省 2016b). 그리고 많은 파견업체 사이트도 필리핀인 개호인재가 "이제는 일본에서 사라져 버린 대가족 분위기에서 살았기 때문에 노인을 공경할 줄 알아서 자연스러운 커뮤니케이션 방법을 몸에 익히고 있다"라는 점을 부각한다(KSK Recruitment Channel). 또 다른 사이트는 필리핀인의 국민성을 환대정신(hospitality)으로 표현하면서 이를 순수하고 열린 마음으로 타인을 대하는 일본 특유의 서비스 정신인 '오모테나시(おもてなし)'에 비견한다(HACK 外国人採用). 따라서 필리핀인 개호인재는 "모르는 사람에게도 친절한 필리핀 식의 오모테나시"를 보여 줄 수 있다고 광고한다.

많은 연구는 외주화한 돌봄노동이 "가족의 일"이라는 사적인 가치로 치환되면서 아시아적 '효'와 '가족 이데올로기'를 강화한다는 것을 지적한 바 있다(Lan 2001, 2003; Hondagneu-Sotelo 2007: 11). 특히 이주 여성들의 노동은 사적 영역으로 간주되는 돌봄과 가사에 집중됨으로써 가족 담론 속에서 목적국 사회의 젠더 질서에 따라 규율화된다. 과거에 대한 향수를 바탕으로 한 가족애와 잃어버린 일본의 정서적 가치를 현재 필요한 개호인재의 조건으로 간주한다.

이어서 이러한 맥락에 놓여 있는 일본의 젊은 외국인 비숙련 여성 개호인재를 통해, 일본의 복지레짐과 이주레짐의 변화 속에서 외국인 노동자에 대한 수용 범주와 자격이 어떻게 젠더·종족·노동 표상과 관련하여 변화해 왔는지 살펴보고자 한다.

5. 개호인재의 문화적 표상과 실재

1) 젠더 표상: 젊은 여성

개호 서비스 직종의 외국인 인력으로 상정되는 이미지는 대부분 젊은 여성들이다. 개호 일본어와 개호 실무를 가르치는 가쿠이 씨에 따르면, "일본어 학교에 들어오는 개호 분야 특정기능실습생의 90%가 20대 초반의 젊은 여성"이다.

카메라를 향해 밝게 웃고 있는 (간혹 베일을 쓴) 아시아계 젊은 여성의 이미지는 대부분의 외국인 인력 파견 회사와 개호 서비스와 관련된 신문 기사나 중개사이트에서 단골로 사용된다. 특히 종전에 주로 엔터테인먼트 산업에 종사했던 아시아 여성, 특히 결혼 이주로 일본에 많이 들어온 필리핀인 여성의 이미지 전환은 개호인재의 확보가 중요해진 시점에서 흥미롭다(Suzuki 2000; Lopez 2007). 선행연구는 필리핀 이주 여성들이 국가 간 경제적 격차, 해당 사회의 문화 차이와 젠더 질서에 의해 현지의 남성과 여성 모두에게 성적인 존재로 표상되고 규율화되는 과정을 보여 준 바 있다(Constable 1997: 542; Suzuki 2007: 432). 이전에 결혼 이주나 엔터테인먼트 산업에 종사하기 위해 일본에 온 필리핀인 여성들의 이미지는 1970년대 미등록 아시아 여성이 종사했던 성 산업과의 연관성하에 대중적 태도와 스테레오 타입에 크게 영향을 받았다(ILO 2019: XIIII).

하지만 이제 개호인재 파견 사이트는 재일 필리핀인 여성 개호사를 1) 일상생활에서 일본어, 영어, 타갈로그어까지 3개 국어가 가능한 인재이며, 2) 취업제한이 없는 인재가 많아서 일본인과 동일하게 채용과 취업이 가능하고, 3) 일본 거주가 10년 이상이 된 여성이 많아서 일본 독자적인 문화나 습관에도 정통하다고 소개한다(KSK Recruitment Channel). 1960~1970년대 엔터테인먼트나 성 산업에 종사하며 비가시적이었던 아시아 여성들이 이제는 돌봄노동에 적합하도록 일본의 문화적 지식을 장착하고, 다국어를 구사하는 글로벌 인재로서 간주되고 있는 것이다.

그러나 전체 일본 사회의 외국인 노동자 정책에서 돌봄노동자에 관한 젠더 표상이 일본 내 문화·종족·노동 담론과 교차하면서 영향을 받고 굴절될 수 있다는 점을 간과해서는 안 된다. 개호 사이트의 첫 화면을 장식하고 있는, 밝게 웃고 있는 아시아 출신의 젊은 이주 여성 노동자의 전면 사진은 여성들의 "커리어에 대한 희망, 학력, 경력과는 상관없이 국제 이주의 진입 단계부터 철저하게 동일한 탈숙련자로 평준화되어 취급될 수 있음"을 은폐하기 쉽다(김현미 2010: 132).

더욱이 일본 사회가 선호하는 젊은 외국인 여성 돌봄노동자의 젠더와 문화 차이가 노정하는 틈새에 주목할 필요가 있다. 개호시설 이사장에게 들은 우려 중 하나는 이 젊은 여성들에 대한 결혼, 임신, 출산과 관련된 문화적 인식 차이였다.

동남아시아에서는 젊은 여성들이 일찍 결혼하고 아이를 낳는대요. 내가 아는 몇몇 시설에서는 외국인 개호사들이 결혼한다고 그만둬서 아주 골치를 앓고 있어요(A 특별노인요양홈 이사장).

문화 차이로서만 접근할 뿐, 일본의 맥락에서 외국인 여성 노동자의 성, 사랑, 연애, 결혼, 임신, 출산과 같은 여성 삶의 연속성과 서사는 노동계약이나 노동조건 앞에서 쉽게 간과된다. 최근 일본에서는 강제 귀국이나 퇴직을 우려하여 홀로 출산하는 외국인 여성 기능실습생의 "고립출산(孤立出産)" 문제가 사회적 이슈가 되었다.[7]

2020년 구마모토현에서 기능실습생으로 일하던 20대 초반의 베트남 여성이 집에서 혼자 쌍둥이를 출산하던 중 사산하자 집 안에 방치한 사건이 있었다. 여성은 사산한 쌍둥이를 수건에 싸서 생년월일과 '천국에서 편히 잠들라'고 쓴 편지를 동봉하여 종이상자 안에 넣어 두었고, 33시간 후에 의사에게 알렸다. 재판에서는 사산한 쌍둥이의 처리가 유기인지, 고국의 문화적 관습에 따라 외국인 기능실습생이 할 수 있었던 최소한의 시신 안치 행위인지에 관한 법적·문화적 차이가 중요한 쟁점이 되었다(NHK NEWS 2023. 3. 24). 1심과 2심은 유죄로 판결했지만, 2023년 3월 대법원은 최종 무죄판결을 내렸다.

이 사건은 외국인 여성 기능실습생들이 귀국이나 퇴직을 강요당할 것을 우려하여 홀로 아이를 낳는 '고립출산'이 사회적으로 주목받게 된 계기가 되었다. 출입국재류관리청의 조사(2022)에 따르면, 임신한 외국

---

7 일본에서 2007년 이후 여성들이 병원에 가지 않고 집에서 홀로 출산하는 문제가 사회적 이슈가 되었고, 이때 고립출산이라는 말이 사용되기 시작했다. 朝日新聞, "孤立出産の背景にある複雑な事情「気持ちを理解し、匿名での支援を」"(堀越理菜), 2023. 3. 24, https://www.asahi.com/articles/ASR3S4HG3R3RTIPE01K.html(2023. 5. 15 접속).

인 여성 기능실습생의 26.5%가 감리단체 및 모국의 송출업체 등으로부터 강제 귀국을 종용받은 적이 있다고 응답했다(出入国在留管理庁 2022: 5). 2019년부터 외국인 여성 기능실습생의 임신과 출산 문제를 주지하고 있던 일본 정부는 2023년 4월에 「기능실습제도 운용요령」을 개정하며 공식적인 대응 방안을 제시했다(出入国在留管理庁 2023b).

필자는 5명의 일본인 여성과 "외국인 여성 기능실습생의 임신과 출산"에 관해 이야기를 나누었다. 일본인 여성들은 모두 "기능실습생으로 계약하고 왔으면 실습을 해야 하는데, 임신과 출산을 하는 것은 계약 위반에 해당한다"라고 입을 모았다. "기능실습생 중에는 이런 것을 이용해서(일본인 남성의 아이를 임신해서) 일본에 남으려고 할 수도 있겠네"라고 반응했다. 필자가 "의도하지 않은 임신의 가능성이 있지 않을까요?"라고 질문하자 "'기능실습 중'이니까 임신하지 않도록 해야지, 임신이라는 게 갑자기 되는 게 아니다", "자기 책임이다"라고 말했다. 그리고 "기능실습을 하는 동안에는 임신을 해서는 안 된다"라는 한 사람의 주장에 모두 동의했다. 그중 한 명은 "만약 내 딸이 다른 나라에 기능실습생으로 가서 일하다가 임신한다면, 임신을 해서도 안 되겠지만, 그건 정말 그쪽 나라와 기업에 폐를 끼치는 일이니까, 당장 돌아오라고 말할 것이다"라고 강조했다. 그녀는 다음 날, "이 문제를 20세 딸과 이야기했는데, 딸은 '일본이 외국인에 대해 너무 무르다'며 자신보다 더 분개한 바람에 말다툼을 할 뻔했다"라는 이야기를 전해 주었다.

일본 정부는 정책적으로 긴급 노동력을 요하는 분야의 하나인 돌봄 분야 노동자의 정착을 허용하고 있다. 지난 30년간의 공식적인 외국인 노동자 수용 정책 과정에서, 2017년에야 외국인 노동자들을 기능실습생이라는 간접적인 용어로나마 '노동자'라는 법적 정의와 권리로 포섭했다. 오랫동안 외국인의 정주화를 회피해 왔던 일본 사회에서 외국인 노동자의 정착을 전제로 한 이러한 정책 전환은 큰 변화다. 하지만 앞서 인용한 대화에서 드러나듯이, 정책상으로는 범주가 바뀌었더라도 일반인은 외국인 기능실습생을 '정착이 가능해진 노동자'가 아니라 여전히 기능 실습이 끝나고 '돌아가야 하는 연수생'으로 생각하는 경우가 많다.

필자가 보기에 일본에서 외국인 노동자가 정착할 수 있는 정책적 노력이 진전되고 있음에도, '외국인의 정착'이 앞으로 어떤 의미를 가질 것인가에 관한 사회적 논의나 심층적 이해는 충분히 이루어지지 않은 것 같다. 앞서 언급한 사례처럼 젊은 여성 돌봄노동자를 향한 대중의 젠더와 노동 의식이 이를 방증한다. 외국인 여성 돌봄노동자의 젠더와 문화 차이는 개호에 적합한 인재 조건의 하나로 소비되고 있다. 하지만 이들은 "상냥하고 밝은 돌봄 여성"이라는 이미지에 갇혀 있는 단순 서비스 제공자가 아니라, 본국과 이주국에 걸쳐, 생애 사이클에 따라 연속적 삶의 서사를 가진 존재다.

2) 종족 표상: 비숙련 외국인

2010년대 비숙련 외국인 여성 개호노동자에 대한 표상은 종전의 종족화한 귀환 이주노동에서 문화화된 이주노동으로의 변화를 보여 준다. 1990년대 '종족적 일본인(ethnic Japanese)' 혹은 '본질적 일본인(essential Japanese)'에 대한 강한 문화적 선호와 더불어 인종적 다양성에 대한 낮은 관용도와 외국인의 잠재적 위험성에 근거한 이주노동자들에 의한 범죄 우려로 인해, 일본 정부는 다른 아시아 노동자보다 '종족적 유사성'을 가진 닛케진을 선호했다(Tsuda 2000, 2003; Shipper 2005: 299-301).

하지만 1970년대까지 일본 정부는 닛케진 이주노동자들을 노동력의 중요한 부분으로 간주하지 않았다. 1990년에 입관법이 개정되기 전까지 일본 정부는 이들의 입국을 허용하지 않았으므로 닛케진은 단기 체류 비자를 발급받는 것조차 어려웠다. 일본 노동구조 피라미드의 하단에 머물렀음에도 불구하고 닛케진 노동자들에 대한 일본 사회의 변화된 접근은 다른 외국인 노동자들에 비하여 닛케진들을 상대적으로 노동조건과 체류 권리에서 좀 더 유리한 위치에 놓이게 했다.

그러나 '공통의 혈통'도 문화 차이를 메꾸지 못했다. 남미 출신 닛케진 노동자들과의 문화 차이는 일상적인 부분에서 사회 갈등으로 나타났다. 닛케진들이 내면화한 라틴 문화의 "개방성", "시끄러움", "폐를 끼치는 일상생활의 습관"은 일본인들로 하여금 '공통 혈통'에 대해 회의하게 했고, 나아가 외국인 이주노동자를 향한 부정적 인식을 강화했다. 일본에서는 역사적으로 자격을 갖추지 못한 남성 외국인은 위험한 잠재적 범죄자로서 표상되었다. 17세기 가톨릭과 외국인에 대한 반감, 19세기 이후 서구인을 향한 부정적 이미지, 1920~1930년대 조선인 남성 노동자에 대한 거부감, 혐오감, 우월감은 남성 외국인 이주노동자들을 "거칠고", "폭력적이며", "게으르고", "일본의 문화와 언어에 무지한 존재"로 이미지화했다(Shipper 2005: 304). 문화 차이에서 오는 부정적 이미지와 지역사회에서의 갈등 경험은 남성 외국인 이주노동자 전반에 대한 '범죄 연루' 및 거주 지역의 '슬럼화'와 같은 부정적 이미지를 심화했다(Shipper 2005: 299-301).[8]

8 2004년 내각부의 여론조사에서는 "단순노동자의 수용은 인정하지 않겠다"라는 응답이 25.9%였다. 수용을 반대하는 이유는 "치안 악화 우려"(74.1%)라는 응답이 가장 많았다. 이외에도 "지역사회 내에서 트러블이 많아질 우려"(49.3%)와 "불황 시에는 일본인의 실업이 증가하는 등 고용정세에 악영향"(40.8%)에 응답했다(内閣府 2004).

그러나 2008년 이후 여러 아시아 국가로부터 외국인 돌봄노동자를 전격적으로 수용하면서, 1990년대에 주로 단순 기술직에 종사했던 외국인 남성 노동자들의 '개방적이고 시끄럽고 자유분방함'이라는 부정적인 이미지는 '돌보는 여성'이라는 이미지로 젠더화되고, '언제나 웃는 얼굴'에 '적극적이며 밝은' 성격을 가진 국가의 돌봄인재라는 수사 아래 문화화된 방식으로 재정의되고 있다. 이전의 "자유분방함과 시끄러움"이라는 속성은 역으로 "활달하고 적극적이며 밝은" 성격으로 재해석되고 있다. 또한 아시아 출신 개호인재의 강한 가족적 유대와 노인을 공경하는 아시아의 문화적 배경과 젊고 친근한 성격, 그리고 일본인에게 낯설지 않은 외모는 돌봄노동에 적합한 것으로 받아들여진다.

하지만 외국인 이주노동자에 대한 긍정적 담론의 수용에도 불구하고, 이전의 남성 육체노동자와 최근 여성 돌봄노동자에 대한 상반되는 정의 방식의 근저에는 여전히 '일본어와 일본 문화 및 관습에 대한 지식을 갖추어야 한다'라는 동일한 문화적 압력이 존재한다. 따라서 외국인 노동자는 그러한 정의에 걸맞은 '외국인 인재로서의 가치'를 어필하고, 본국과 일본 문화의 차이를 적당하게 재현할 수 있는 '초국적 인재상'을 내면화하고 연행해야 한다. 닛케진과 아시아인 개호노동자는 일본 내 노동 수요에 따라 노동자의 문화적 가치를 새롭게 정의하면서 인재의 조건을 갱신해 왔음을 보여 준다.

3) 노동 표상: 돌봄 일

(시설 이용자들이) 젊은 사람들을 좋아해요. 20대가 상냥하고, 외국인 개호사들은 생글생글해요. 그래서 외국인 개호사를 좋아하는 사람이 많아요 (노인요양시설 이사장).

70~90대 고령자를 돌보기 위해 일본에 들어오는 외국인 이주 여성 개호노동자들은 대개 10대 후반에서 20대 초반이 많다. 「기능실습제도」를 통해 입국하는 외국인 노동자의 연령은 20세에서 34세의 젊은이들이 전체 79.6%를 차지하며, 이 가운데 20세에서 24세까지가 가장 많다. 개호 분야에서는 18~29세 여성이 52.0%로 과반수를 넘는다(MUFG 2023).

10대 후반에서 20대 초반의 젊은 외국인 여성들을 돌봄노동에 투입하는 것은 1970~1980년대 국제 노동 분업 구조에서 젊은 여성들이 단순 부품 조립라인의 주요 노동력으로 활용되던 생산 방식과 닮아 있다. 이것은 돌봄노동을 중심으로 한 새로운 형태의 국제 노동 분업, 이른바 "재생산 노동의 신국제 분업"이 나타나고 있음을 보여 준다(김현미 2005: 116; 이현옥 2016: 241). 저렴한 젊은 이주 여성 노동력에 의존하고 있는 일본의 개호노동 분야에서의 양상은 아시아의 돌봄과 이주의 흐름 속에서 일본과 다른 아시아 국가 간에 형성된 새로운 국제 분업의 형태를 보여 준다.

이들 젊은 여성 노동자들에게 요구하는 기술은 여전히 가사와 돌봄과 같은 전통적인 사적 영역의 여성 역할에 한정되는 경우가 많다. 여기서 개호와 같은 돌봄노동의 사회적 이미지는 '진짜 일'로서보다 여전히 사적 영역에서 일어나는 비전문적인 일 혹은 여성의 일로 간주되는 경향과 관련 있다(Sassen 2003: 255; Hondagneu-Sotelo 2007: 9, 15). 이미 외국인 가사노동자와 돌봄노동자를 수용했던 다른 사회의 선례를 보았을 때, 일본의 맥락에서는 친밀한 영역에서 일상생활을 보조하는 개호 서비스의 즉전력을 강조하지만, 이들의 노동은 단기간 교육을 통해 투입 가능한 단순 기술로 간주될 수 있다. 거기에 투입되는 비숙련의 젊은 여성 돌봄노동자들은 장기적으로 일본의 노동구조에서 "단순 기술이나 서비스직군 안에서 순환하면서 서빙하는 계급"으로 남게 될 가능성도 있다(Hondagneu-Sotelo 2007: 8-9).

시미즈 씨가 일하는 감리단체는 주로 베트남인 기능실습생을 수용하여 건축, 식재료 가공, 빌딩 청소, 제조 분야에 공급한다. 일본 회사에서 의뢰가 오면 베트남에 있는 회사에 구인을 의뢰한다. 그녀에 따르면 "빌딩 청소는 외벽 등을 닦는 중노동이기 때문에, 건축(주로 남성)의 배관설비와 식재료 가공(주로 여성) 분야가 베트남인 기능실습생들에게 인기가 많다".

하지만 지난 1년 반 동안 이 일을 하면서 시미즈 씨는 「기능실습제도」의 여러 부정적인 측면들을 많이 알게 되었다. 그녀가 보기에 기능실습생들은 어떤 노동조건에서 어떤 일을 하게 될지 전혀 알지 못한 채 일본으로 온다. 시미즈 씨는 "베트남인들도 일본에서 어떤 일을 하는지 잘 알지 못하고 오는 경우가 많아서, 실제로 일본에 온 후에 급료는 적고 중노동을 하게 된다는 점 때문에 그만두는 경우가 많아요. (…) 더군다나 일본의 경제가 예전만 못해 급료가 낮아져서 외국인들이 잘 안 오려고 해요"라고 덧붙였다.

특히 시미즈 씨는 정부가 외국인 기능실습생을 수용하기는 하지만, 그 이후의 교육과 배치를 민간에 맡기고 있는 점은 큰 문제라고 했다. 실제로 여전히 임금 체불, 열악한 노동환경과 이에 대한 노동자의 직장 이탈 문제가 발생하는 등 관리가 제대로 이루어지지 않는 것을 현장에서 많이 목격했다. 시미즈 씨는 "감리단체의 목표는 외국인 기능실습생이 트러블 없이 기능을 습득해서 본국으로 돌아가게 하는 것"이라고 정리했다. 인터뷰를 약속할 때부터 "할 이야기가 너무 많아요"라고 했던 시미즈 씨는 인터뷰 내내 "일하는 보람이 없어요. 괴로워요(辛いです)"라고 했다.

2019년의 시점에서 개호노동자의 수용을 앞두고 이들을 젠더화하고 글로벌·초국적 인재로서 문화적으로 재구성하는 양상은 1990년대 외국인 이주노동자의 공식 수용 과정에서 전개되었던 혈통에 기반한 종족성 담론 구성과 크게 다르지 않다. 일본은 동질적인 종족 담론에 근거하여 외국인 이주노동자들을 분류·배치하면서 노동구조를 재편했다. 이와 마찬가지로 일본 사회의 젠더 및 노동 담론 속에서 개호인재는 새로운 재생산 노동구조에 재배치되고 있다. 이런 의미에서 이전의 비숙련 남성 육체노동자뿐만 아니라 비숙련 젊은 여성 외국인 개호인재 역시 일본의 층위화되고 젠더화된 노동구조의 부분이다.

6. 통합적 이주노동자 정책의 필요성

2010년대 이후 전개된 외국인 이주노동자 정책의 변화와 일련의 내외국인 인재 정책은 전 지구화 과정에 대응하고, 저출산와 고령화로 야기된 노동력 부족과 같은 사회문제를 해결하기 위한 노력이었다. 전문 인력에 이어 비숙련 외국인 이주노동자의 수용과 정착에 관한 이주 정책 변화는 이민 국가로서의 외부적 평가를 애써 부정해 온 일본이 "이민과 이주 없는 단일국가"(Kashiwazaki 2006)에서 이제야말로 "떠오르는 이민 국가"(Hollifield and Sharpe 2017)로 전환하게 되는 신호인지도 모른다. 이러한 변화는 앞으로 일본 사회의 사회문화적 지층의 변화를 짐작하게 하는 실마리가 될 것이다.

일본 국내 복지레짐의 변화와 돌봄노동의 수요로 인해 일본에서 진행되고 있는 국제 이주의 내용은 아시아 역내에서의 이주의 여성화와 이주노동의 여성화 경향을 보여 준다. 일본 돌봄노동 분야에서의 이주노동의 제도화는 아시아 젊은 여성 노동자들이 심각한 노동력 부족을 겪고 있는 저임금·노동집약적인 일본의 재생산 노동시장에 참여하게 한다는 점에서 재생산 노동의 새로운 국제 분업의 양상을 보인다. 여기서 외국인 이주노동자의 자격과 범주를 재정의하고 재현하는 방식은 돌봄에 대한 문화적 인식과 이주노동자에 대한 일본의 사회적 관념과 밀접하게 관련되었다.

부분적으로 일본 사회의 젠더·종족·노동 관행의 맥락에서 인적 자본을 선택적으로 재정의함으로써 이루어진 외국인 돌봄 이주노동자에 대한 문화적 재현은 돌봄노동자의 자격과 조건을 구체화했다. 최근에 증가하기 시작한 아시아 출신의 젊은 여성 개호인재는 이러한 일본 사회의 외국인 노동자 정책의 전환 과정에서 외국인 이주노동자를 둘러싼 종족적·문화적 차이와 젠더 이미지에 근거한 인재 조건의 변화를 보여 준다. 대부분 젊은 외국인 여성 이주노동자들이 점하고 있는 개호 서비스 직종에서 문화적 수사와 젠더적 차이가 교차하며 '돌봄노동에 적합한 인재'라는 긍정적 이미지를 만들어 내고, 종래 일본 사회의 외국인 노동자들에 대한 부정적 담론을 부분적으로 변화시키고 있다.

그러나 밝게 웃고 있는 외국인 개호인재의 사진을 전면에 내건 감리단체 사이트에서는 일본인 이용자를 위해 이들의 돌봄인재로서의 가치, 즉 소통하려는 개방성, 열심히 하려는 성실성, 아시아와 일본의 전근대적인 문화적 친화성을 광고하지만, 개호노동자의 웃음 뒤에 놓여 있는 노동환경과 커리어에 관한 이야기는 찾아보기 어렵다. 최근 들어오는 외국인 이주노동자의 고용과 노동조건은 여전히 일본 사회의 젠더화·문화화·계층화된 노동 관행에 위치해 있다. 더욱이 일본은 외국인 기능실습생에 대한 정부 차원의 통합 정책을 갖추고 있지 않으므로 수용 이후 외국인 노동자들의 언어 및 직업 교육은 민간기관이 담당하고 있다. 외국인 기능실습생에 대한 통합적 정책 논의를 위해서는 통합 정책이 남성과 여성 이주자에게 각각 다르게 미치는 영향을 고려한 젠더적 관점과 이주자를 적극적 행위자로 바라보는 사회문화적 이해가 필요하다.

제2장

자립과 의존을 둘러싼 모색의 40년

고령사회 여성운동의 어제와 오늘*

지은숙

* 『일본비평』 28호에 실린 "장수사회의 불안과 귀여운 할머니에 맞선 40년: 고령사회 여성운동의 어제와 오늘"을 수정 보완하였다.

1. 고령화사회와 여성운동의 1막

일본인은 1500년대부터 오랫동안 50세 인생 시대를 살아왔다. 높은 임산부 사망률 때문에 20세기 초까지 성별에 따른 수명 차이도 거의 없었다. 제2차 세계대전이 끝난 1947년 일본인의 평균수명은 남성 50.06세, 여성 53.96세였다. 전후 복구가 이루어지고 경제가 비약적으로 성장하는 것과 더불어 평균수명은 착실히 증가했다. 평균수명이 1955년에는 남성 63.60세, 여성 67.75세로 상승했다. 이때까지 일본인에게 수명 연장은 '더 이상 전후가 아닌' 증거이자 성과로 기껍게 받아들여졌다. 그러나 1970년 일본의 고령화율이 7%를 넘어 '고령화가 진행 중인 사회'를 의미하는 고령화사회로 진입하고, 1985년 처음으로 여성의 평균수명이 80세를 넘어서면서 고령화가 초래할 사회 변화에 대한 불안감이 커지기 시작했다.

불안의 진원지는 전례 없는 고령화 속도였다. 고령화율이 7%에서 14%가 되기까지 걸리는 시간을 '배가 연수'라고 부르는데, 고령화의 속도를 나타내는 지표로 활용한다. 1994년에 고령화율이 14%를 넘겨 고령사회로 진입한 일본은 배가 연수가 24년으로, 산업화된 국가 중 이례적으로 짧은 시간을 기록했다. 프랑스의 배가 연수는 126년, 스웨덴은 86년, 미국은 72년, 배가 연수가 눈에 띄게 짧았던 영국도 47년이었다. 배가 연수가 짧다는 것은 고령사회를 대비할 시간이 촉박하다는 것을 의미했고, 이것은 고령화에 대비한 사회보장제도와 복지정책 등의 사회시스템이 미비한 상황에서 고령 인구만 급격하게 증가하는 암울한 미래가 다가온다는 대중적 불안감을 자극했다.

1980년대까지도 일본에서 고령화와 노인 문제는 남성의 문제로 다루어졌다. 사회적 관심이 길어진 노후와 소득 문제에 치우쳐 있었고,

생계부양자인 남성의 관점에서 정년 연장이나 은퇴 후 재취업 문제 등이 공론장을 주도했기 때문이다. 당시는 혼인율이 높은 사회였으므로 고령자 남성의 경제 문제를 해결하면 여성은 그 그늘에서 살아가는 것이 가능하다고 생각했다. 그러나 이것은 남성과 여성이 같은 방식으로 나이 들지 않는다는 현실을 간과한 접근이었다.

우선 여성은 남성보다 오래 산다. 하지만 더 길게 아프고 생활의 제약을 더 오랜 기간 받는다. 이러한 차이를 최근에는 '건강수명'이라는 개념을 사용하여 수치화하는 것이 가능해졌다. 건강수명은 자립해서 생활하는 평균 기간을 산출하기 위한 개념인데, 평균수명에서 아파서 활동하지 못한 기간을 뺀 결과를 자립생활 기간 즉, 건강수명으로 판단한다. 그렇다면 평균수명과 건강수명의 차이가 돌봄이 필요한 기간인 셈인데, 2019년 내각부 조사를 보면 이 기간이 남성은 약 9년인데 비해 여성은 약 12년이었다. 여성은 남성보다 더 오래 살지만 돌봄이 필요한 기간도 더 긴 것이다. 이러한 여성의 육체적 취약성에 더해 연금이 적거나 아예 받지 못하는 빈곤한 고령자의 다수가 여성이라는 경제적인 취약성, 무엇보다 장수화에 따라 여성들의 노인 돌봄 부담이 증가하고 있다는 현실은 고령화에 대한 여성들의 불안을 심화하는 요인이 되었다.

여성의 관점에서 고령화에 접근하는 공적 담론이 부재한 가운데 1980년대부터 '나이가 들어도 젊은이들에게 사랑받는 귀여운 할머니가 되자'는 여성 노인상이 슬그머니 부상하기 시작했다. '귀여운 할머니(かわいいおばあちゃん)'라는 새로운 노년 여성의 이미지는 노후에 대한 여성들의 불안을 잠재우는 대안으로 수용되었다. 1970년대부터 여성과 가족 문제에서 전문으로 평론과 저술 활동을 전개해 온 히구치 게이코(樋口恵子)는 일찍부터 이러한 상황에 주목했다. 전국의 고령자 개호 현장

을 취재하고 다니던 히구치는 '귀여운 할머니가 되자'는 도달 불가능한 목표에 자신들의 노후를 의탁할 수밖에 없는 중년 여성들의 현실을 민감하게 포착했다. 히구치는 노인 돌봄을 여성 가족원, 주로 며느리에게 떠넘기는 독박 돌봄의 관행에 특히 주목했다.

2000년 개호보험제도 도입 이전의 일본에서는 개호를 가정에서 맡는 것으로 당연시했고, 특히 며느리의 일로 간주했다. 장수화와 더불어 여성들의 개호 기간이 장기화되었어도, 개호를 여성 단 한 명이 맡는 경우가 대부분이었다. 히구치 게이코는 이렇듯 여성 가족원을 일본 복지의 '숨겨둔 자산'으로 간주하는 가족 의존적 사회보장시스템은 돌봄 제공자인 여성들에게 부담과 고통을 줄 뿐 아니라, 향후 돌봄 의존자가 될 경우에도 주변 사람에게 '귀여운 할머니'이기를 소망하는 것 말고는 어찌해 볼 수 없는 무기력과 미래에 대한 비관을 야기한다고 간파했다. 히구치 게이코는 당시 후생성 중앙사회복지심의회의 노인 문제 부서회의에 유일한 여성위원으로 참여하면서 여성의 입장에서 본 이러한 문제점을 "여자가 주제넘게 나선다는 말을 듣지 않도록 조심하면서, 알아듣도록 성실하게 설명"했다고 한다. 하지만 "의제로 채택되는 일은 거의 없었고, 여성들의 목소리가 사회에 닿지 않고 있다는 사실을 통감"할 뿐인 나날을 보냈다.

이렇듯 가족 돌봄을 통해 노인 문제와 더 이른 시기부터 맞닥뜨리고, 수명 연장으로 더 오랫동안 노인 문제의 당사자가 된 여성들의 목소리를 공론장에서 찾아보기 어려운 상황이 오래 이어졌다. 이를 타개하기 위해 히구치 게이코를 비롯해 문제의식을 같이 하는 사람들이 모여 1982년 9월 10일 일본에서 처음으로 여성과 노인 문제를 생각하는 심포지엄을 개최했다. 폭우 속에서 개최된 이 날의 심포지엄에는 회의장 정원의 두 배가 넘는 593명이 참가했고, 의자가 부족해 돗자리를 깔고 앉는 사람도 있을 정도로 대성황을 이루었다. 특히 개호 문제 분과 회의에서 가족 개호를 위해 일을 그만두고, 사회 활동을 중단하며, 인생을 희생당해 왔다는 여성들의 한탄 섞인 목소리가 쏟아져 나왔다. 양쪽 부모와 조모까지 5명을 혼자 개호했다는 사람도 있었다. 이날 모임의 열기에 힘입어 히구치 게이코는 "며느리를 개호지옥에서 구출한다"라는 며느리 해방의 슬로건을 내걸고, 1983년 '더 나은 고령화사회를 위한 여성의 모임'을 설립했다. 이후 이 모임은 전국에서 개호 실태를 조사하고 정부에 제언을 반복해 2000년 개호보험제도 설립에 크게 기여했다. 대표인 히구치 게이코는 '개호보험의 어머니'라는 명성을 얻었다.

더 나은 고령화사회를 위한 여성의 모임(高齢化社会をよくする女性の会)은 고령화의 진전과 더불어 '더 나은 고령사회를 위한 여성의 모임(高齢社会をよくする女性の会)'으로 이름을 수정했다. 개호보험제도가 출범한 이후에는 히구치 게이코를 이사장으로 하여 NPO법인 '더 나은 고령사회를 위한 여성의 모임(Women's Association for a Better Aging Society, 이하 WABAS)'으로 조직을 정비해 현재에 이르렀다.

WABAS는 개인회원과 단체회원으로 구성된다. 각 회원 그룹은 단체명을 공유하지만 도쿄 사무국의 지부로서 움직이는 것이 아니라, 독자적으로 활동을 해나가며 사안에 따라 본부와 결합하는 형태로 움직인다. 설립 후 해마다 빠짐없이 개최해 온 WABAS의 전국대회는 각지에 흩어져 있는 회원과 그룹을 결집하는 장의 역할을 해왔다. 많을 때는 참가 연인원이 7,000~8,000명에 이른 WABAS의 전국대회는 규슈에서 홋카이도까지 전국을 순회하면서 개최되었고, 지역의 여성운동을 활성화하고 정치세력화하는 데 중요한 역할을 해왔다.

그러나 2020년부터 코로나19 영향으로 대면 만남이 위축되면서 WABAS의 전국대회도 규모가 대폭 축소되었다. 게다가 2021년 히구치 게이코가 유방암 수술을 받아 대외 활동을 삼가고 사후를 대비한 프로젝트를 가동하면서 WABAS의 활동은 전환점을 맞이했다. 히구치 게이코는 마지막을 예감하고 오래전부터 생각해 온 것을 실행에 옮겼다. 사재를 털어 장수하는 사람이 인간답게 생을 마칠 수 있는 사회 만들기에 공헌한 개인과 단체를 격려하는 '히구치 게이코 상'을 창설한 것이다. 2022년 12월 제1회 히구치 게이코 상 수상자들에게 상장이 전달됐다. 아울러 WABAS의 이사장직에서 물러날 뜻도 회원들에게 전달했다. 바야흐로 히구치 게이코를 중심으로 40여 년에 걸쳐 전개되어 온 고령사회 여성운동의 1막이 닫히고 있는 것이다.

이 글은 그동안 개호보험의 창설과 활성화를 중심으로 평가되어 온 히구치 게이코와 WABAS의 활동을 고령사회에서 새로운 여성상을 모색하기 위한 노력이라는, 보다 넓은 시각에서 조명하고 분석해 보려는 시도다. 이어지는 글에서는 시대의 변화와 조응하면서 40여 년간 전개해 온 WABAS의 활동이 자생적으로 생겨난 '귀여운 할머니' 담론과 어떻게 맞물리고 경합해 왔는지를 다각적으로 살펴보고자 한다.

2. '귀여운 할머니'를 바라느니 세상을 바꾸겠다

WABAS의 활동을 귀여운 할머니 담론에 맞선 새로운 노년 여성상의 모색이라는 시각에서 조명하겠다고 했으니, 먼저 '귀여운 할머니'가 무엇인지 설명해야 할 것이다. 자생적 담론이 대개 그렇듯 '할머니'와 '귀엽다'의 결합은 의미가 다양하게 분기하면서 다중적 구조를 형성해 왔다. 그런 까닭에 귀여운 할머니가 무엇인지 단일하게 정의하기는 어렵다. 아사히신문의 데이터베이스에 'かわいいおば'를 검색해 보면

1989년부터 2021년에 걸쳐 총 51건의 결과가 나온다. 51건의 신문기사 용례를 바탕으로 '귀여운 할머니'의 공통점을 추려 본다.

우선 외양에서 가장 중요하게 꼽히는 것은 붙임성 좋고 싱글벙글한 얼굴이다. 물론 단정하고 나이보다 젊어 보이는 차림도 중요한 요소다. 다른 한편으로 자질에서 공통점을 도출하는 것은 외양만큼 간단하지 않다. "나이가 들어도 세상에 대한 호기심을 유지하고", "늘 상냥하고 주위 사람들을 즐겁게 해줄 수 있는" 것이 귀여운 할머니라는 것은 쉽게 수긍이 간다. 하지만 "일찍이 전쟁미망인이 되어 마을에서 제일가는 일꾼으로 불리던 우리 귀여운 할머니"라거나, 메이지 시대에 태어나 "여성의 자립이나 사회 진출을 장려하는 운동에 생애를 바친 참정권 운동가였던 우리 귀여운 할머니"라고 하면 고개가 갸웃해진다. 이럴 때의 '귀엽다'는 자랑스럽다 혹은 존경한다는 의미를 담는 단어로 쓰인 것이기 때문이다. 그렇다면 귀여운 할머니의 자질은 스펙트럼이 매우 넓으며, 공통적 자질을 굳이 꼽자면, 주변으로부터 인정받고 사랑받는 것이라고 해두자.

글의 서두에서 새로운 노년 여성상의 모색이라는 관점에서 WABAS의 활동을 살피며, 굳이 '귀여운 할머니 담론에 맞선'이라고 범위를 특정한 이유에 대해서도 설명이 필요할 것 같다. 직접적인 이유는 1990년 WABAS 전국대회 대주제 중 하나가 '85세의 나 — 귀여운 할머니라고 불리고 싶은가?'였기 때문이다. 당시 58세였던 히구치 게이코의 사회로 여성학자인 우에노 지즈코(上野千鶴子, 당시 42세), 문학평론가인 시미즈 요시코(清水好子, 당시 69세), 요미우리신문 기자 출신인 여성센터 관장 가나모리 도시에(金森トシエ, 당시 65세)가 패널로 참가해 한 시간 정도 대화를 진행한 기록이 남아 있다.

필자는 2016년 야마나시현(山梨県) 고후시(甲府市)에서 개최된 제

35회 전국대회와 2017년 도쿠시마현(德島県)의 도쿠시마(德島)에서 개최된 제36회 전국대회에 참가한 경험이 있다. 이 때문에 WABAS 전국대회의 대주제로 선택된다는 것이 갖는 의미와 중요성을 잘 알고 있으며, '웃음'과 '박수'가 촘촘하게 박혀 있는 기록을 보면서 뜨거운 현장 반응을 상상해 볼 수도 있었다. 무엇보다 네 사람이 나눈 대화 내용을 분석해 보면, WABAS가 추구하는 노년 여성의 상이 무엇인지 잘 드러나 있을 뿐 아니라, 이후의 활동에서 그것이 지닌 가능성과 한계를 거슬러 따져 볼 수 있는 원점이 되기에 충분하다고 판단했다.

이제 1990년 전국대회에서 귀여운 할머니를 주제로 어떤 대화가 오고 갔는지 살펴보자. 사회자인 히구치 게이코가 다음과 같은 말로 대화의 물꼬를 텄다.

> 귀여운 할머니라는 말에 울컥하는 사람도 있겠지만, 의외로 사람마다 다를 것이라고 생각합니다. 회장에 있는 여러분께 물어보겠습니다. 귀여운 할머니가 되고 싶다고 생각하는 분이 있습니까? 눈치 보지 마시고 손들어 주세요. 꽤 계신 것 같네요. 그렇다면 나는 싫다, 귀여운 할머니라고 불리고 싶지 않다고 생각하는 분이 계십니까? 이 회장에는 그렇게 불리고 싶지 않다고 생각하는 분이 약간 더 많은 것 같네요. 그렇다면 단상 위의 세 분은 어떻게 생각하고 계신지 들어보겠습니다.

단상 위의 패널 세 명은 모두 어려서부터 귀염성 없다는 말을 듣고 살았기 때문에, 나이 들어서 귀여운 할머니가 되는 것은 불가능할 것 같다고 답변했다. 특히 우에노 지즈코는 다음과 같은 발언으로 청중의 웃음을 끌어냈다.

> 저는 어릴 때부터 귀여운 딸이었던 적이 없습니다. 게다가 귀여운 부인도 되어 본 적이 없습니다. 귀여운 딸내미도 아니고 귀여운 부인도 아니었던 인간이 나중에 귀여운 할머니가 될 수 있을 리가 없잖아요. 아까 손을 들었다 내렸다 하신 분 중에서 귀여운 할머니라고 불리고 싶다고 생각한 분들이 꽤 있었는데, 그분들은 지금 현재, 귀여운 부인, 귀여운 아줌마라고 불리고 있습니까? 지금 불리고 있지 않은 사람이 장래에 그렇게 되는 건 무리가 아닐까요(웃음).

당시 남편과 함께 유료 노인요양시설에 입소하여 5년째 생활하고 있던 시미즈 요시코는 귀여운 할머니가 되고 싶은 바람이 높아지는 현상을 개호 문제와 연결해 다음과 같이 분석했다.

> 나중에 정성스러운 개호를 받고 싶으니까 귀여운 할머니가 되고 싶어 하는 것 같은데, 그 정도의 노력으로 노후를 살아 낼 수 있다고 생각하는 그 발상이 얄팍합니다. (…) 간호사나 요양보호사 같은 직업인이라면, 대상이 귀엽든, 귀엽지 않든 큰 차이를 두지 않고 처치를 하기 마련입니다. 그것이 바로 직업인으로서의 교육이니까요(박수). 그러니까 노후가 걱정된다면 귀여워지기를 바라기보다는 의사든 요양보호사든 개호 인원을 늘리고 그들의 대우를 개선하는 것이 중요합니다. 아무리 직업인이라도 피곤하면 지치니까요. 개호를 개인의 선의나 애정에 기대서 해결하려는 것은 쓸데없는 노력이고 잘못된 계산입니다.

"귀여운 할머니가 아니라면, 어떤 할머니로 불리고 싶은가?"라는 질문에 가나모리는 "귀여운 할머니 말고 매력적인 할머니가 되고 싶다"라고 했고, 시미즈는 "사회에 대해 분노할 줄 알고, 유머감각을 유지하면서, 정신이나 행동에 야비함이 없는 노후"를 꿈꾼다고 우아하게 답변했다. 이에 비해 우에노는 "휠체어를 타고서도 시끄럽게 떠드는 심술궂은 할머니가 되고 싶다"라는 과격한 답변을 내놓았다. 당시 패널들은 모두 귀여운 할머니 상을 분명하게 거부했다. 하지만 고령사회의 바람직한 노년 여성 이미지가 뚜렷하게 대안으로 제시된 것은 아니었다.

사회자인 히구치는 주최 측이 '귀여운 할머니가 되고 싶은가'라는 대주제를 설정한 취지를 다음과 같이 설명했다. 첫째는 귀여운 할머니의 내용을 따져 보고 비판하자는 것이다. 귀여움을 무기로 다른 사람에게 의존하고 그것을 통해 목적을 달성하려고 하는 수동적인 태세가 아니라, 오히려 귀염성 없는 심술쟁이 할머니 쪽이 스스로를 제대로 책임지는 떳떳한 사람이 아니겠는가 하는 점을 부각하고 싶었다는 것이다. 둘째로는 모임에서 이제까지 개호를 하는 쪽의 어려움과 부담에 관해서는 계속 이야기해 왔지만, 개호를 받는 쪽이 어떻게 하면 능숙하게 돌봄을 받을 수 있을까에 대해서는 생각해 볼 여유가 없었다. 자립한 한 명의 인간으로 살다가 언젠가 자립이 불가능하게 되었을 때, 어떻게 인간으로서 존엄을 지키면서 다른 사람의 돌봄을 받아들일까 하는 점에 대해서도 이제는 생각해 볼 시기가 된 것 같아 '귀여운 할머니'라는 주제를 선정했다는 것이다.

> 간호사, 요양보호사, 가사도우미 등이 모인 곳에 가보면 마음으로부터 귀엽다고 생각해서 수발을 들어주고 싶은 고령자가 있는가 하면, 일이니까 하긴 하지만 정말로 밉상이라서 별로 수발을 들고 싶지 않는 경우도 있다고 합니다. 그 기분을 알 것 같은 생각이 드는 동시에, 내가 그 귀여운 할머니 축에 들 수 있을지 염려를 하게 됐습니다. (…) 그래서 '귀엽다'처럼 강자에 대비되는 약자의 종순이라는 그런 의미에서가 아니라, (…) 이쪽도

인간적으로 감사를 보내면서 타인의 수발을 솔직하게 받아들일 수 있는 그런 인간, 그런 인간상을 함께 찾아봐도 좋지 않을까 생각했습니다.

그러나 돌봄 의존의 관점에서 귀여운 할머니 담론을 검토해 보자는 히구치의 제안은 패널들 사이에서 공명하지 못하고 헛돌았다. 돌봄을 제공하는 것이 아니라 돌봄에 의존하는 입장에서 귀여움을 대신할 다른 언어를 개발하기 위해서는 자립이 아닌 인간 존재의 취약성에 대한 환기가 우선되어야 할 것이었다. 그러나 패널들의 대화는 핵심을 파고들지 못하고 일본에서 애초에 왜 귀여운 여자가 사랑받는가에 대한 성토로 논의의 초점이 변경되었다.

패널들 사이에서 "일본 남자가 왜소해서 자기보다 작고, 예쁘고, 약하고, 귀여운 여자를 추구하는 것이 아닌가. 그 때문에 여자들은 자신의 힘과 능력을 감추고 미숙함을 가장해서 살아가길 강요받고 있는 것이 아닌가"라는 비판이 쏟아졌고, "이런 사회에서는 귀엽지 않다는 것이 오히려 칭찬이다, 귀엽지 않다는 말을 듣는다면 기꺼이 받아들이고 자랑으로 삼겠다"라고 목소리를 높여 청중의 박수를 받았다. 이렇듯 자립의 대극점에 있는 의존과 취약함의 문제는 일찍부터 WABAS 내에서도 제기되었다. 그러나 여성의 자립 지원과 임파워링(empowering)에 초점을 두고 고령사회 여성운동이 전개되어 왔기 때문에 돌봄 의존의 문제가 본격적으로 탐구되고 개발될 기회를 얻지 못했던 것으로 보인다.

3. 고령사회의 상징이 된 '귀여운 할머니들': 킨상 · 긴상

전후 일본은 단기간에 평균수명이 30세 가까이 늘어난 장수 혁명을 겪었다. 그러나 다른 한편으로는 평균수명의 증가에 비례해 보통 사람의 기대수명이 그것을 따라가지 못하는 지체를 보여 왔다. 앞서 언급한 WABAS의 1990년 심포지엄 '85세의 나 — 귀여운 할머니라고 불리고 싶은가?'에서 제시한 85세는 당시 40세를 기준으로 삼았을 때 여성 10명 중 6명이 85세를 넘긴다는 인구통계를 근거로 설정한 것이었다. 즉 1990년에 이미 2명 중 1명이 85세 이상을 살게 될 것이라는 숫자가 제시되었다. 그러나 2014년의 조사에서도 보통 사람들이 예상하는 본인의 수명은 80세를 밑돌고 있었다. 2014년 후생노동성이 위탁해 실시한 건강 의식에 관한 조사를 보면 "당신은 몇 살까지 살고 싶은가"와 "당신은 몇 살까지 살 수 있다고 생각하는가"를 묻는 설문 항목이 있었다. 40~64세 응답자는 내가 살고 싶은 나이로 여성은 77.23세, 남성은 80.28세라고 답했다. 한편 내가 살 수 있다고 생각하는 나이는 여성 76.13세, 남성은 76.63세에 불과했다.

그런데 후생노동성이 발표한 안전생명표를 보면 2014년 기준 64세의 평균수명은 여성 85.07세, 남성 80.08세였다. 남녀 모두 현실에서 살 수 있는 나이보다 기대수명을 짧게 답하고 있음을 알 수 있다. 특히 여성의 경우 그 차이가 더 두드러졌다. 남성보다 여성이 오래 사는 현실과 달리 여성이 남성보다 더 빨리 죽고 싶어 한다는 이런 조사 결과를 어떻게 볼 것인가는 보다 면밀한 분석이 필요해 보인다. 하지만 돌봄 제공자로 살아온 여성들이 돌봄 의존자로 살게 될 가능성이 높은 80세 이후의 자기 이미지를 더 상상하기 어려워한다는 것만은 분명한 것 같다.

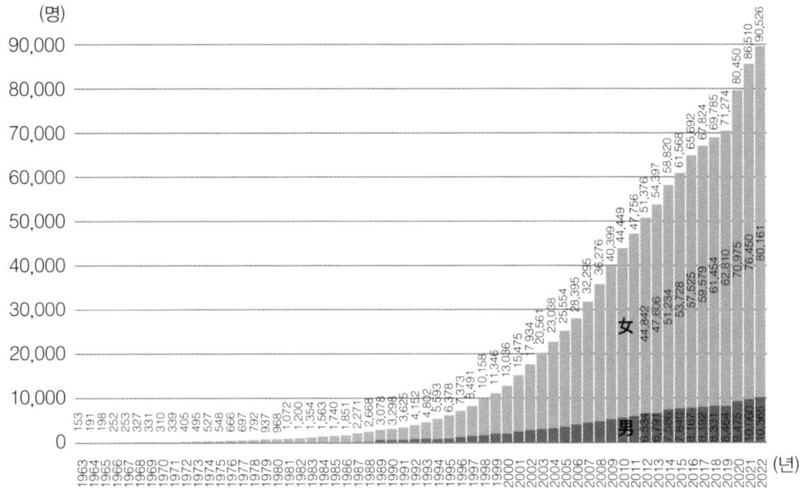

자료 2-1. 100세 이상 고령자 수의 연차별 추이[1]

일본인은 수십 년째 자신이 80세 언저리에 죽게 되지 않을까 상상해 왔다. 하지만 일본은 이미 원하지 않아도 누구나 오래 사는 사회가 되었고, 보통 사람도 “백 살까지 살 각오”(가스가 기스요 2019)가 필요한 상황이다. 〈자료 2-1〉에서 보는 것처럼, 100세 이상 인구는 1990년 3,298명이던 것이 가파르게 상승하여 2022년에는 9만 526명을 기록했다. 이처럼 100세 이상 인구가 급격하게 증가하고 있음에도 불구하고 대부분의 사람들에게 100세가 된 자신은 상상하기 어려운 미지의 영역이고 대비가 불가능한 생활의 불안 요인으로 자리 잡고 있다. 일본인에게 100세가 축복이냐 재앙이냐를 묻는다면 재앙이라고 답하는 사람이 적지 않을 것이다.

킨상·긴상(きんさん·ぎんさん)이라는 애칭으로 널리 알려진 나고야의

1 후생노동성, 2022, “100세 이상 고령자에 대한 상장 및 기념품 증정”.

쌍둥이 자매, 나리타 킨(成田きん)과 가니에 긴(蟹江ぎん)은 장수가 본격적인 근심거리로 여겨지기 시작한 사회 분위기 속에서 등장해 단숨에 유명해졌고, '100세 아이돌'이라는 신조어까지 만들어 냈다. 1892년에 태어나 2000년과 2001년에 잇달아 사망한 킨상·긴상은 초고령자가 허약하고 사회에 공헌할 수 없는 존재라는 인식을 바꾸는 데 크게 기여했다. 최초로 두 사람의 스타성을 알아보고 통판 잡지 광고에 등장시킨 전 카탈로그 제조사 사장 사이토 스스무(斎藤駿)는 킨상·긴상과의 만남을 이렇게 회고했다.

> 1991년 9월 15일 경로의 날, NHK 나고야 뉴스에 나온 두 사람은 내년에 100세를 맞이한다고 했다. 보자마자 다음 날 광고대리점을 연결해, "통판 잡지의 텔레비전 광고에 출연해 주지 않겠냐" 하고 요청을 넣었다. 예상대로 가족들의 반응은 냉담했다. "나이 든 부모를 광고에 내보내서 돈벌이 하는 자식이라고 손가락질 받는다"라는 것이다. "그렇다면 출연료를 전부 고향 지자체에 기부하면 어떠냐"라고 제안했고, 설왕설래 끝에 간신히 허락을 얻었다. 언니인 킨상의 집에서 두 사람을 처음 만났을 때의 인상은 NHK 텔레비전 이미지와 다르게 쇠약해 보이는 느낌이었다. 그런데 광고에서 착용할 기모노 이야기에 접어든 순간, 그때까지 잠자코 앉아 있던 킨상이 천천히 일어나더니 골방에 가서 기모노가 든 상자를 꺼내 왔다. (…) 킨상이 광고에 흥미를 보이기 시작한 것이다! 1992년 1월, 드디어 광고가 시작되었다. 이가 없는 입을 벌리고 활짝 웃는 킨상의 얼굴과 애드리브로 대화를 주도하는 긴상의 재치. 즉시 두 사람은 이런저런 이벤트에 불려 다니게 되었다. 이번에는 내가 가족에게 "건강, 괜찮겠습니까?"라고 물었다. "처음에는 우리들도 걱정했는데, 광고나 이벤트에 불려 다니게 된 후에 마치 딴사람처럼 건강해져서……."

사진 2-1. 킨상·긴상을 모델로 한 전화카드, 1998년 발매

킨상·긴상 붐은 이렇게 시작되었다. 1991년 경로의 날부터 1992년 경로의 날까지 1년간 두 사람이 받은 명함만 도합 920여 장, 도착한 편지나 선물은 셀 수 없이 많았다고 한다. 이들이 초청받아 방문하는 곳마다 국민 아이돌을 보기 위해 군중이 몰려들었고, 킨상·긴상효과라는 말까지 생겨났다. 두 사람을 활용한 캐릭터 상품도 헤아리기 어려울 정도로 부지런히 발매되고 팔려 나갔다. 킨상·긴상은 장수 사회의 희망의 아이콘이자 무해한 웃음과 유머로 주변 사람을 즐겁게 해주는 귀여운 할머니의 전형이 되었다. 두 사람이 스시를 즐겨 먹는 까닭에 초청 행사의 프로그램에는 반드시 '스시 먹방'이 포함되었고, 이 때문에 '귀여운 할머니라면 고기보다는 생선'이라는 공식이 만들어지기도 했다. 이처럼 킨상·긴상의 활약은 귀여운 할머니라는 장르를 확정하고 관습을 구성했다. 그러나 다른 한편으로는 지나치게 성공한 마케팅 덕분에 귀여운 할머니를 평범한 사람이 추구하기에는 진입 장벽이 높은 영역까지 밀어 올려 버리는 결과를 낳기도 했다.

4. 자립적 여성의 나이 듦과 돌봄 의존자 되기

필자는 2016년부터 WABAS의 활동에 관심을 가지고 현장조사를 진행해 왔다. 전국대회뿐 아니라 기회가 있을 때마다 WABAS가 주최하는 학습 모임과 심포지엄에 참가했고, 도쿄의 사무국을 방문해 운영위원회를 참관하고 문헌자료를 수집하기도 했다. 이렇게 얼굴을 알리고 난 후 히구치 게이코 대표와 사무국장에 대한 개별 인터뷰를 진행했고, 2019년에는 '더 나은 고령사회를 위한 여성의 모임·오사카' 운영

사진 2-2. 2016년 야마나시에서 열린 WABAS 전국대회를 마친 회원들(뒷줄 오른쪽이 필자)

진과 그룹 인터뷰도 진행했다.

이렇듯 현장조사의 범위가 확대되고 장기화된 이유는 조사를 틈틈이 진행했기 때문이기도 하지만, 연구 질문을 풀어 갈 실마리를 찾지 못한 탓이 더 컸다. 필자의 주된 연구 질문은 "자립을 추구하던 여성들은 어떻게 돌봄 의존자가 되는가"였다. 여성이 돌봄 제공자에서 돌봄 의존자로 위치를 변경하고 역할을 전환하는 과정을 해명하기 위한 질문이었다. 고령사회와 여성이라는 주제로 오랜 기간 활동해 온 60~80대 활동가들이 모인 단체이므로, WABAS는 이 질문을 탐구하기 적절한 현장이라고 판단했다.

그러나 막상 조사를 시작하고 보니 WABAS 활동은 구성원들의 고령화에도 불구하고 초창기와 크게 달라진 것 없이 여성의 자립과 임파워링에 맞춰져 있었고, 활동가와 회원 중 다수는 자신의 나이를 의식하지 않고 생애 현역으로 살아가고자 하는 이들이었다. 80대 후반인 히구치 게이코 대표도 좌식 화장실에서 못 일어나는 곤란을 겪으면서도 혼자서 대중교통을 이용해 전국 강연을 다니고 있었고, 전국대회에 참가한 회원들과 대화를 나누다 보면 거듭된 암수술과 만성질환으로 신체 손상을 입었다는 이야기를 흔하게 접할 수 있었다. 고령기를 맞이한 그들에게 어쩌면 WABAS 활동은 생애 현역이라는 자신들의 이상을 실현하는 장으로 기능하고 있는 것처럼 보이기도 했다. 이렇게 연구 질문을 풀어 갈 적절한 실마리를 찾지 못한 상태에서 세월이 흘렀고, 코로나19 사태로 일본과의 왕래가 중단된 기간에 히구치 게이코와 WABAS 활동도 전환점을 맞이하게 되었다.

WABAS 활동의 일선에서 물러난 히구치 게이코는 자신이 노쇠로 비실비실해지고 다른 사람에게 돌봄을 받아야만 하는 종말기로 진입했음을 저술을 통해 적극적으로 알리기 시작했다. 2019년 말 잡지에 연

재한 글을 모아 엮어 낸 책의 제목은 '老~い、どん!'이었다. 우리말로 번역하면 '노화, 덤벼!'쯤 될 것 같다. 이 책이 반향을 얻으면서 2022년에는 좀 더 상세한 이야기를 담은 속편도 출간했다. 부제가 '용쓰며 살아 있는 90세(どっこい生きてる90歳)'였다. 그 사이 2021년에는 종말기에 대비한 궁리와 지혜를 담은 『노화의 럭키박스(老いの福袋)』도 출간했다. 일련의 저작들을 읽으면서 필자는 WABAS와 히구치 게이코에게 자립에서 의존으로의 위치 변경 혹은 태세 전환을 묻고자 했던 애초의 연구 질문에 수정이 필요하다는 사실을 깨달았다.

먼저 히구치 게이코가 자신의 종말기를 어떻게 정의하고 있는지 들어 보자. "나는 약하지만 무력한 것은 아닙니다(私は非力ではあるが無力ではない)"(樋口恵子 2022: 87)라는 문장으로 요약해 볼 수 있을 것 같다. 히구치는 최근 귀가 잘 안 들리게 돼서 평생 해온 강연이나 심포지엄 등의 외부활동에 제약을 받게 되었고, 이유 없이 자주 넘어지고, 넘어지면 혼자 못 일어나 길 가는 사람에게 도움을 청해야 할 때도 왕왕 있다고 했다. 그럼에도 불구하고 "다른 사람에게 도움을 잘 받는 것이야말로 궁극의 자립"이라는 생각으로 사회활동의 끈을 놓지 않고 가능한 범위에서 이어 가고 있다고 했다. "앞으로 두세 권 정도 더 쓰고 싶은 책이 남았고, 쓰다가 펜을 쥐고 죽으면 멋지지 않을까"라는 농담도 던졌다. 그리고 "쇠약해지고 있는 나도 가장 빛나던 시기의 나와 연속성을 지닌 존재라는 것을 잊지 않으려 한다"라면서 노화가 초래하는 쇠퇴한 부분까지 자신의 인생으로 받아들이고 사람들에게 숨김없이 드러내고 세상과 접촉해 가겠다고 다짐했다.

히구치의 노화에 대한 접근은 자립적 존재로서 자신의 위치를 분명히 한 후 돌봄에 의존할 수밖에 없는 상황을 자립의 방편으로서 받아들이는 것이다. 나이가 들어 나타나는 다양한 신체 기능 저하를 인정하고 남아 있는 기능이나 자원을 효율적으로 활용하면서 생애 현역으로 생을 마감하겠다는 의지를 표명하고 있는 것이다.

그런데 필자가 인상 깊게 본 것은 이러한 다짐들이 아니라 그것이 어떻게 끊임없이 실패하는가를 숨김없이 드러내고 성찰하려는 자세였다. 히구치는 지난 수십 년간 돌봄을 제공하는 가족에게 솔직하게 감사를 말할 것과 당당하게 돌봄을 받을 것을 제창해 왔다. 그러나 막상 평생 몬스터맘으로 군림해 왔던 자신이 딸과의 권력관계가 역전되어 딸의 잔소리를 듣는 처지가 되고 보니 '너한테 그런 소리를 듣는 건 못 참는다'는 기분이 솟구쳐 딸에게 감사의 말을 건네기는커녕 말다툼이 끊이지 않게 되더라고 고백했다. 또 돌봄에 의존하는 처지에서 당당하기가 어렵다는 것을 당사자가 된 후에야 절실하게 느꼈다고 하면서 이런 에피소드를 적었다.

> 조수를 대동하고 간 병원에서, 의사가 환자인 내가 아니라 조수 얼굴만 보고 설명을 하더라. 그래서 부들부들하며 조수에게 말했다. "물론, 의사도 젊고 예쁜 여자가 좋겠지. 그래도 환자는 나잖아?" 그러자 조수가 말했다. "의사 선생님이 처음에 히구치 씨에게 말을 걸었는데 그때 성의 없게 답변을 하셨잖아요?" 확실히 처음 진찰실에 들어갔을 때, 뭔가 질문을 받았는데 마스크까지 끼고 있어서 잘 안 들렸던 탓에 적당히 답변을 했던 것 같다. 그 반응이 이상해서 의사는 내가 대화하기 어려운 상태라고 생각했던 것이다. "잘 안 들리면 몇 번이든 다시 물어보세요. 선생님 귀가 잘 들리는지 어떤지 의사는 모르니까, 선생님이 자기 말을 이해 못한다고 생각할 수도 있잖아요." 조수의 말을 듣고 반성했다. 멀쩡해 보이고 싶어서 들리지 않는데도 들리는 척을 해놓고는, 당치도 않게 화를 내고 있던 것은 내 쪽이었다.

WABAS는 고령화사회에서 노인 돌봄을 여성에게 할당하는 정부 정책과 사회 분위기에 반기를 들면서 출발했다. 여성의 가족 돌봄을 전통이나 미풍양속으로 찬양하는 것이 결국 여성의 자유와 열망을 억누르고 부담을 가중시키는 것임을 분명히 하면서 노인 돌봄의 탈가족화와 사회화를 요구해 온 것이다. 그러나 장애학 연구자인 톰 셱스피어가 지적한 것처럼 여성주의 관점에서 돌봄에 접근하는 담론은 암묵적으로 또는 명시적으로 돌봄을 받는 사람, 돌봄 의존자를 일종의 부담(burden)으로 개념화하는 측면이 있다(톰 셱스피어 2013: 243). 하지만 돌봄 제공자만 주로 여성인 것이 아니라 돌봄 의존자인 노인의 다수도 여성이다. 이 점에서 돌봄 의존자를 부담으로 전제하는 담론은 여성 내부의 이해 충돌을 일으킬 가능성을 내포한다.

WABAS는 이를 완충하는 장치로 돌봄의 사회화와 더불어 고령자의 자율성 및 인권 보장 운동을 동시에 전개해 왔다. WABAS는 초창기부터 고령자를 어린애처럼 취급하거나 돌봄 제공자 측의 관리 효율성을 앞세워 고령자의 사생활(privacy)을 배려하지 않는 의료 및 돌봄 시설의 관행에 대해 구체적으로 지적하고 적극적으로 개입해 왔다. 앞선 사례처럼 히구치 게이코가 진료실에서 의사가 환자인 자신이 아니라 조수와 대화를 나눴다고 불만을 토로한 것도 통상적으로 의료진이 고령의 환자가 아니라 보호자와 대화를 시도하는 관행이 고령자의 자기결정권을 존중하지 않는 것이라고 문제 제기해 온 WABAS의 활동을 배경으로 한 것이다.

그런가 하면 WABAS는 고령자 인권의 관점에서 고령자를 위한 입주 시설의 환경 개선을 위한 캠페인도 꾸준히 전개해 왔다. 2000년 개호보험이 출범하기 이전에는 일본에서도 공공의 지원을 받는 고령자 주거시설의 표준은 4명 이상이 함께 쓰는 다인실이었다. 다수가 한 방에서 생활하며 기저귀 교체나 그 처치 과정이 타인의 눈에 그대로 노출되는 등 사생활 보장 면에서 매우 취약했다. WABAS 회원들은 한목소리로 고령자 시설은 "베니어판 한 장이라도 좋으니 1인실을 기본으로 해야 한다"라고 목소리를 높였고, 이를 여론화하기 위해 노력했다. 이것이 받아들여져 개호보험제도 출범 이후 건설된 고령자를 위한 주거시설은 1인실을 기본으로 하는 유닛케어(Unit Care) 방식을 표준으로 채택하게 됐다. 유닛케어란 1인실을 기본으로 하며 10인 이하가 한 단위로서 거실과 주방을 공유하는 생활형 시설의 배치 방식을 말한다.

이렇듯 WABAS는 지난 40여 년간 주변의 선의에 기대어 생을 도모하는 귀여운 할머니를 대체할 수 있는 대안적인 동료 시민으로서 여성 고령자 상을 구축하기 위해 노력해 왔다. 이를 달성하기 위한 방편으로 고령기 여성의 정치 참여를 강조했다. 최근에도 히구치 게이코는 후기 고령자의 다수를 차지하는 여성들의 정치적 이해를 대변하는 의원의 필요성을 역설하고, 고령기 여성들의 정치 참여를 독려하고 있다.

필자는 2023년 10월 코로나19 격리 때문에 몇 년간 불참했던 WABAS 전국대회에 참가했다. 오사카에서 개최된 전국대회에는 당초 참가가 불확실한 것으로 알려졌던 히구치 게이코 대표가 휠체어를 타고 등장해 행사장의 열기를 북돋웠다. 행사가 끝나고 인사를 하러 간 필자에게 히구치 게이코는 본인이 "앞으로 2~3년은 더 버틸 것 같으니, 도와줄 일이 있으면 언제든 연락하라"라고 말을 건넸다. 육체적인 노쇠에 굴하지 않는 정신력에 숙연해졌고, 본인답게 살다가 죽겠다고 선언하고 실제로 그것을 실천하는 비범함에 감동을 받았다. 그러면서 한편으로는 WABAS의 다른 '평범한' 회원들은 어떻게 노쇠에 따른 돌봄 의존의 현실을 맞이하고 있을지 궁금해졌다.

5. 돌봄 의존자로 살면서 알게 된 것들: 야마다 요시코 씨의 경우

2023년 필자는 WABAS 오사카의 도움으로 현재 개호보험서비스를 이용하고 있는 WABAS 회원과 인터뷰할 기회를 얻었다. 1929년생인 야마다 요시코 씨는 WABAS 오사카의 출범을 함께한 창립 멤버로 20여 년간 사무국장을 역임했고, 오사카 전국대회 실행위원장 등을 맡았던 회원이었다. 80대 중반을 넘기면서 자력으로 다섯 걸음 이상 보행이 불가능해져 개호보험서비스를 이용하기 시작했고, 현재는 요개호 1의 판정을 받아 데이서비스를 오가며 낮 시간을 보내는 중이었다.

WABAS 오사카의 현 사무국장인 타시로 씨(78세)와 함께 야마다 씨의 자택을 방문했다. 야마다 씨는 오사카시 외곽의 공동주택 1층에서 혼자 살고 있었다. 매일 드나들며 야마다 씨의 일상생활을 지원하고 있다는 따님(69세)이 우리를 맞아 주었다. 우리의 대화는 야마다 씨의 청력이 약해 간간이 끊어졌지만, 그럴 때마다 따님이 끼어들어 도움을 주었다. 그 덕분에 1시간 30분가량 순조롭게 인터뷰를 진행할 수 있었다. '귀여운 할머니와 새로운 여성 노인상'이라는 연구 주제를 소개하자, 야마다 씨는 본인은 "한 번도 귀여운 할머니가 되고 싶다고 생각해 본 적이 없었고, 오히려 밉살맞은 할머니(憎まればあちゃん)가 되겠노라 호언하며 살아왔는데, 말 그대로 되었다"라며 웃었다. 그러면서 나이 듦에 따른 WABAS와 본인의 변화에 대해 다음과 같은 감회를 밝혔다.

> 내가 모임을 만들었을 때는 60살쯤이었고, 후기 고령자가 되는 것은 아직 한참 뒤의 일이라고 생각했다. 그런데 지금 함께했던 사람들이 모두 후기 고령자가 되고 있다. 정말로 고령자가 되었으니 (당사자로 활동하기에) 이

때다 싶은 시기가 됐는데, 막상 힘이 없어서 물러설 수밖에 없게 됐다. 고령자 조직이라는 것이, 이런 제약이 있어서 어렵다는 것을 새삼 느낀다. 걷기가 어려워지고, 눈이 나빠져 더 이상 소식지조차 읽을 수 없게 되면, 모임을 아예 탈퇴하는 사람도 나온다. 이래서야 고령기 여성의 뜻을 어떻게 사회에 반영하나 싶지만, 사실은 나도 작년부터 선거를 하러 가지 않게 되었다. 걸음도 불안하고, 휠체어를 이용해도 택시 불러서 투표장까지 들어가는 것이 큰일이라 선거는 더 이상 무리라고 생각해 포기했다. 나는 평생 기권 같은 것은 해본 적이 없었는데 이제 나이 탓으로 선거도 못하게 되니 이렇게 포기하는 날이 오는 것이다.

야마다 씨는 집 안에서 투표가 가능해진다면 모를까 남은 생에는 선거를 더 이상 하지 못할 것 같다고 말했다. 그러면서도 본인이 여성 문제나 여성운동에 대한 관심은 여전히 유지하고 있음을 강조했고, 최근에 느끼는 나이 듦과 젠더에 대한 생각을 다음과 같이 피력했다.

지금도 선거가 끝나면 여성 의원이 몇 명이나 당선되었는지 찾아보고, 여성 문제에 대한 의원들의 발언을 확인해 본다. 여전히 차별적인 발언을 하는 사람들은 있다. 하지만 예전과 비교해 볼 때 남성들의 의식이 많이 달라졌다는 것을 나는 일상에서 느낀다. 예를 들어, 내가 다니는 데이서비스에 남성 직원들이 점점 늘어난다. 그 남성들이 나이 든 사람을 대하는 태도를 보면 그냥 친절한 게 아니라 어떤 존중이 배어 있다. 예전에는 젊은 남자들이 자기 집안의 할머니를 존경하는 풍조는 있었어도, 집 밖에서 마주치는 나이 든 여자들을 경시하는 태도가 확실히 있었다. 그런데 지금 남성 직원들의 태도를 보면, 내가 할머니라서, 여자라서 경시를 받는다는 느낌이 안 든다. (데이서비스 내에서) 남자를 우대하는 그런 일도 없고, '상대가 남성이든 여성이든, 어느 정도 동등한 눈으로 보고 있구나' 하고 느낄 때 확실히 세상이 달라졌다고 생각한다.

야마다 씨의 따님은 데이서비스에서 성차별 문제는 오히려 서비스를 이용하는 고령기 남성들로부터 나온다고 덧붙였다. 남성 이용자들이 돌봄노동을 하는 여성 직원들을 바보 취급하고 함부로 대하는 언동을 하기 때문에 문제가 된다는 것이다. 이에 대해 야마다 씨는 본인이 거주하는 공동주택의 노인회에서는 어림없는 일이라고 말을 보탰다. 여성 회원들의 언행은 거침이 없지만 남성 회원은 수적으로도 두세 명에 불과하고 그나마도 전부 입 다물고 있는 상황이라는 것이다. 노인회에서는 다과 준비부터 휠체어를 타고 드나드는 사람들을 보조하는 일까지 모두 여성 노인들끼리 도와서 해결하고 노인회 회장도 여성이 맡고 있다는 것이다.

야마다 씨가 언급한 데이서비스와 노인회에서의 젠더 관계의 변화는, 흔히 고령기 여성의 문제를 다룰 때 통계 지표에 근거해 고령기 여성이 남성에 비해 더 빈곤하고, 자연적 수명과 건강수명의 격차가 더 크다는 등 부정적 사실만 부각하는 것이 무엇을 놓치고 있는지를 잘 보여 준다. 고령자 집단 내부를 들여다보면, 후기 고령기로 갈수록 여성들이 수적으로 우세해지고, 남성에 비해 돌봄 관계에 여성들이 잘 적응하고 지역 기반의 네트워크를 충실하게 구축하고 있는 경우가 많아서, 비록 제한적 범위이기는 하지만 공적 영역에서 여성들의 발언권과 주도권이 커지는 측면도 있는 것이다. 이렇듯 젠더에 따른 사회적 관계와 네트워킹의 차이는 후기 고령자 역시 한 덩어리 집단이 아니며, 그 내부에 다양한 차이와 분할선들이 존재한다는 점을 시사한다.

대화가 무르익은 시점에서 필자는 야마다 씨에게 본인이 돌봄을 받는 입장이 되고 난 후 노인 돌봄과 관련해 이전과 생각이 달라진 점이 있는지 물었다. 야마다 씨는 "돌봄받는 사람의 기분을 비로소 알게 되었노라"라고 즉답을 하면서 다음과 같은 이야기를 들려주었다.

> 인간을 소중하게 생각하는 마음은 예나 지금이나 달라진 것 없고 똑같지만, 구체적으로 내가 돌봄받는 입장이 되어 보기 전에는 절대 알 수가 없던 것들을 알게 되더라. 예를 들어서 요즘은 데이서비스든 병원이든 부축을 받아서 화장실에 가면, 보조해 주는 사람이 반드시 "문 닫습니다" 하면서 꼭꼭 화장실 문을 닫아 준다. 그럴 때마다 나는 '닫지 않아도, 열어 두어도 괜찮은데'라고 생각할 때가 있다. 화장실 문을 꼭 닫는 것이 안에 들어간 사람의 인권을 존중하는 것이라고 생각할 수도 있겠지만, 부축을 받아 안에 들어간 사람의 입장에서는 열어 두는 것이 오히려 안심이 된다. 무슨 일이 생기면 얼른 알아채고 들어와 줄 거라는 기분이 드니까. 물론 적나라하게 보여 주겠다는 그런 의미가 아니다. 커튼 정도만 쳐서 시야를 차단하는, 그 정도 배려면 충분하지 않은가 생각하게 된 것이다. 내가 돌봄받는 고령자 입장이 되어 보니까 일본은 그런 종류의 프라이버시에 대해 너무 엄격하다는 생각도 들고, 취약해진 사람의 상황에서 보자면, 딱히, 화장실 문을 닫아 준다고 더 인권이 존중되는 것은 아니라는 생각을 하게 된 것이다. (…) 몸이 불편해지기 전의 나라면 이런 생각을 하는 것조차 상상할 수 없었지만, 이제는 (화장실이나 그런 것이) 사람들에게 못 볼 꼴을 보이는 수치스러운 일이라고 생각하지 않는다. (몸이 불편하든 아니든) 다 같은 인간이고, 장애자가 되었지만 할 수 있느냐 없느냐의 차이가 있을 뿐, 어떤 상황에 있든 인간이 인간이라는 점은, 변함이 없다고 생각하니까.

근대사회와 함께 성립된 사생활의 개념은 계속 새롭게 협상되고, 재발명되어야 하는 것이다. 초고령사회에서 사생활의 의미는 돌봄과 의존의 필요성, 정도, 상황에 따라 다르게 이해될 필요가 있다. 야마다 씨의 이야기는 돌봄 상황에 따라 사생활 개념이 어떻게 재구성되는가를 잘 보여 준다. 야마다 씨는 돌봄 의존자가 되기 전에는 분리된 개인 공간을 확보하기 위해 노력했고, 타인의 시야를 차단하는 것이 사생활의 기본이라고 생각했지만, 막상 돌봄 의존 당사자가 된 후에는 분리와 차단보다는 연결과 안심이 더 중요한 요인으로 부각되는 변화를 겪었다. 나이 듦과 돌봄 상황에 따라 자립과 사생활에 대한 생각이 바뀌는 것은 어찌 보면 당연한 것이다.

필자는 이러한 변화의 과정을 단면으로 도려내 포착하는 것을 목표로 연구를 시작했다. 그러나 자립적인 고령자 상을 추구해 왔던 이들이 어떻게 의존을 받아들이는가를 파악하는 작업은, 자립에서 의존으로의 위치 변경이나 역할 전환의 극적인 순간을 붙잡는 것이 아니었다. 오히려 돌봄 의존의 과정에서 본인의 취약함에 대해 당사자들이 어떻게 재인식하고 자신의 인간됨을 갱신해 나가는가를 살피는 것이 더 중요한 문제였다는 것을 뒤늦게 깨달았다.

살펴본 바와 같이 히구치 게이코 대표를 비롯해 지난 40여 년간 여성의 관점에서 더 나은 고령사회를 만들기 위해 노력해 온 WABAS 회원들의 노화는 자립과 의존이 어떻게 겹치고 이어지는가에 대한 생생한 시사점을 제공한다. 히구치 대표가 "나는 미력하지만 무력하지 않다"라고 한 것이나 야마다 씨가 본인을 "장애자"로 규정하면서 "어떤 상황에 있든, 인간인 점은 변함이 없다"라고 한 발언은 초고령사회의 시민됨이 어디에서 출발해야 할 것인지를 잘 보여 준다.

길어진 고령기가 구성원 대다수의 운명이 된 초고령사회에서 장애와 취약함은 누군가의 불운이 아니라 모두의 삶에서 필수적인 요소가 되는 것이다. 자립을 의존과 대치되는 개념으로 설정하는 것이 아니라 인간됨을 인간의 취약함에서 발굴하고, 그 취약함을 자원으로 다른 존재와의 연결을 추구해 가는 관계적 자립의 관점이 육성될 때, 배제나 억압이 없는 초고령사회의 시민 간 연대를 구축할 가능성이 확보되는 것이 아닐까 생각한다.

6. 오히토리사마와 고령사회 여성운동의 2막

지금까지 WABAS를 중심으로 귀여운 할머니 담론에 맞선 고령사회 여성운동의 흐름을 새로운 노년 여성 이미지에 대한 모색이라는 관점에서 살펴보았다. 귀여운 할머니 담론과 자립 지향의 생애 현역이라는 노년 여성 담론을 대립적인 관점으로 다루었다. 그런데 가족이 없는 '오히토리사마(おひとり様)' 1인 가구 노년 여성의 입장에서 이 문제를 본다면 어떨까? 전자와 후자 간에는 차이점보다 공통점이 더 커 보일 수도 있을 것이다. 공교롭게도 앞서 거론한 사례들에는 모두 헌신적인 딸 돌봄자가 딸려 있었기 때문이다. 킨상에게는 어딜 가든 번갈아 가며 돌봐 주는 든든한 네 딸들이 있었고, 히구치 게이코에게는 함께 사는 비혼의 딸이 있다. 또 혼자 사는 야마다 씨에게도 근거리에서 생활 지원을 해주는 딸이 있었다. 딸들의 돌봄과 지원이 이들이 마지막까지 나답게 사는 것을 가능하게 했다는 점은 간과할 수 없는 지점이다. 즉, 귀여운 할머니든 생애 현역이든 그것을 가능하게 해주는 밀착된 인간 관계의 자원 없이는 성립하기 어려운 것이다.

그렇다면 평생을 비혼으로 보내고 가족 없이 1인 가구로 나이 드

는 여성들의 노후는 어떻게 될까? 결혼하고 자녀를 가졌다고 하더라도 초고령사회에서는 혼자서 긴 노년기를 보내는 여성들이 증가할 수밖에 없다. 이들의 노년기 삶의 질을 어떻게 확보할 것인가 하는 관점에서 새롭게 문제에 접근할 필요가 있다. 일찍이 "휠체어를 타고서도 시끄럽게 떠드는 심술궂은 할머니가 되고 싶다"라고 했고, 현재 1인 가구로 살고 있는 우에노 지즈코가 이 문제에 어떻게 접근해 왔는지 참고해 보자. 1990년에 42세였던 우에노는 2023년 75세로 막 후기 고령기에 접어들었다. 정년퇴임 후에도 연구와 강연 활동을 순탄하게 이어오고 있다. 그러나 이런 상태가 언제까지 이어질 수 있을지는 알 수 없다. 전직 아사히신문 기자로 최근 미니멀한 라이프스타일을 제안해 화제를 모으고 있는 이나가키 에미코(稲垣えみ子)와의 대담에서 우에노는 1인 가구 치매 노인으로 집에서 살다가 죽기 위한 준비 과정을 다음과 같이 소개했다

> 지금의 뇌 상태를 기록으로 남겨 두려고 전문의에게 가서 MRI 이미지를 찍고 의료 기록을 만들어 달라고 했습니다. 평상시 상태를 데이터로 파악하고 있으면 변화를 알 수 있고 상담하기 쉬워지니까요. 그리고 방문 의사, 방문 간호 스테이션, 방문 개호 사업소의 담당자들과 친해졌습니다. 개호 사업소와 상담했더니 오히토리사마 플랜이라는 상품을 만들어 줬습니다(웃음). 연간 계약으로 정액을 지불하면 자택의 상태를 점검해 주는 것으로, 거기다 열쇠를 맡겨 놓고 있습니다. 유언 집행인도 지명해 두었고, 임의 후견인이 되어 주실 분도 염두에 두고 있어요.

우에노는 몇 년 전부터 치매에 걸려도 내 집에서 살다가 죽는 것에 관심을 갖고 서비스 개발과 시스템 구축에 힘을 기울여 왔고, 이제

본인이 그 성과를 누리기 시작한 것처럼 보인다. 그런데 인맥과 자원이 우에노만큼 풍부한 경우가 아니라면 이와 같은 노후 준비는 따라하기 어렵지 않을까 생각한다. 또 치매에 걸리기도 전에, 치매에 걸리더라도 반드시 내 집에서 죽겠다고 몇 겹으로 확정해 두는 것은 의아하다. 치매 환자가 된 본인은 지금과는 많이 다른 사람일 것이고 그때는 집보다 더 안전하고 편한 시설이나 장소가 좋을 수도 있는데, 모든 가능성을 미리 차단해 둘 필요가 있을까 싶은 것이다. 이러한 선택은 마이홈 구축을 중심으로 인생을 설계해 온 단카이(団塊) 세대의 감성과 개인적 특성이 합작한 결과가 아닐까 싶다.

필자에게는 우에노보다 "물건보다 사람을 모은다"라는 이나가키 에미코의 접근방식이 더 범용해 보인다. 독신 여성인 이나가키는 50세가 되던 해 아사히신문을 퇴사한 후 시타마치(下町)에 저렴한 월셋집을 얻어 최소한의 물건과 자원만으로 살아가는 자신의 미니멀한 라이프스타일을 책으로 펴내 화제를 모은 인물이다. 물건을 줄이고 돈을 안 쓰는 대신 주변 사람들에게 시간을 쏟으면서 지역에서 커뮤니티를 활성화하는 데 힘을 쏟고 있다고 한다.

> '내가 만약 입원을 하면 누가 갈아입을 옷을 가져다줄까'라고 생각해 본 적이 있습니다. 바로 머리에 떠오른 것이 뜨개질 친구들인데요. 주 1회 정도 3명이 함께 뜨개질을 하고 있을 뿐인 느슨한 사이인데, 분명 가져다줄 거라고…… 집 열쇠를 주면서 놓아 둔 장소를 알려 주는 게 나도 부끄럽지 않고 저쪽도 '왜?'라고 생각하지 않을 것 같은 그런 친구들입니다. 확실히 누구 한 명에 의지하는 것이 아니라 여러 사람에게 의지하는 것이 좋다고 생각해요.

나의 인간다움은 타자의 승인을 통해서만 확보된다. 그 때문에 내 곁에 있어 줄 의미 있는 타자를 만드는 것이 노후의 인간다운 생활을 확보하기 위한 주요 과제가 된다. 그것이 '가족'과 같은 강한 연결일 필요는 없다. 이나가키가 "물건보다 사람을 모으자"라고 결심한 것도 그런 취지일 것이다. 향후 일본의 고령사회 여성운동의 새로운 국면은 아마도 이나가키처럼 적극적으로 새로운 연결을 추구하는 사람들이 만들어 갈 것으로 생각한다. 그들이 앞으로 어떤 노년상을 제시해 갈 것인지 기대해 본다.

제II부

고령화와 지역공동체의 재편

제3장

우리 동네 ‘모임터’

고령자의 고립 예방과 교류의 장

오와 미에(大和三重)

1. 초고령사회, 고립화의 진행과 그 대책

일본은 전체 인구에서 65세 이상 고령자가 차지하는 비율인 고령화율이 계속 증가하여 2022년 9월 15일 기준 세계에서 가장 높은 수치인 29.1%에 도달했다(総務省統計局 2022). 1970년 당시 7%의 고령화율을 기록했으나, 그로부터 불과 24년 만에 고령사회에 진입하는 등 일본의 고령화율은 세계 어느 나라와 비교하더라도 매우 빠른 속도로 증가하여 주목을 받아 왔다. 현재 일본은 고령사회를 넘어 초고령사회에 진입하여, 고령자를 둘러싼 다양한 과제에 직면하고 있다. 특히 한신대지진 이후 가설주택에서 홀로 생활해 오던 고령자가 고립사(孤立死)하는 사건이 증가하면서, 고령자의 사회적 고립이라는 문제가 커다란 사회문제로 대두되었다(斉藤雅茂 등 2009).

고령자의 세대 구조를 보면 3대(代) 이상이 함께 생활하는 경우는 전체의 10%에도 미치지 못하는데, 이는 40년 전과 비교하면 5분의 1 수준으로 감소한 것이다. 고령자가 자녀의 가족과 동거하는 것은 더 이상 일반적인 형태라고 볼 수 없게 되었다(内閣府 2021a). 한편 고령자 부부로만 구성된 세대나 혼자서 생활하는 세대가 증가했는데, 이 두 유형을 합하면 60% 이상을 기록하여, 고령자 세대의 절반 이상이 2인 또는 1인 생활을 하고 있는 것으로 나타났다. 이 경향은 앞으로도 계속될 것으로 보이는데, 고령자 1인으로만 구성된 세대는 2020년에 34%를 차지하여 이미 고령자 세대 유형 중 가장 큰 비율을 기록했고, 2040년에는 40%까지 증가할 것으로 예상되는 등 그 숫자는 더욱 증가할 전망이다. 인구 전체를 분모로 했을 때의 독거율을 보면, 2040년에는 65세 이상 남성 5명 중 1명이, 여성은 4명 중 1명이 1인 생활을 하게 될 것으로 예측된다(国立社会保障·人口問題研究所 2018).

일반적으로 고령이 되면 개인의 소셜 네트워크는 현역으로 활동하던 시기와 비교하여 줄어드는 경향이 있다. 이에 대해 가네코 이사무(金子勇, 1987)는 보통의 고령자들은 결코 '고립'되어 있는 것이 아니라, 네트워크를 최대한 이용하고 있는 것이라는 반론을 제기하기도 했다. 하지만 일본의 고령자가 이웃과 교류하는 정도나 가족 이외의 친구가 있는지의 여부 등을 다른 국가와 비교해 보면, 그 교류가 매우 제한된 수준에 머물러 있음을 알 수 있다. 그 대신 가족이나 친족 등 혈연에 기반한 네트워크가 중요한 역할을 하고 있다고 생각된다. 단, 1인 생활자의 경우에는 의지할 수 있는 동거 가족이 없으므로 사회와의 관계가 더욱 소원해질 것이 예상된다. 폐쇄적인 고립 생활을 하는 고령자의 경우, 요개호 리스크, 즉 곧 개호를 필요로 하는 상태가 될 위험성이나 '네타키리 예비군(寝たきり予備軍)', 즉 곧 거동할 수 없는 상태가 될 위험성이 높다는 지적이 이전부터 제기되어 왔기에(藺牟田洋美 등 1998; 渡辺美鈴 등 2007), 1인 생활을 하는 고령자가 고립되지 않고 지역사회 안에서 활기차게 생활할 수 있도록 지원하는 것이 중요한 과제로 부상했다.

이 글에서는 고령자가 사회적으로 고립되는 일 없이, 삶의 질(quality of life)을 유지하면서 지역에서 생활해 나가기 위한 방책의 한 가지로, 각지에서 시도되고 있는 '모임터(通いの場)'[1] 만들기에 대해 논의한다. 첫 번째로 일본 고령자들이 사람들과 교류하는 방식의 특성을 확인하고 사회적 고립에 빠지기 쉬운 상황임을 밝힌다. 두 번째로 선행

1 '가요이노바(通いの場)'는 '오가는(通い) 장소(場)'라는 의미다. 따라서 문자 그대로 직역하면 '오갈 곳' 정도의 의미가 되나, 이 글에서는 사람들이 모일 수 있는 장소로서 의미를 부각하고 있으므로, 그 성격에 주목하여 '모임터'로 번역했다. 다만, 원고에서 '가요이노바'의 의미를 해설하는 부분에서는 그 해설의 요지가 잘 전달될 수 있도록 문맥에 따라 '오갈 곳' 등으로 번역하기도 했다.

연구를 토대로 사회적 고립의 정의와 모임터의 개념을 정리한다. 세 번째로는 모임터를 지원하는 NPO법인의 중간 지원 활동에 대해 설명하고, 네 번째로는 모임터의 실제 사례를 소개한다. 마지막으로 모임터의 앞으로의 과제를 고찰한다.

'가요이노바(通いの場, 모임터)'는 문자 그대로 '오갈 곳' 혹은 '오가는 장소'란 의미인데, 주로 고령자를 대상으로 지역에서 제공하는 활동 공간을 가리킨다. 이러한 활동은 지역복지센터나 공민관(公民館) 등과 같은 공적인 시설을 장소로 삼아 이루어지는 경우는 물론이고, 개인의 자택을 이용하는 경우 등 행정기관이 다 파악할 수 없을 정도로 다양한 형태가 있다. 최근에는 후생노동성 주도로 모임터 만들기 촉진 활동이 활발하게 이루어지고 있으나, 이전부터 각 지역에 있던 '다마리바(たまり場, 머물 곳)'의 대부분은 NPO나 자원봉사 등이 주도하는 민간 활동이며, '가요이노바(通いの場, 오갈 곳)', '쓰도이노바(集いの場, 모일 곳)', '살롱(サロン)' 등 다양한 이름으로 불렸다(小嶋雅代 2022; 野津隆志 2022).

이 글에서는 1995년 1월에 일어난 한신대지진에서 큰 피해를 입은 고베시를 비롯한 한신 지역의 생활을 사례로 다룬다. 이들 지역에는 진재로 인해 생활환경이 파괴되고 지역 유대가 단절된 곳도 있는가 하면, 부흥 과정에서 주민들 간에 상호 부조의 정신이 함양된 곳이 있는 등 다양한 양상이 보인다. 무엇보다 지진 발생 당시 주민들 간의 일상적인 유대관계의 유무가 구조 과정에 커다란 차이를 낳는다는 사실을 체험을 통해 배운 바 있다. 특히 고령의 1인 생활자는 재해 발생 당시 개호가 필요하게 되어, 지역의 도움이 요구되는 경우가 많았다. 이를 위해서도 고령자를 고립시키는 일 없이 지역의 일원으로서 평소 관계를 유지할 수 있도록 할 필요가 있다.

2. 일본 고령자가 사람들과 교류하는 방법

일반적으로 샐러리맨으로서 살아온 남성 고령자의 경우, 정년퇴직을 하게 되면 적극적으로 자원봉사 활동이나 취미 활동 등에 참가하거나 이웃이나 친구들과 빈번하게 교류하지 않는 한 사회와의 관계가 약해진다. 고령자가 되면 대부분 자녀의 가족을 제외한 사회적 네트워크 형성이 희소해지는 것이 현실이다(下山昭夫 2018). 특히 1인 생활을 하는 고령자의 경우, 남녀 모두 사회와의 유대가 약화되는 경향이 있다.

내각부의 조사(2014)에 따르면, 최근 고령자를 대상으로 한 오레오레 사기(オレオレ詐欺), 후리코메 사기(振り込め詐欺)[2]가 커다란 문제가 되고 있으나, 1인 생활 고령자의 경우 5명 중 1명꼴인 19.7%가 "사기로 의심될 때 상담할 수 있는 상대"가 없다고 대답했다. 또한 "비상시에 금전적 도움을 요청할 수 있는 상대"가 없다고 대답한 사람은 26.7%로, 4명 중 1명 이상이 의지할 수 있는 대상이 없는 상태였다. 한편 "함께 있으면 안심할 수 있는 상대"나 "슬픔이나 기쁨을 함께 나눌 수 있는 상대"가 없다고 대답한 비율도 각각 23.4%, 19%로 이 역시 5명 중 1명의 비율이었다. 바꾸어 말하면, 1인 생활을 하는 고령자 5명 중 1명은 물리적으로도 정신적으로도 버팀목이 되어 줄 사람이 없다고 느끼고 있는 것이다(자료 3-1).

고령화가 진행된 사회에서 누구에게도 의지할 수 없이 불안감을 안은 채 생활하는 고령자가 이렇게나 많다는 것은 간과할 수 없는 심

---

2 '오레오레(나야 나) 사기', '후리코메(송금해) 사기'는 범행 대상자에게 전화를 걸어 허위 사실을 말하거나 협박을 통해 불안감을 조성하는 등의 방법으로 송금을 요구하는 범죄로, 한국의 '보이스피싱' 범죄에 해당한다.

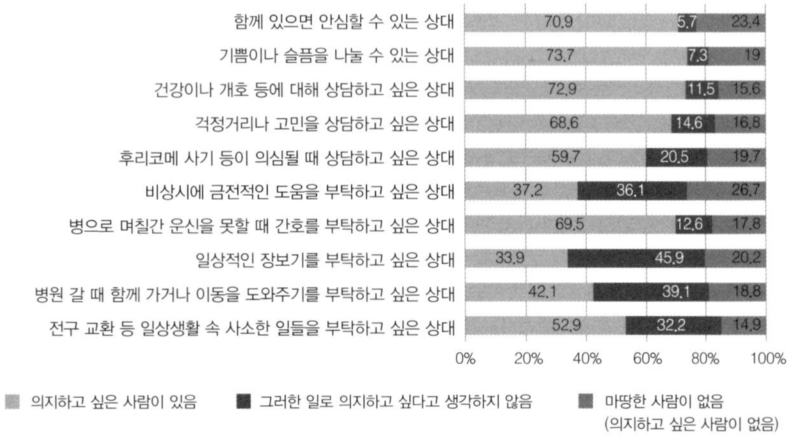

자료 3-1. 의지하고 싶은 상대는 누구인가에 대한 응답[3]

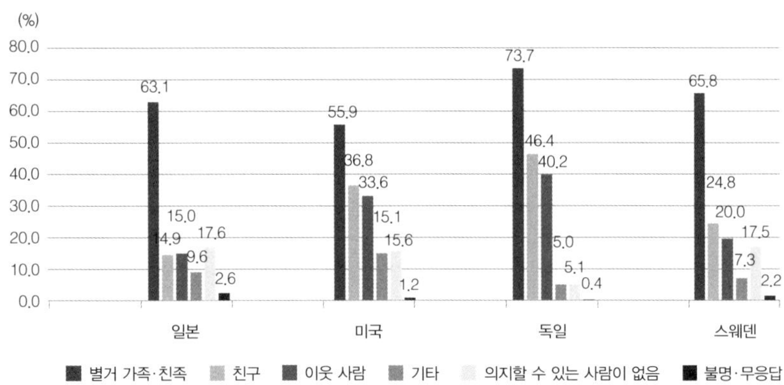

자료 3-2. 동거 가족 이외에 의지할 수 있는 사람이 있는가에 대한 응답[4]

3 내각부, "2014년도 1인 생활 고령자에 관한 의식조사"를 토대로 작성.

4 내각부, 2021, "2020년도 제9회 고령자의 생활과 의식에 관한 국제비교조사(일본, 미국, 독일, 스웨덴 4개국)"을 토대로 작성.

각한 문제다. 현재 일본 각 지역에서는 임종 순간까지 사람답게 생활할 수 있도록 지원하는 소위 '지역포괄케어시스템(aging-in-place)'을 2025년까지 구축하는 것을 목표로 하고 있는데, 그 배경에는 불안을 안은 채 일상생활을 하는 고령자가 증가하고 있는 현실이 있다.

다음으로 일본, 미국, 독일, 스웨덴 4개국의 60세 이상 고령자 각 1,000명에서 1,500명(각 평균연령 72세 전후)을 대상으로 한 국제비교조사(內閣府 2021b)를 보면, 일본의 고령자가 사람들과 교류하는 방식의 특징을 읽어 낼 수 있다. 즉, 일본의 고령자는 가족 간의 유대가 강하고, 그 밖에 친구나 이웃 사람들과의 관계는 적다. 동거하는 가족 이외에 의지할 수 있는 사람은 "따로 살고 있는 가족·친족"이 60% 전후로 다른 나라와 큰 차이가 없지만, 일본의 경우에는 "친구·이웃 사람" 등의 비율이 다른 나라와 비교할 때 현저하게 낮아서 모두 15% 이하를 기록했다. 〈자료 3-2〉는 "당신은 병에 걸렸을 때나, 혼자서는 할 수 없는 일상생활에 필요한 작업(전구 교체나 정원 손질 등)을 해야 할 때 동거하고 있는 가족 이외에 이것을 부탁할 수 있는 사람이 있습니까?"라는 설문에 대한 응답이다.

〈자료 3-3〉에서 연령대별로 더 자세하게 살펴보면, 의지할 수 있는 상대로서 "이웃 사람"을 꼽은 비율은 60대 전반에서는 6.2%로 나타났는데, 특히 정년퇴직 이전에는 이웃과의 교류가 거의 없는 것으로 추측된다. 단, 다른 나라와 비교하면 여전히 낮은 수치이기는 하지만 연령대가 높아질수록 응답 비율이 증가하는 경향을 보이는데, 이는 고령이 될수록 가족 이외에도 가까운 이웃 사람에게 의지할 수밖에 없는 상황이 되기 때문이라고 생각된다.

그렇다면 이웃 사람들과는 어떠한 방식으로 교류를 하고 있는 것일까. 〈자료 3-4〉에서 4개국 비교를 통해 살펴보자. 일본의 경우 "바깥

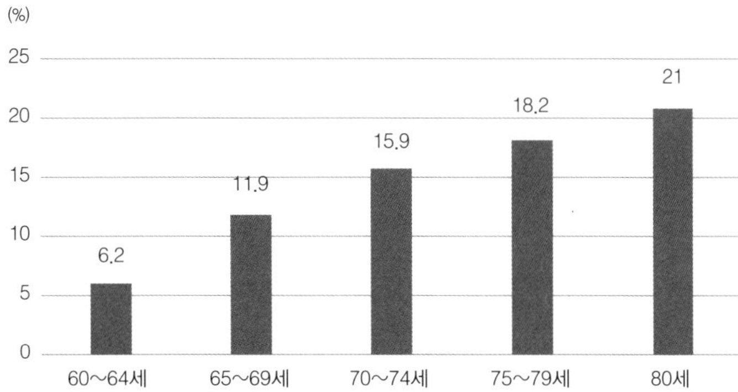

자료 3-3. 동거 가족 이외에 의지할 수 있는 상대: 이웃 사람(연령대별)[5]

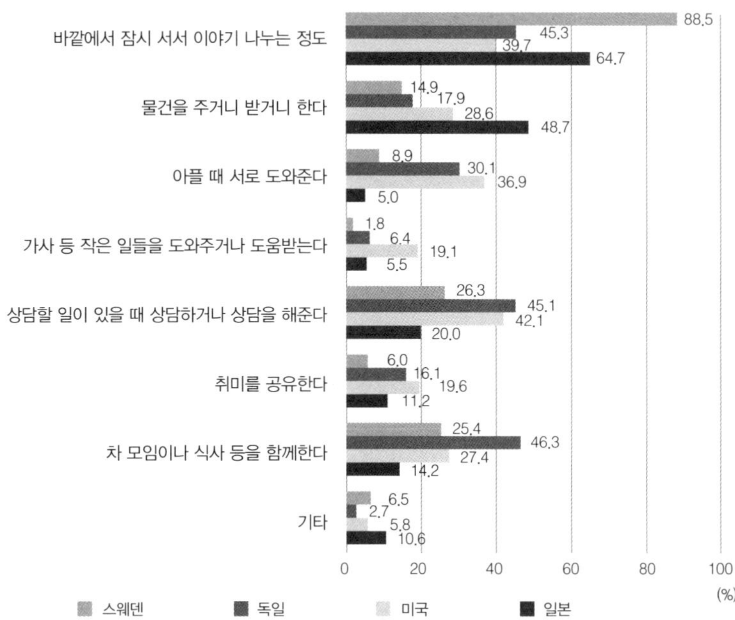

자료 3-4. 이웃 사람과 교류하는 방식(복수 응답)[6]

5 앞의 자료와 동일.

6 앞의 자료와 동일.

에서 잠시 서서 이야기 나누는 정도"는 64.7%로 미국(39.7%)이나 독일(45.3%)보다 높고, "물건을 주거니 받거니 한다" 역시 48.7%로 4개국 중에서 가장 비율이 높았다. 그러나 "아플 때 서로 도와준다"(5.0%)나 "상담할 일이 있을 때 상담을 하거나 상담을 받아 준다"(20.0%)라는 응답은 4개국 중에서 가장 비율이 낮았다. 이웃 사람과의 관계를 원만하게 유지하기 위한 의례적인 교류에 머물러 있으며, 실제로 곤란한 경우에 의지가 될 정도의 교류를 하고 있는 비율은 극단적으로 낮다는 것을 알 수 있다.

그렇다면 가족이 아닌 친한 친구와의 관계는 어떨까. 〈자료 3-5〉에서 일본을 제외한 3개국에서는 동성·이성을 합하여 80% 이상이 친한 친구가 있다고 응답한 것에 비해, 일본의 경우에는 10명 중 6명에도 미치지 못하는 57.4%만이 친한 친구가 있다고 응답했다. 게다가 이는 5년 전 조사 때보다 15.8%나 감소한 것으로, 이러한 감소를 보인 나라는 일본이 유일하다. 그러나 동성 친구가 있다고 응답한 비율은 4개국 중에서 가장 높은 43.3% 이상이다. 단, 이성 친구가 있는 사람의 비율이 매우 낮다. 그에 더하여 동성·이성 어느 쪽도 친구가 없다고 대답한 비율도 30%를 넘어, 다른 나라에 비해 압도적이다.

이상의 내용을 토대로 추측해 볼 때, 일본의 고령자는 가족을 제외한 친구가 있는 비율이 낮고, 이웃 사람과 교류하는 방식도 일상적인 관계를 유지하는 정도에 머물러, 실제 곤란한 상황이 되었을 때 도움을 받거나 반대로 도움을 줄 수 있는 깊은 관계를 구축하지 못하고 있다. 그러나 연령대가 더욱 높아져 후기 고령자가 되면, 가족 이외에도 가까운 이웃에 대한 의존도가 점차 높아지는 경향을 보인다. 이와 같은 결과를 통해, 일본의 고령자는 상당히 고립되어 있다고 추측할 수 있다. 그렇다면 실제 고령자들은 자신들의 상황을 어떻게 이해하고 있을까.

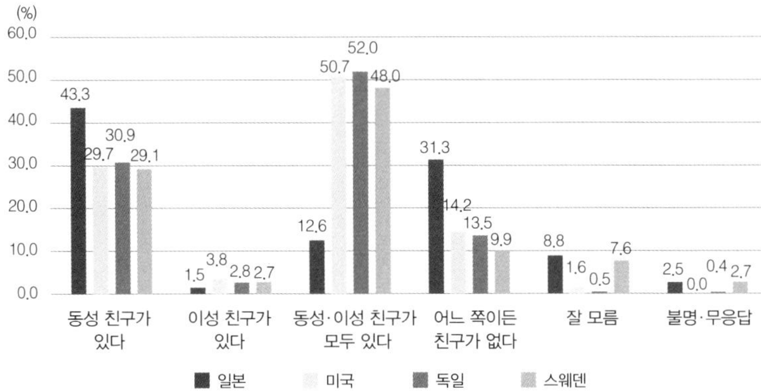

자료 3-5. 가족 이외에 친한 친구의 유무[7]

전국 60세 이상을 대상으로 실시한 조사를 통해 살펴보자.

〈자료 3-6〉은 고립사가 자신과 얼마나 관련 있다고 느끼는지를 물은 것이다(內閣府 2019). "강하게 느낀다"와 "어느 정도 느낀다"를 합하면 긍정 응답의 비율이 34%인데, 1인 생활 세대의 경우에는 50.7%로 절반이 넘는다. 1인 생활 세대를 성별로 구분해 살펴보면 남성이 51.9%, 여성이 50.0%로, 남성 쪽이 고립사를 자신과 관련이 있다고 느끼는 비율이 조금 더 높은 것으로 나타났다.

내각부의 여론조사(2015)에 따르면 "이웃 주민이나 지역과의 교류·유대를 가지고 싶은가"라는 질문에 대하여 "가지고 싶다고 생각한다"라는 대답은 60대에서 52.0%, 70대 이상에서는 63.7%로 나타났으며, "굳이 말하자면 가지고 싶다고 생각한다"를 합치면 각각 89.2%와 85.7%로, 거의 90%에 육박하는 수치를 보였다. 또 "고령기의 이상적인 거주지로서는 어떤 점이 중시되어야 하는가"라는 질문에 대해서는

7 앞의 자료와 동일.

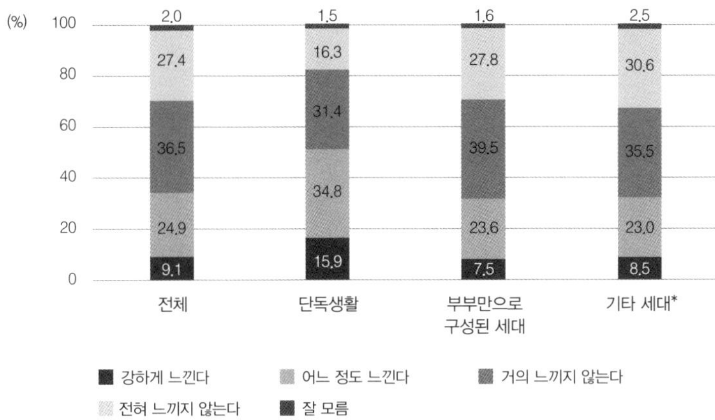

자료 3-6. 고립사가 자신과 관계가 있다고 느끼는 정도**

* '기타 세대(계)'는 2대 세대, 3대 세대 및 기타 세대의 합계다.

** 반올림으로 인해 총합이 100%가 되지 않는 경우가 있다. 여기에서 말하는 "고립사"란, "아무도 임종을 지키지 못하고 사망한 이후에 발견되는 죽음"을 의미한다.

"근처 주민이나 지역과의 교류·유대를 가질 수 있는 장소"라고 대답한 비율이 31.8%로 나타나, 30% 이상이 고령기에는 지역과의 교류나 유대를 가질 수 있는 장소를 중요하게 생각하고 있었다. 그럼에도 불구하고 미국·유럽에 비해 일본 고령자의 이웃 교류 정도가 낮다는 실정을 감안하면, 현 상황을 바꾸기 위한 계기가 필요하다. 그 방법의 하나로 '모임터'가 지역과 유대를 쌓는 계기를 제공하는 하나의 거점 역할을 할 수 있을 것으로 기대된다.

3. 사회적 고립과 '모임터'

1) 고립의 정의

고립이나 고독에 관한 선행 연구를 참조하여, 이 글에서 서술하는 사회적 고립의 정의에 대해 밝혀 두고자 한다. 고립(isolation)과 고독(loneliness)의 개념에는 차이가 있다. 일반적으로 고립은 가족이나 공동체 등 사회와의 접촉이 거의 단절된 상태라고 하는 객관적 상황에 대한 경험을 말하며, 고독은 주변인들과의 교류가 부족하거나 결여되어 있다고 느끼는, 바람직하지 않은 주관적 감정으로 정의된다(Townsend 1963). 고독은 외적인 어떤 상태라기보다는 그 사람의 감정과 관련된 것이다.

이 글에서는 '모임터'를 제공함으로써 고령자와 커뮤니티 간의 접점을 창출하는 것의 중요성을 논하고 있으므로, 자주 인용되는 피터 타운센드(Peter Townsend)의 정의에 따라 고령자의 주관적인 경험이 아닌 객관적인 경험이라고 할 수 있는 사회적 고립을 논의의 대상으로 한다. 그러나 사회적으로 고립되어 있는 사람이 고독감을 호소하는 경우는 자주 있다. 또한 사회와 접촉할 기회가 증가함에 따라 주변인들과의 교제가 생겨나고, 고독감이라고 하는 주관적이며 바람직하지 않은 감정을 해소하는 것도 가능할 수 있다. 따라서 엄격하게 둘을 구분해 논하는 것은 어렵다.

선행 연구에서도 어떤 상태를 사회적 고립으로 볼 것인가의 기준은 반드시 일치하지 않으며, 구분점을 어디에 둘 것인가에 대한 이론적 근거도 존재하지 않는다고 지적되었다(斉藤雅茂 등 2009; 小辻寿規 2011). 따라서 사이토 마사시게(斉藤雅茂) 등은 임의적일 수밖에 없음을 전제로, 1개월 사이에 대면 및 비대면 접촉이 전혀 없는 경우를 '극단적 고립' 상태, 교류의 빈도가 월 1회 이하인 경우를 '대체로 고립' 상태로 분류해 정의하고, 1인 생활을 하는 고령자를 대상으로 실태조사를 진행했다. 이 조사에 따르면 '극단적 고립' 상태에 있는 비율은 3.7%(50명)이었고, '대체로 고립' 상태는 7.1%(96명)로 나타나 이 둘을 합하면 10.8% 정도가 고립 상태에 해당했다. 또한 고립 상태가 아닌 고령자의 경우 80% 정도가 여성인 것에 비해, '극단적 고립'에 해당하는 고령자의 약 60%와 '대체로 고립'에 해당하는 고령자의 50% 이상은 남성으로 나타나, 사회적으로 고립된 고령자 중에는 남성이 더 많다는 사실을 확인했다. '극단적 고립'과 '대체로 고립'을 합하면 남성 1인 생활 고령자의 약 4명 중 1명이 고립 상태에 해당했다.

2) 고독·고립으로 인한 문제와 대책

2005년 OECD 조사에 따르면 OECD 회원국 20개 나라를 대상으로 사회적 고립의 정도를 비교한 결과, 일본이 15.3%로 가장 높았으며, 이는 전체 평균 6.7%를 크게 상회하는 수준이었다. 일본 고령자의 사회적 고립은 이미 국내외의 주목을 받고 있었으나, 사회적 고립이 야기하는 문제는 일본만이 아니라 영국에서도 심각하게 받아들여지고 있다.

2005년 OECD 조사가 이루어진 당시 영국은 사회적 고립을 느끼는 사람이 전체의 5%라는, 조사대상국 평균치보다 낮은 수치를 보였으나, 2010년부터 고령자의 고독 근절을 위한 캠페인을 실시했다. 동시에 근거에 입각한 조치가 필요하다는 인식 아래 고독 대책을 위한 다양한 조사를 실시했다(Age UK Oxfordshire et al. 2011; 2012). 그 결과 영국에서는 900만 명(인구의 약 5%) 이상이 항상 혹은 종종 고독을 느끼고 있거나 건강상태가 나쁘다는 것, 장기간 병을 앓거나 장애를 겪고 있다는 것이 확인되었다.

고독이 건강상태에 미치는 영향에 대해서는 하루에 담배 15개비를 흡연하는 것과 비슷한 정도의 해로움을 끼치며, 우울증을 겪을 위험성은 3.4배로 증가하고, 15년 이내에 인지장애가 발생할 위험도는 1.9배 증가하는 것으로 예측되었다. 나아가 경제적인 면으로는 고용주에게는 연간 25억 파운드(약 4조 5,000억 원)의 손실이 되며, 고립된 커뮤니티는 영국 경제 전체에 매년 320억 파운드(약 57조 6,000억 원)의 손실을 발생시킬 가능성이 있는 것으로 나타났다(Office for National Statistics 2018; Jo Cox Commission 2017).

미국에서도 이미 사회관계의 몇 가지 측면에 대한 체계적인 연구가 이루어져 고립이 인체에 미칠 수 있는 잠재적인 영향이 확인되었다(Cohen 2004). 전미 과학·공학·의학 아카데미 보고에 따르면, 사회적 고립은 전체 사망 위험률을 29% 높이고, 암으로 인한 사망 위험률을 25%, 인지장애 발생 위험률을 대략 50% 정도 증가시키는 것으로 보고되었다(The National Academies of Sciences, Engineering, Medicine 2020).

이러한 결과를 토대로 영국에서는 2018년 1월에 세계에서 처음으로 고독담당장관 직위를 신설했다. 고독 대책을 위해 특별히 장관 직위를 만든다는 발상 자체가 세계 각국에 적지 않은 충격을 안긴 것은 물론이다(読売新聞 2018. 5. 16). 한편 일본에서는 고독·고립 문제가 영국보다 심각한 상태에 있으므로 그 대책 마련이 시급하다.

영국의 대책은 주로 가족이나 친구 관계에서의 고독이나 친한 친구의 부재로 인한 고독을 대상으로 하지만, 일본에서는 사회적 고립과 원치 않는 고독도 포함하여 대책이 강구되고 있다. 정부에 의한 고독·고립 대책의 구체적인 담당 부서 설치는 2021년 2월에 이루어졌는데,

이는 영국에 이어 세계 두 번째였다.

3) 모임터의 정의

고독·고립 대책으로서 가장 기대되는 것은 모임터에 참여하는 것이다. 그렇다면 모임터란 어떤 장소를 말하는 것인지, 그 정의를 확인해 보자. 후생노동성이 2013년에 실시한「개호예방사업 및 개호예방·일상생활지원총합사업(지역지원사업)의 실시현황에 관한 조사」(厚生労働省, 2013: 12)에 따르면, '모임터'는 다음과 같이 정의되어 있다.

① 체조나 취미 활동 등을 함으로써 개호예방에 기여한다고 시정촌에서 판단한 모임터일 것
② 모임터의 운영 주체는 주민일 것
③ 시정촌이 재정적인 지원(지역지원사업의 일차예방사업, 지역지원사업의 임의사업, 시정촌의 독자사업 등)을 하는 곳에 한정하지 않음
④ 월 1회 이상 활동 실적이 있을 것

그러나 이는 좁은 의미의 정의로, 실제로는 시정촌이 다 파악할 수 없는 광범위한 사례들이 있다. 이와 관련하여 후생노동성이 2019년에 설치한「일반개호예방사업 등의 추진방책에 관한 검토회」(厚生労働省 2019: 5)에서는 보다 광범위한 사례들도 모임터에 포함시키는 것이 적절하다고 언급하고 있다. 시정촌이 파악할 수 없는 조치들로는 다음과 같은 사례들을 열거할 수 있다.

① 지자체의 개호보험담당 이외의 부서에서 수행하는 스포츠나 생

애학습에 관한 조치

② 공원이나 농원을 활용한 조치 등 개호예방으로 이어지는 조치

③ 민간기업·단체나 사회복지협의회 등 다양한 주체와 관련된 조치

④ 의료기관이나 개호보험시설 등이 자주적으로 수행하는 조치

⑤ 유급 자원봉사 등 소위 근로에 해당되는 조치

⑥ 고령자만이 아니라 여러 세대가 교류하는 조치

이처럼 모임터의 정의에는 협의와 광의가 있으며, 지금까지의 조사·연구 등에서 사용되어 온 정의도 확립된 것은 아니므로 주의가 필요하다는 지적이 있다(小嶋雅代 2022). 이에 이 글에서는 개호보험제도에서 개호예방에 기여하는 것으로 규정하는 주민이 운영하는 모임터에 한정하지 않고, 넓은 의미의 모임터 사례를 다루고자 한다.

앞서 언급한 것처럼 2014년 개호보험법이 개정되면서 일반개호예방사업이 시작되었고, 그 틀 안에서 고령자들이 오갈 수 있는 장소 만들기를 추진할 수 있게 되었다. 그 효과를 검증하기 위해 일본노년학적평가연구(Japan Gerontological Evaluation Study, JAGES)에서 개호가 필요하지 않은 고령자 3,760명을 대상으로 조사를 진행한 결과, 모임터에 참여하는 75세 이상의 후기 고령자들에게서 개호가 필요할 가능성이 유의미하게 낮아졌음을 확인하였다(田近敦子 등 2022). 나아가 개호가 곧 필요할 것 같은 고령자들 다수가 거주하고 있는 지역을 모델로, 중점적으로 '이바쇼(居場所)'[8]를 만들거나 운영을 지원하는 등 지역 차원에서 추

8 이바쇼는 사전적으로는 '있는 곳' 혹은 '장소'를 의미하지만, 현재 일본 사회에서는 '안식처'에 가까운 의미로 사용되고 있다. 이에 대해서는 다음을 참조. 박지환, "현대 일본사회에서 이바쇼(居場所)와 자립의 사회문화적 의미: 오사카시 예술-비영리조직(Art-NPO)에 관한 사례연구", 『민주주의와 인권』, 2017.

진한 모임터 만들기와 건강 격차의 관계를 검증한 연구도 있다.

고베시와 JAGES는 지역 진단을 수행하여, 특히 지원이 필요하다고 판단된 16개 권역을 모델 지역으로 선정하고 2011년부터 2019년 사이에 비(非)모델 지역과의 추이를 매년 비교했다. 그 결과 6년간에 걸쳐 주민들이 주체적으로 모임터 만들기를 추진한 지역에서는 사회적 참여, 소셜 네트워크, 소셜 서포트가 만들어져 지역 간의 건강 격차를 줄이는 효과가 있음을 시사했다. 게다가 그 지원이 빨리 시작되어 장기간 지속될수록 개선의 정도가 더 크다는 것도 확인되었다(辻大士 등 2022). 이처럼 모임터에 다니며 사회에 참여하는 고령자와 그렇지 않은 고령자 사이에는 정신적·육체적으로 건강 면에서 차이가 발생하므로 모임터는 특히 고립되기 쉬운 도시에 거주하는 고령자에게 중요한 역할을 하는 것으로 여겨진다(當間克雄 2022).

일본에서 2021년에 발표된 고독·고립 대책의 중점 계획으로는 크게 다음 세 가지 기본 이념이 제시되었다. 1) 고독·고립 상태의 모두에 대해 사회 전체적으로 대응, 2) 당사자나 가족 등의 입장에 서서 시책을 추진, 3) 사람과 사람의 '연결'을 실감할 수 있도록 시책을 추진하는 것이다(內閣府 2021). 대책의 기본 방침으로서 1) 고독·고립 상태가 되더라도 쉽게 도움을 요청할 수 있는 사회를 만들기, 2) 단절 없는 상담 체제를 구축하기, 3) 지켜보거나 교류할 수 있는 장소 내지는 이바쇼를 만듦으로써 사람과 사람의 '연결'을 느낄 수 있는 지역을 만들기, 4) 고독·고립 대책을 마련하는 NPO 활동을 지원하고 행정과 민간의 연대를 강화하기 등을 제시했다(內閣官房 2021).

현재 사회 문제가 되고 있는 고령자의 고독·고립 대책으로서 '이바쇼' 만들기나 '쓰나가리노바(つながりの場, 연결의 장소)' 만들기를 시책으로서 평가하고 효과적으로 운영하는 것, 이러한 조치를 시도하는 NPO

활동을 행정기관이 지원하는 것이 기본 방침에 명시됨으로써, 넓은 의미에서 모임터에 대한 시정촌의 실질적인 지원이 가능해질 것으로 기대된다.

4. NPO법인의 중간 지원

1) '이바쇼 서밋 in 고베'의 조치

고베시 히가시나다구(東灘区)에 거점을 둔 인정NPO법인커뮤니티·서포트센터고베(이하 CS고베)는 1996년 설립되어, NPO법이 제정된 1998년에 NPO법인이 되었다. 2013년에는 인정NPO법인[9]의 자격을 취득했다. '마치즈쿠리'[10]나 NPO의 방법을 통한 커뮤니티 사업 구상 및 운영을 지원하는 중간 지원 단체로서 일본의 NPO법인 중에서도 장기간에 걸쳐 활발하게 활동을 계속 이어 오고 있는 몇 안 되는 장수 단체다. CS고베가 주최하고 매년 실시하고 있는 이벤트가 '이바쇼 서밋 in 고베'(이하 이바쇼 서밋)다. 행사 참여 대상은 시내에서 이바쇼(여기에서는 모임터와 같은 의미로 사용)를 마련하고 있는 사람이나 단체, 앞으로 이바쇼를 만들고 싶다고 생각하는 사람, 이바쇼에 참여하고 싶다고 생각

9 인정NPO법인은 그 법인에 기부한 시민이나 기업 등의 기부자가 세제상 혜택을 받으며, 인정NPO법인에 대해서도 그 법인이 납부하는 세금에 혜택이 부여되는 장점이 있다. 그러나 운영 조직 및 사업 활동이 적정하고, 공익 증진에 기여하는 것으로서 일정한 기준을 충족하고 있어야만 인정을 받을 수 있다.

10 '마치즈쿠리(まちづくり)'는 직역하면 마을(まち) 만들기(づくり)라는 의미인데, 보통 거주 지역의 환경을 개선하고 지역의 매력이나 활력을 높여 더욱 살기 좋은 곳으로 가꾸어 나가는 활동을 폭넓게 이르는 말로 사용된다.

하는 사람, 이바쇼에 관심이 있는 사람 등으로, 주민·NPO·자원봉사자·기업·공무원·연구자 등 다양한 사람들이 모일 수 있는 기회를 제공하고, 정보 제공이나 교환 등을 통해 이바쇼의 운영 및 발전을 지원하고 있다.

제1회 이바쇼 서밋은 2016년 8월에 개최되어 고베 시내는 물론 현외부에서도 참가하여 62개 단체 222명이 행사를 함께했다. 행사에서는 이바쇼 실천 보고 및 참가자 전원이 참여하는 지역별 지도 만들기 등을 진행했다. 그 당시의 자료집『제1회 '이바쇼' 서밋 in 고베 BigMap 자료집』에는 다음과 같은 문구가 적혀 있다. "어떤 세대든 고립이나 고독과는 연을 끊고, 유대를 가지고 생활할 수 있는 지역사회의 플랫폼으로서의 이바쇼 만들기를 위해 협력해 나갑시다"(認定NPO法人コミュニティ·サポートセンター神戸 2016). 이처럼 이바쇼를 사람들과의 유대를 가지고 생활해 나갈 수 있는 지역사회의 플랫폼으로서 위치시켰다. 행사 주최자는 CS고베였지만, 공익재단법인 고베이키이키근로재단(神戸いきいき勤労財団)과 공동 주최하였으며, 실행위원회는 생활협동조합고베를 비롯해 타 공익재단법인이나 NPO법인 등으로 조직하고, 고베시나 고베시 사회복지협의회의 후원을 받는 등 지역의 다양한 단체가 협력해 이바쇼 서밋 개최를 실현하였다.

제1회 이바쇼 서밋을 통해 축적한 데이터에 따르면, 고베 시내(전체 9개 구)에 269개소의 이바쇼가 있는 것으로 나타났다. 이바쇼 서밋은 2022년 제7회까지 매년 개최되었으며, 매회 200명 이상의 참가자가 모였다. 2020년부터는 코로나19 영향으로 대규모 모임을 지양하고 온라인 모임을 병행하는 하이브리드 방식으로 개최했다. 행사의 주제도 코로나19 팬데믹으로 인해 운영을 잠시 중단할 수밖에 없었던 단체나 방식을 바꾸어 운영을 계속하는 단체 등의 사례를 다루었으며, 전문 연구자가 이러한 단체들의 과제를 분석하는 작업도 진행했다. 이와 같은 테마는 코로나19 팬데믹을 극복하고 지속적인 운영을 지원하기 위한 목적에서 선정되었으며, 성공한 사례를 소개할 뿐만 아니라 실패한 사례로부터 배우는 기회도 제공했다.

특히 2022년 제7회 이바쇼 서밋에서는 장기간 이어진 코로나19 팬데믹으로 인해 대면 활동이 제한되어 휴업 내지는 폐쇄된 단체가 적지 않은 상황에 비추어, 과제 해결을 위한 방법으로서 에코시스템 구상과 조직 진단이 제시되었다. CS고베와 효고현립대학NPO연구연대센터가 2022년 공동개발한 체크시트를 활용하여 에코시스템 만들기에 필요한 6개의 지표(이바쇼의 기초력, 운영력, 활동 발전력, 네트워크력, 제안력·장래성, 리더십)를 토대로 이바쇼의 강점과 약점, 경영 과제 등을 발견하고 이를 통해 앞으로의 활동에 도움을 주는 것이 목표다. 조직 진단 툴을 활용하여 자기 단체의 특징을 알고, 구체적인 문제나 과제를 도출한 다음 그것을 토대로 참가자들 간에 의논하면서 과제를 공유하고 정보를 교환한다. 이는 물론 다시 새로운 네트워크를 구축하는 데도 기여하게 된다.

2) 이바쇼 조사

이바쇼 서밋 개최와 병행하여 CS고베와 효고현립대학NPO연구연대센터는 2016년부터 이바쇼의 실태조사를 진행해 왔다. 2021년도 중간보고서에는 코로나19 이전에 실시한 조사의 개요가 정리되어 있다(飛田敦子 2022). 2018년에 고베 시내에서 월 2회 이상 운영을 한 이바쇼 24개소에 모인 이용자 504명을 대상으로 이바쇼 이용자 실태조사가 진행되었다. 이용자의 구성을 살펴보면 남성 18.0%(90명), 여성

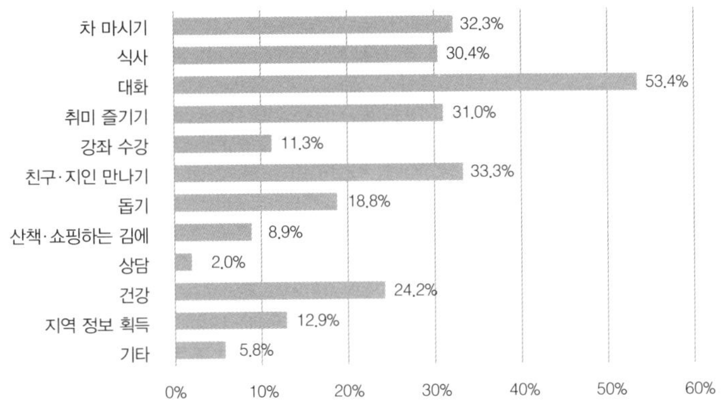

자료 3-7. 이바쇼를 이용하는 목적(N=504, 복수 응답)[11]

82%(411명), 무응답 3명으로 80% 이상이 여성이었다. 연령별로는 70세 이상이 64.3%(그중 27%가 80세 이상)로 고령자가 대부분을 차지했다. 이용하는 이바쇼까지 이동하는 데 소요되는 시간은 10분 이내가 42.1%, 30분 이내는 86.9%였다. 즉, 90%에 가까운 이용자들은 지역포괄케어 시스템에서 지향하는 바와 같이 일상생활 권역 내에 있는 이바쇼를 이용하고 있음이 확인되었다.

이바쇼를 이용하는 목적은 〈자료 3-7〉에 나타난 것과 같다. 대화가 50% 이상이었으며, 그다음으로 친구·지인과 만나기, 차 마시기, 취미 즐기기, 식사 등도 모두 30%를 넘겼다. 이처럼 주된 이용자인 고령자에게 도보로 왕래할 수 있는 일상생활 권역 내에 있는 '모임터'는 무엇보다 사람들과 이야기를 나눌 목적으로 찾는 곳이며, 친구나 지인과 만나거나 차를 마시거나 식사를 하거나 취미를 즐기는 공간이 되고 있

11 효고현립대학NPO연구연대센터·인정NPO법인커뮤니티·서포트센터고베 편, 「2021년도 이바쇼 매니지먼트 실태조사 중간보고서」, 5쪽 그림을 토대로 작성.

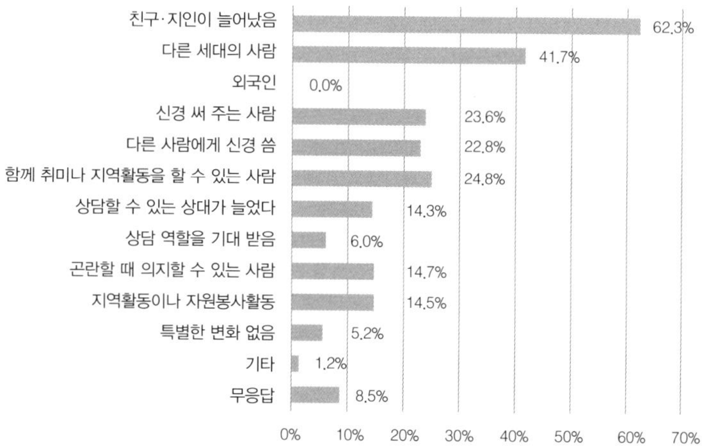

자료 3-8. 타인과 유대의 변화[12]

음을 알 수 있다.

이 조사에서는 이바쇼를 이용하게 된 이후의 변화에 대해서도 질문했다. 생활 면에서의 변화는 잠시 들러서 이야기를 할 수 있는 장소가 생겼다, 생활에 활력이 생겼다, 지역이나 사회의 과제에 관심을 가지게 되었다, 삶의 보람이 생겼다 등이 상위를 차지했고, "고령자에게 이바쇼에 참여하는 것은 정신적·신체적 효과와 더불어 지역이나 사회에도 관심을 가질 수 있도록 시야를 넓혀 주는 안테나 효과도 기대할 수 있음을 확인했다"(飛田敦子 2022: 6)라고 언급했다. 또 사람들과의 관계 면에서의 변화는 〈자료 3-8〉과 같다.

이바쇼에 참여함에 따라 "친구·지인이 늘었다"라고 대답한 사람은 60%가 넘었으며, 같은 세대뿐만 아니라 "다른 세대와도 관계 맺게 되었다"라고 대답한 고령자가 40% 이상이었다. 이러한 변화는 현대 일본

12 앞의 자료 7쪽 그림을 토대로 작성.

사회가 안고 있는 고령자의 사회적 고립을 예방하는 대책으로 이바쇼가 실제로 기능하고 있음을 시사하는 것이다. 나아가 이 조사의 결과를 통해 "이바쇼가 사람을 받아들이는 기능뿐만 아니라, 활동가를 길러내는 인큐베이터로서의 기능도 하고 있다"(飛田敦子 2022: 7)라는 것을 알 수 있다.

5. 모임터의 사례

다음으로 한신 지역에서 모임터를 제공하고 있는 NPO법인의 사례를 개관한다.

1) NPO법인 교도노와

고베시 히가시나다구에 있는 교도노와(きょうどうのわ)는 지역의 유대 만들기를 진행하는 NPO법인으로, 2014년에 설립되었다. 고베시의 인구는 약 150만 명이며, 9개의 행정구로 구성되어 있다. 고베시 동쪽에 위치한 히가시나다구는 인구 21만 4,000명, 고령화율은 23.6%(2020)로, 고베시 안에서는 고령화율이 비교적 낮은 구에 속한다. 교도노와는 바다를 향해 돌출된 인공섬(인구 약 2만 명)에 위치하고 있다.

본래 사회복지법인이 운영하는 노인 홈의 일각에 사무소를 두고 활동하였으나 코로나19 팬데믹 영향으로 NPO법인 활동을 종료하자는 의견도 제시되었다. 이 단체는 2016년부터 매년 '걸어서 이바쇼 맵'를 발행하고 있는데, 구내의 이바쇼를 한눈에 확인할 수 있는 지도를 제작하여 고령자나 관계자에게 알리기 위해 노력해 왔다.

자료 3-9. 고베시 지도

2017년 히가시나다구에 27개소가 있었던 이바쇼는 매년 증가하여 2021년 3월에는 42개소가 되었다. 그러나 코로나19 바이러스 감염을 예방하기 위해 운영을 중지하거나 결과적으로 이바쇼를 폐쇄하지 않을 수 없게 된 단체도 있었으므로 지역활동은 정체될 수밖에 없었다. 이에 본 단체는 NPO법인으로서의 활동을 이어가기로 결의하고, 2021년 10월에 "외출 제한이 이어지는 나날 속에서도 다양한 세대가 교류할 수 있는 장소를 제공한다"라는 목표를 가지고 새롭게 장소를 옮겨 '커뮤니티스페이스·RIC노와'를 개설했다. 지역 내에서 유대 만들기 활동을 하는 와중에 '여러 세대 + 다기능 + 상설'이라는 조건을 갖춘 지역의 이바쇼 만들기야말로 단체가 지향해야 할 목표라는 생각에 도달했던 것이다. 그때까지 이어 온 세대 연결(여러 세대 교류 사업)이나 이바쇼와 전문직의 네트워크 만들기, 강사 파견 등의 사업을 지속하면서 새롭게 350만 엔의 조성금을 얻어 '지역교류카페' 사업을 시작했다. 지역교류카페는 전체적으로 500만 엔 규모의 사업을 전개하고 있다.

여전히 코로나19 팬데믹의 영향이 심각한 가운데 상설 운영하는

사진 3-1. 카페 앞 공간에서의 살롱

사진 3-2. 음악 살롱

출처: NPO법인 교도노와

이바쇼를 개설하는 데는 많은 어려움이 있을 것으로 예상되었다. 하지만 매년 이어 온 '걸어서 이바쇼 맵' 중에서 20% 정도의 이바쇼가 사라지고, 장기간 활동을 지속해 왔던 풀뿌리 활동 조직이나 NPO법인이 해산되어 가는 상황에 강한 위기감을 느껴, 비록 상황이 매우 어렵더라도 지역 주민들의 유대 형성을 위한 공간을 존속하기 위해 결단을 내린 것이다.

'커뮤니티스페이스·RIC노와'의 특징은 고령자만을 대상으로 하는 것이 아니라 다양한 세대를 대상으로 하는 것으로, 그 활동도 다양한 기능을 가지고 있다. 매일 개최하는 '지역교류카페'나 '무엇이든 상담 살롱', 주 1회 초등학생을 대상으로 진행하는 '방과 후 이바쇼', 월 1회 실시하는 강좌 및 이벤트[컴퓨터·여성 건강·수공예 강좌, 고서점, 말차(抹茶)살롱, 육아 중인 엄마를 위한 수다 회의], 매일 주민들이 걸어와서 도장을 찍도록 함으로써 외출의 계기를 만들어 주는 도장 찍기 시스템 등 다양한 활동을 실시하고 있다.

교도노와의 2021년 사업은 크게 세 가지로 나뉘었다. 첫 번째는

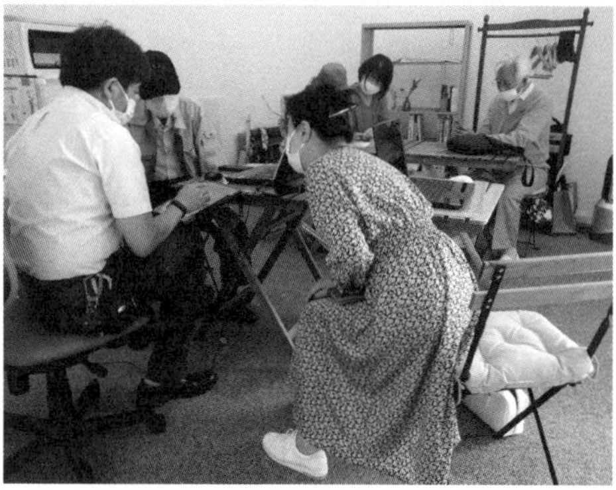

사진 3-3. 컴퓨터를 배우는 모습

사진 3-4. 카페 앞 공간을 활용한 콘서트

앞서 서술한 대로 지역 교류를 목적으로 한 '커뮤니티스페이스·RIC노와'의 개설이다. 두 번째는 '세대 연결'의 일환으로 지속 가능한 커뮤니티를 만들기 위해 여러 세대 간의 교류를 추진하는 사업이다. 예를 들어, 인공섬에 있는 다양한 단체가 상호 방문하면서 세대나 활동 분야를 넘어 연결될 수 있는 계기를 만들었다. 이것은 청년 및 자녀를 양육하는 세대와 시니어 세대의 단체가 공통적으로 가지고 있는 과제를 주제로 이야기를 나누면서, 단체 간 상호 이해의 단계에서 점차 연대로 발전시켜 나가도록 하기 위한 것이었다. 세 번째는 '무엇이든 상담 살롱'으로, 인공섬 내에서만이 아니라 히가시나다구 전체의 이바쇼와 전문직 커리어를 가진 사람을 연결하는 네트워크를 만드는 사업이었다. 코로나19로 이바쇼를 운영하는 단체들의 어려운 상황이 계속되는 가운데 이들 단체를 지원하기 위한 연수회나 교류회 개최, 전문가 파견을 통한 코디네이션, 홍보지나 지도 발행 등 네트워크를 활용한 지원활동을 전개했다.

NPO법인의 가장 심각한 과제는 재원의 확보인데, 교도노와도 예외는 아니다. 가령 지역에서 상설 카페를 운영함으로써 고령자에게 이바쇼를 제공하거나 매일 도장을 찍기 위해 방문할 곳을 제공하는 것은, 고령자가 지역사회와의 관계를 유지할 수 있도록 한다는 측면에서 지역 주민들에게 매우 의미 있는 활동이지만, 이로 인해 발생하는 사무소 임대료나 유급 자원봉사자의 인건비를 포함한 여러 가지 사업상의 경비를 충당하는 것은 결코 쉽지 않은 일이다. 현재 각각의 사업은 조성금을 가지고 실시하고 있으나, 조성금의 지속적이고 안정적인 확보가 보장된 것은 아니다. 따라서 항상 자금 조달에 고심하면서 사업을 운영하고 있다.

지역에서의 활동에는 지속성이 요구된다. 주민의 고립을 예방하기 위해서도 이바쇼가 항상 그곳에 존재하면서 지역 주민들의 생활 속으로 스며들어야만 필요한 때 그 기능을 제대로 발휘할 수 있다. 즉, '그곳에 이바쇼가 있는 것'이 의미가 있다고 한다면, 지속성을 담보하는 것이 무엇보다 우선되어야 할 과제다.

2) NPO법인 나고미

니시노미야시(西宮市)에 활동 거점을 둔 나고미(なごみ)는 2014년 7월 '아이들부터 고령자, 장애가 있는 사람까지 모든 주민이 익숙해진 마을에서 생활할 수 있도록 지역의 특성에 따른 매력 있는 마치즈쿠리를 진행하는 것'을 목적으로 설립되었다. 니시노미야시의 인구는 48만 5,000명, 고령화율은 23.9%(2020)로 전국 평균에 비해 비교적 젊은 세대가 많이 거주하고 있다. 오사카시와 고베시의 중간에 위치하여 산지와 바다 등 풍부한 자연환경에 둘러싸여 있으며, 많은 대학과 교육 문화 시설이 있는 문화·교육·주거 도시다. 인접한 고베시와 마찬가지로

1995년 한신대지진 때 궤멸적인 타격을 입었지만, 지금은 젊은 세대에게 인기가 있는 지역이 되어 지진 발생 이전보다도 인구가 큰 폭으로 증가했다.

이 단체는 니시노미야시 남동부에 있는 나루오(鳴尾) 지역에 활동 거점을 두고 있다. 나루오 지역은 고령화율이 27.9%로, 시 전체 평균에 비해 높은 편이다. 고령자 부부로만 구성된 세대의 비율도 제법 높으며, 1인 생활을 하는 고령자의 비율이 높다. 니시노미야시는 이 지역에 대해 "자치회·자주방재(自主防災) 조직, 사회교육단체 등 각종 단체의 담당 인력·후계자 부족 문제나 커뮤니티 약화로 인해 저하되고 있는 지역력 향상을 위해 각 지역 단체와 연대·협동을 강화할 필요"가 있다고 분석하고 있다(西宮市 홈페이지).

자료 3-10. 니시노미야시 지도

사진 3-5. 마치cafe나고미에 모인 사람들

사진 3-6. 마치cafe나고미의 내부

출처: NPO법인 나고미

이러한 특성을 가진 지역에서 창설된 비영리활동법인 나고미는 지역운영형 NPO법인으로서 주민 주체의 운영체제를 기본으로 하며, 주민단체나 사회복지협의회와의 연대를 통해 활동하고 있는 것이 특징이다. NPO법인으로 법인화하기 이전부터 뜻있는 주민들로 구성된 '나루오히가시 후레아이 마치즈쿠리 모임(鳴尾東ふれあいまちづくりの会)'을 운영하며 여러 세대가 어우러지는 교류의 장을 주 2회씩 개최했다. 그리하여 뜻있는 주민들의 모임과 사회복지협의회 혹은 지역포괄지원센터 직원 등 20명이 모여 매월 2회 위원회를 열고 여러 세대 간 교류나 아이들의 사회교육 등의 과제를 검토했다.

이러한 와중에 니시노미야시로부터 개호보험제도와 관련된 새로운 사업의 위탁을 제안받아, NPO로 법인화하게 되었다. 2014년에 NPO법인이 된 이후부터 개호보험제도의 개호예방·일상생활지원총합사업을 위탁받아 고령자를 주 대상으로 하는 교류 카페인 '마을cafe나고미'를 개설했다. 그 후 주민이 모일 수 있는 장소들을 파악하여 지도로 만든 '쓰도이바 맵(つどい場マップ)'을 모든 가구에 배포했다. 2017년

도에는 지역만들기지원사업을 위탁받아 본격적으로 지역 전체를 시야에 넣은 '공생형 사업'으로 이행했다. 인근 대학의 학생들과 함께 지역에 대한 조사를 실시하거나, 사회복지협의회와 연대하여 지역의 생활지원체제에 대한 검토회의를 실시하는 등 공생형지역교류거점사업의 보조금을 얻어 상설형 거점인 '마치cafe나고미'를 주축으로 지역활동을 전개하고 있다.

'마치cafe나고미'는 일요일을 제외하고 매일 9시부터 16시까지 운영하고 있으며, 100엔에 음료와 과자를 제공한다. 이곳에 가면 누군가를 만날 수 있다는 가벼운 마음으로 들를 수 있는 장소로서 지역 주민들의 거점이 되고 있다. 이곳은 코로나19 팬데믹 와중에도 2021년 연인원 7,357명이 이용했다. 필자가 방문한 날도 아침부터 고령자를 중심으로 다양한 사람들이 모여 차를 마시며 일상생활에 대해 이야기하는 장면이 펼쳐지고 있었다. 예를 들어, 어떤 여성 고령자는 "오늘 무를 삶으려고 생각 중이야"라며, 손에 무를 들고 요리에 대해 즐겁게 이야기했다. 또 어떤 남성 고령자가 "오늘은 백신 접종하는 날이야"라고 하자, 카페의 스태프가 어느 병원에서 예방 접종을 하는지, 컨디션은 어떤지 등 안부를 자연스럽게 묻는 모습도 보였다.

이 단체는 NPO법인으로, 재원 확보라는 과제를 안고 있는 것은 다른 법인과 마찬가지지만, 공생형지역교류거점사업을 수행하는 데 있어 지속성을 무엇보다 중시하여 안정적인 자금 확보를 위해 노력해 왔다. 그 결과 NPO법인으로서 사회교육사업, 생활지원사업, 지정관리사업, 다세대교류사업, 지역활성화사업, 지역·대학연대사업, 등교거부지원사업 등 다양한 사업을 시도하여 사회교육사업에 관해서는 니시노미야시와 협동으로 사업을 수행하고, 지정관리사업은 노인복지센터로부터 지정관리를 위탁받는 등 법인의 자체적인 체력을 기르기 위해 노력했다.

사업 규모는 2021년에는 약 1,978만 엔이었으며, 쓰도이바(つどい場) 사업의 거점인 '마치cafe나고미'에 한정하면 약 1,226만 엔 규모다. '마치cafe나고미'의 활동은 지역 만들기에 기여하는 생활지원사업으로 인정받아, 2022년도부터 공생형지역교류거점보조사업 대상으로서 제도화됨에 따라 보조금 600만 엔을 지원받고 있다. 600만 엔으로 모든 비용이 충당되는 것은 아니지만 이것은 매우 획기적이었다. 행정으로부터 위탁받은 사업은 저마다 돈의 용도가 정해져 있어서, 비록 목적이 동일하더라도 자유로운 예산 사용은 불가능한 경우가 대부분이기 때문이다. 그런데 니시노미야시와 이 단체가 협동하는 형태로 사업을 추진하자, 지역공생추진과(地域共生推進課)도 유연한 발상으로 대응하여 '마치cafe나고미' 사업을 지역 만들기 사업으로 인정하고 제도화함으로써 개호보험을 재원으로 하는 보조금을 안정적으로 확보할 수 있도록 했다.

이제 막 시작된 활동이기는 하지만, 이와 같은 유연한 사고를 통한 행정과 NPO의 협동, 나아가 주민단체와 사회복지협의회 혹은 지역포괄지원센터 등과 같은 전문 단체와의 협동을 통해 지역 만들기가 발전해 나가는 과정은 좋은 선례가 되었고, 곧 다른 지역으로의 확장도 매우 기대되는 상황이다.

6. 앞으로의 과제

2014년 개호보험법 개정 당시, 포퓰레이션 어프로치(population approach) 개념이 도입되어 지역지원사업 차원에서의 일반개호예방사업이 창설되었다. 이를 통해 모임터 등의 조치가 개호예방에 기여하는 것으로 인정되어 행정이 개호보험을 통해 재정적으로 지원하는 경우만이 아니라, 주민이 운영하며 개호예방에 기여한 것으로 시정촌에서 판단한 모임터가 순식간에 증가했다. 2014년에는 1,271개 시정촌(전체 시정촌의 73.0%)에 5만 5,521개소였던 것이, 2018년에는 1,558개 시정촌에 10만 6,766개소로, 거의 두 배로 증가했다(厚生労働省 2014; 2018). 단, 이것은 좁은 의미의 모임터에 한정된 것으로, 어디까지나 시정촌이 파악하고 있는 것에 한정된 숫자임에 주의해야 한다.

월 1회 이상 운영하고 있는 모임터에 참여하는 사람은 고령자 인구의 5.7%로, 주 1회 이상 개최되는 모임터로 제한할 경우 참여자는 고령자 인구의 2.2%에 불과하다. 넓은 의미의 모임터까지 포함하면 보다 높은 비율이 될 것으로 보이지만, 그 숫자를 정확히 파악하는 것은 어렵다. 후생노동성이 2014년 개호보험제도를 개정할 때 목표로 제시했던 것은 고령자 인구의 약 10%가 이용하도록 하는 것이었고, 개수로는 인구 1만 명당 10개소(厚生労働省 2016)를 확보하는 것이었다.

이것을 기준으로 할 경우, 인구 약 150만 명인 고베시는 약 1,500개의 모임터를 확보하는 것이 목표가 된다. 정확한 숫자는 파악할 수 없지만, 『제2회 이바쇼 서밋 in 고베 자료집』에 따르면 2017년 12월 시점에 316개소가 있었다(認定NPO法人コミュニティ·サポートセンター神戸 2017). 고베시의 홈페이지를 보면, 세 종류의 모임터(고베시에서는 '쓰도이노바'라고 부른다)에 대해 개최 장소나 활동 내역, 참가비 등 상세한 정보를 공개하고 있다.

2022년 8월 기준 지역거점형 일반개호예방사업으로서 주 1회 '쓰도이노바'를 개최하고 있는 거점은 182개소, 개호예방카페[13]는 43개소,

13 개호예방카페란 커피를 마시며 개호예방에 관한 건강 정보 등을 얻을 수 있는, 주

12월 기준 쓰도이노바를 운영하고 있는 장소는 204개소로, 고베시 내에 총 429개소가 어떤 형태로든 모임터를 제공하고 있다(고베시 홈페이지). 그러나 목표 숫자와 비교하면 현재 숫자는 목표의 30%에도 미치지 못해 여전히 부족한 상태다. 앞서 서술한 CS고베의 조사 결과에 따르면, 일상생활 권역 내의 이바쇼에 왕래하는 고령자가 약 90% 정도였는데, 이러한 결과가 나온 것은 조사 대상이 월 2회 이상 개최되는 이바쇼 24개소에 모이는 이용자(504명)로 한정되었기 때문인 것으로 추측된다. 즉, 조사 대상자는 가까운 곳에 이바쇼가 있으므로 그곳에 왕래하고 있는 것이라고 생각된다. 어쩌면 고령자에게는 가벼운 마음으로 걸어갈 수 있는 장소가 아니라면 모임터에 지속적으로 참여하는 것이 어려운 일일지도 모른다. 따라서 30분 이내에 오갈 수 있는 곳을 마련하는 것이 필요하며, 1만 명당 10개소라는 목표를 달성할 수 있도록 다양한 모임터가 정비되는 것이 바람직하다.

다음으로 모임터의 과제에 대해 살펴보도록 하자. 우선은 코로나19 팬데믹의 영향으로 인해 참여자가 감소했다는 문제가 있다. 지금까지의 연구를 통해 모임터 등에 참가함으로써 요지원·요개호 리스크의 악화가 억제되거나, 친구·지인이 늘고, 다른 세대와의 교류가 생겨나며, 지역사회에 대해 관심을 가지게 되는 등 좋은 변화가 일어난다는 것을 확인했다. 그러나 코로나19 팬데믹 속에서 대면 교류가 원천적으로 제한되거나, 고령자나 그 가족들이 감염에 대한 불안을 여전히 강하게 느끼며 참여를 꺼리는 경우가 많았기에, 모임터나 이바쇼의 진면목이 사라졌다. 모임터가 운영을 재개한 후에도 참여자가 격감한 상태에

민이 주체가 되어 운영하는 쓰도이바를 가리킨다. 2013년에 고베시와 주식회사 네슬레일본이 협정을 체결하여, 고령자가 모이는 장소에 네슬레일본이 커피머신을 무상으로 대여해 주면서 시작되었다.

서 회복되지 않는 사례도 있어, 모임터 운영에 위기감을 느낀 단체도 적지 않다.

두 번째로, 담당 인력의 부족이다. 모임터는 주민이 주체가 되어 운영하는 것이 기본이지만, 그 운영 인력은 해가 갈수록 감소하고 있다. 모임터의 활동 기간에 따라 상이한 과제를 가지고 있는데, 4년 이상 경과한 모임터에서는 단체를 운영할 인력의 부족이나 단체의 고령화 문제가 지적되고 있다(江尻愛美 등 2021). 코로나19 팬데믹의 영향으로 자원봉사자가 활동할 기회를 잃고, 지금까지 해온 활동조차 참가할 수 없게 되었다. 이런 상황에서 자원봉사 활동을 통해 형성되어 온 네트워크나 정보 교환도 어려워졌고, 이를 통해서 활성화되었던 봉사활동에 대한 관심이나 의욕도 기대할 수 없고, 새로운 활동에 뛰어들 기회도 박탈되고 있는 것으로 생각된다. 이와 같은 상황에서 담당 인력을 늘리기 위해 적극적으로 자원봉사 인재를 육성하는 것이 필요하며, 참여 동기를 부여하기 위한 노력도 필요할 것이다.

세 번째로, 활동을 지속하기 위한 자금 조달이다. 앞서 서술한 대로 모임터를 운영하는 자원봉사단체나 NPO법인은 경제적인 기반이 취약한 경우가 많다. 참여를 독려하기 위해 음료나 과자를 제공하는 경우, 요금은 가능한 한 저렴하게 설정하는데, 이미 소개한 것처럼 100엔 정도로 고정해 두는 경우도 있다. 따라서 모임터 운영만으로 충분한 수익을 확보하는 것은 어렵다. 그 대신 조성금이나 보조금 등 자금을 확보하여 운영에 충당하고 있으나, 이러한 자금은 지속해서 안정적으로 확보할 수 있는 것이 아니다. 유급 자원봉사자에 대한 보수 등을 최대한 억누르고 있는 것이 현실이지만, 그래도 인건비나 장소 임대료 등의 유지비가 필요하다.

네 번째로, 모임터에 참여할 수 없는 고령자에 대한 대책이다. 누구 한 사람 배제하지 않는 지역공생사회를 지향한다면, 모임터의 숫자를 제아무리 늘린다고 하더라도 여기에 참여할 수 없는 사람이 있다는 점을 잊어서는 안 된다. 처음부터 모임터에 대해서는 개호예방뿐만 아니라 사회적 고립을 예방하기 위한 효과적 수단이라는 기대가 있었다. 그러나 다양한 과제를 안고 있는 사람일수록 모임터에는 전혀 참여하지 않고 폐쇄적으로 고립되기 쉬우며, 건강상태도 나빠질 가능성이 있다.

특히 남성 고령자는 여성 고령자보다 사회적 고립에 빠지기 쉬우며, 도움을 요청하지도 못한 채 문제를 안고 살아가는 경우가 있다. 그 결과 최악의 경우에는 고립사로 이어져 아무도 임종을 지키지 못하고 사망한 이후에 발견되기도 한다. 우선은 지역 안에서 고립된 고령자가 얼마나 있는지 파악하고, 고립의 이유와 배경을 확인하여, 고립 해소를 위한 실마리를 찾기 위해 지역케어회의에서 검토하는 등 대책을 마련할 필요가 있다.

지금까지의 경과를 보면, 모임터가 고령자의 사회적 고립을 예방하는 데 중요한 역할을 하고 있음은 분명하다. 그러나 앞서 제시한 네 가지의 과제는 대다수 모임터가 공유하고 있는 어려움이며, 간단히 해결할 수 없는 것들이다. 개별 모임터를 운영하는 자원봉사단체나 NPO법인의 노력만으로 해결할 수 없는 문제도 다수 포함되어 있다. 따라서 앞으로 모임터의 활동을 더욱 발전시켜 나가기 위해서는 시정촌의 역할이 크다고 생각된다. 중요한 것은 인재 및 재원의 유효한 활용이다. 과거부터 문제로 지적되어 온 칸막이 행정을 타파하고 건강복지, 의료보건, 교육, 시민협동, 도시계획 등 다양한 부처가 서로 횡적으로 연대해 나가는 것이 필요하다. 그러한 연대 위에서 지역 주민, 지역연고단체, NPO법인, 기업, 의료나 복지 전문가 등과 협동하여 모두가 지역포괄케어시스템 구축을 위해 함께 노력할 필요가 있다.

7. 다양한 모임터를 확보하기 위한 협동의 필요성

이 글에서는 세계에서 가장 먼저 초고령화사회로 진입한 일본에서, 현재 심각한 사회문제로 대두되고 있는 고령자의 사회적 고립에 대해 논했다. 일본의 고령자가 사람들과 교류하는 방식은 비교 대상인 미국이나 유럽 국가들과 구별되는 특징을 가지고 있는데, 친구·지인이나 근처 이웃과의 관계보다 가족, 특히 자식과의 관계에 강하게 의존하고 있는 경향이 확인된다. 이에 앞으로 1인 생활 세대가 더욱 증가하면, 누구에게도 의지할 수 없는 불안한 생활을 맞이할 수밖에 없는 고령자가 증가할 것이라고 예상된다. 사회적 고립은 고령자의 신체적·정신적 건강을 해칠 뿐만 아니라, 영국에서 추산한 바와 같은 경제적 손실까지 고려하면 사회 전반에 심대한 피해를 초래한다. 영국이나 일본에서는 이미 그 대책을 국가 차원에서 강구하고 있으나, 아직은 시작 단계에 불과하다.

모임터는 주민이 주체가 되어 운영하는 것으로, 지역에서 생활하는 고령자들이 고립되지 않도록 하기 위한 조치인 만큼, 각 지역에서 이루어지는 실천이 결국 1인 생활을 하는 고령자에게로 이어지는지가 중요하다. 이러한 사명을 갖고 고령자에게 '모임터'를 제공하는 NPO법인이나 자원봉사단체의 활동을 더욱 활성화하고 발전시켜 나가기 위해서는 현재 직면한 과제가 무엇인지 정리하고 이를 해결하기 위한 지원을 할 필요가 있다. 중간 지원 단체인 NPO법인에 대한 행정적인 지원도 요구될 것이다. 고령자가 일상생활 중에 가볍게 들를 수 있는 '모임터'나 이바쇼가 자택 가까운 곳에 가급적 많이 있는 것이 바람직한 것은 당연하다. 앞으로 다양한 '모임터'를 확보하기 위해 주민이나 NPO법인, 자원봉사자 등 시민 차원의 실천과 지역포괄지원센터나 시정촌 등 행정 차원의 협동이 필요하며, 이것을 지원하는 현이나 국가 차원의 시책 마련과 추진의 중요성도 빼놓을 수 없다.

마지막으로 일본에서 이루어지고 있는 이와 같은 시도들이 가까운 미래에 초고령사회에 진입하게 될 한국에도 참고가 될 수 있기를 바라며, 이 연구를 가능하게 해준 서울대학교 일본연구소 관정일본연구프로젝트 일동과 관정이종환교육재단의 지원에 감사드린다.

제4장

퇴직한 남성들의 지역 데뷔

철학카페와 대화 장소 만들기*

야마 요시유키(山泰幸)

* 2021년 12월 6일에 개최된 서울대 일본연구소 관정일본연구지원사업 오픈 강좌 〈코로나19 위기 속 일본 사회의 일상과 돌봄〉에서 발표한 "日本高齢者の社会参与問題: コロナ19対応中心に(일본고령자의 사회참여 문제: 코로나19 대응을 중심으로)"를 수정 보완하였다.

1. 재해 지원과 공공인류학

최근 다양한 공공적 과제에 대한 연구자들의 참여가 늘어나고 있다. 즉, 연구자들이 다양한 관계자들과 협동하면서 이론적·실천적 노력을 기울임으로써 사회에 공헌하려는 여러 가지 시도를 하고 있다. 일본의 인류학 분야에서는 이와 같은 시도가 주로 '공공인류학(public anthropology)'이라는 이름으로 이루어지고 있다. 이는 미국의 인류학계가 "사회에 공헌하지 않으면 인류학은 더 이상 존속할 수 없다"라는 위기감 속에서 인류학을 적극적으로 공공 영역에 참여하고 사회의 개선에 공헌하는 학문으로 재정의하려는 동향을 반영하고 있는 것이다(山下晋司 2014). 그러나 일본에서 보다 직접적인 계기로 작용한 것은 2011년 3월에 원전 사고를 동반하여 발생한 동일본대지진이다. 피해자나 피재지(被災地)를 지원하고 자생력을 북돋우는 유효한 수단이라는 인식하에 인류학이 사회에 공헌하는 하나의 형태로서 피해자와 관계자의 협동을 통한 에스노그래픽(ethnographic) 조사 연구가 공공인류학이라는 이름으로 이루어졌다(関谷雄一·高倉浩樹 2019). 물론 이전에도 재해 지원에 집중하는 인류학적 실천이 없었던 것은 아니다. 그러나 대부분은 재해가 발생하기 전부터 관여해 온 현장에서 재해가 발생한 것을 계기로 "휩쓸리듯" 지원 활동을 실천한 경우(예를 들어, 清水展 2003)이고, 처음부터 공공인류학적 관심을 가지고 실천에 뛰어들었던 것은 아니다.

필자는 재해나 과소(過疏) 문제에서 지역 부흥이나 '마치즈쿠리' 등을 테마로 주민, 행정, NPO 측과 협동하면서 십수 년에 걸쳐 각 지역에서 실천적 연구에 종사해 왔다(山泰幸 2021a). 그러나 필자도 처음부터 공공인류학적 관심에서 이러한 활동을 시작한 것은 아니다. 현장에서 발생한 공공적 과제에 반쯤 우연히 관여하면서, 관계자와 협력하며 참여해 온 것이다. 그러나 이러한 필자의 노력도 일본에서 전개되는 공공인류학과의 연결 속에서 직간접적인 영향을 받으며 이루어졌다고 할 수 있다(山泰幸·関谷雄一 2019).

필자가 수행해 온 공공적 과제 중 하나가 재해다발 시대의 고령자 사회참여 문제다. 일본은 1970년에 65세 이상 고령자 비율이 전체 인구 대비 7%를 넘어 '고령화사회'에 진입하였고, 한신대지진이 발생한 1995년에는 고령화율이 14%를 초과하여 '고령사회'에 돌입하였다. 2007년에는 고령화율이 21%에 달하여 '초고령사회'에 들어섰고, 그 후로도 고령화율은 계속 상승하여 2021년에는 65세 이상 고령자가 전체 인구의 28.9%를 돌파하여, 세계 최고 고령화율을 보였다.[1] 이는 곧 재해 발생 시 돌봄이 필요한 요원호자(要援護者)가 증가하고 있음을 의미한다.

1995년에 발생한 한신대지진 당시에는 약 70%가 가족을 포함한 '자조(自助)', 약 30%가 이웃 등의 '공조(共助)'를 통하여 구출되었으며, '공조(公助)'를 통한 구출은 겨우 몇 %에 지나지 않았다고 알려져 있다.[2] 그 후 대규모 재해에서는 '자조'가 중심이 되며, 여기에 더하여 '공조(共助)'가 중요하다는 인식이 확산되었다. 그런데 초고령사회에 돌입하여 '자조'가 곤란한 재해 시 요원호자가 급격하게 증가하는 경향을 보이면서 지역 커뮤니티를 기반으로 하는 '공조(共助)'의 중요성이 점점 더 커

1 이하 이 글에서 사용하는 고령화 정도, 재해 사망자 수, 재해 관련 사건 수, 대학 진학률 등의 통계 데이터는 특별한 기재가 없는 한 내각부, 소방청, 문부과학성 등 각 정부 기관, 지자체가 홈페이지 게시 등을 통하여 공표한 보고서에 근거한 것이다.

2 자조(自助), 공조(共助), 공조(公助)는 모두 재해에 대응하는 방식에 관한 표현으로, 자조(自助)란 개인이나 가정이 자주적으로 대응하는 것, 공조(共助)는 지역사회가 공동으로 대비하고 대응하는 것, 공조(公助)는 지자체 등 공적 기관이 주체가 되어 대응하는 것을 가리킨다.

지고 있다. 그러나 이를 위해서는 평상시부터 고령자의 사회참여를 활성화할 필요가 있음에도 그렇지 못한 것이 현실이며, 이것이 커다란 문제가 되고 있다.

단적인 예로 '지역 데뷔'라는 말이 있다.[3] 이것은 자신이 살고 있는 지역과 별다른 유대가 없던 주민이 정년퇴직 후 지역 활동에 참여하는 것, 또 지역 활동에 참여함으로써 지역 커뮤니티 구성원으로 승인받는 것, 혹은 승인받으려고 하는 행동을 의미한다. 이 용어는 '단카이 세대'(1947~1949년 출생)라 불리는, 인구수가 압도적으로 많은 전후 베이비붐 세대가 60세를 맞이한 2007년 무렵부터 사용되었다.

샐러리맨으로서 도시에 살며 생애 대부분의 시간을 직장에 바쳐온 이른바 '회사인간'(대부분 남성)이, 60세를 넘겨 새롭게 지역과 관계를 맺고 새로운 인간관계를 구축하기란 결코 쉬운 일이 아니다. 회사에서 많은 부하를 통솔하는 관리직에 있었거나 사회적으로 높은 지위에 올랐다고 자부하는 사람이라면 더더욱 힘들다. 60세를 넘은 사람이 신입사원처럼 지역사회에 들어가는 것은 상당한 용기가 필요한 일임을 충분히 헤아릴 수 있다. 또 입사 시기나 직급에 따라 상하 관계가 확실히 구분되는 사회에서와 달리 지역사회에서는 주민들의 입장이 기본적으로 대등하기 때문에 상사가 부하에게 지시하듯 상대방을 움직이게 하는 것이 불가능하다. 자칫 현역 시절 지위를 드러내며 그 경험과 전문적인 지식을 동원해서 이야기하면 오히려 역효과가 나기 쉽다. 몸에 익숙한 상식이나 자신을 소개한 가벼운 이야기가 주위 사람들에게 잘난 척한다는 인상을 주고, 불쾌한 인물로 인식되어 미움을 받게 되기도 한

3 이하 이 글에서 언급되는 지역 데뷔 및 지역에서의 커뮤니케이션 방식에 관한 해설은 졸고(山泰幸 2021b)의 내용을 바탕으로 작성하였다.

다. 이처럼 지역사회에서의 커뮤니케이션 방식을 제대로 이해하지 못하면 지역사회에 좀처럼 녹아들지 못한다.

한편 자녀 양육을 매개로 지역사회에서 부모들과 교류를 해왔거나 초중등학교의 PTA(Parent-Teacher Association) 활동, 지역의 자치회 활동 등에 참가해 온 여성들(대부분 주부)은 지역 내에 안면을 트고 지내는 사람이 많을 뿐만 아니라, 장기간에 걸쳐 지역 내에서 강한 유대를 쌓은 인간관계를 구축하고 있다. 이런 여성들은 자녀 양육이 일단락된 후에도 다양한 지역 활동, 예를 들어 취미를 공유하는 동호회 활동이나 자원봉사 활동 등에 지인을 초대하거나 초대받기도 하면서 다양한 활동에 참여함으로써 인간관계를 넓혀 나가며 노후 생활을 즐기는 사람이 많다. 그러나 직업을 가지고 회사 중심으로 생활해 온 여성들은 정년퇴직한 남성들과 비슷한 상황일 것이다.

이처럼 '지역 데뷔'라는 말에는 정년퇴직 후에 지역과의 관계를 시작하는 것이 결코 쉽지 않은 도전이라는 의미가 담겨 있다. 그러나 뒤에서 자세하게 논하겠지만, 재해다발 시대에 돌입하여 대규모 재해가 빈번하게 발생하고 게다가 희생자 대부분이 고령자라는 사실을 상기하면, 고령자의 사회참여는 점점 더 중요한 과제가 되고 있다.

이처럼 재해다발 시대의 고령자의 사회참여라는 공공적 과제의 해결을 지향하며, 필자는 전후에 대규모로 개발된 교외 뉴타운인 효고현(兵庫県) 다카라즈카시(宝塚市)의 노인복지센터와 협력하여 정기적으로 '철학카페'라는 이야기 나눔의 장을 운영해 왔다.

이 글에서는 '철학카페'를 소개한 후 일본에서 철학카페를 도입한 경위를 개관하고, 철학카페가 받아들여진 일본의 사회 상황을 확인할 것이다. 그런 다음 필자가 공공인류학적 실천의 일환으로 수행해 온 노인복지센터에서의 철학카페 운영 경험에 대해 검토하도록 하겠다.

2. '철학카페'란

프랑스 파리에는 일요일 아침마다 사람들이 카페에 모여 다양한 주제에 대해 이야기를 나누는 '철학카페(café philosophique)'라 불리는 모임이 있다. 음료값만 지불하면 누구나 참여할 수 있고, 이름을 밝힐 필요조차 없다. 어떤 의견이라도 이야기할 수 있고, 듣기만 해도 상관없다. 결론을 내거나 합의를 도출할 필요도 없다. 참가자들은 다양한 의견을 공유할 뿐이다. 철학자 마르크 소테(Marc Sautet)가 1992년 12월 13일, 바스티유 광장 앞 '카페 드 파르(Café des Phares)'에서 시작한 것이 최초라고 알려져 있다.

일본에서는 철학자 와시다 기요카즈(鷲田清一)가 1995년 1월 17일에 발생한 한신대지진 후 재난을 당한 사람들에게 가까이 다가가는 것이 철학자의 임무라고 생각하여 본격적으로 철학적인 대화를 개시한 것이 시초로 알려져 있다. 그 후 와시다는 당시 자신이 소속되어 있던 오사카대학교에 임상철학연구실을 설립하고 철학적인 대화를 통하여 사람들의 목소리를 듣는 활동을 시작하였다. 2000년대 들어 이 임상철학연구실 출신들이 '카페필로(Cafe Philo)'라는 단체를 설립하고 각지에서 철학카페를 개최하였다. 2011년 3월 11일에 발생한 동일본대지진은 이러한 철학카페 활동이 보다 활발히 전개되는 계기가 되었다. 원전사고로 재난을 당한 후쿠시마 지역을 비롯하여 쓰나미 피해를 입은 도호쿠(東北) 각지에서 철학카페 활동이 왕성하게 이루어졌다. 피해지역인 센다이(仙台)에 위치한 '센다이미디어테크'는 철학카페의 거점 중 한 곳이 되었으며, 현재 와시다가 이곳의 관장을 맡고 있다(鷲田清一 2014).

또 다른 흐름도 있다. 하와이에서 시작된 '아이들을 위한 철학'

의 영향을 받아 '철학대화' 방법을 일본에 도입한 것이다. 도쿄대학 교수이자 철학자인 가지타니 신지(梶谷真司)가 대표적인 인물이다. 그는 2012년 하와이의 한 초등학교에서 '철학대화'를 접하고 아이들이 철학적 주제에 대해 자신들의 언어로 즐겁게 대화하는 모습에 충격을 받아, 어른들도 이러한 활동을 즐겁게 할 것이라고 생각하여 일본 각지에서 철학대화를 실천하고 있다(梶谷真司 2018).

신종 코로나 바이러스가 전 세계적으로 유행한 것을 계기로 이러한 철학카페나 철학대화의 시도가 일본 전역으로 확산되었다. 신종 코로나 바이러스 감염 방지를 위해 일본 정부는 사람들 간의 접촉을 제한하고 물리적 거리를 두도록 하는 사회적 거리두기 시책을 실시하였다. 또한 집단감염 방지를 위하여 밀폐·밀집·밀접 등 이른바 '3밀'을 피하도록 요청하였다. 그러나 이로 인하여 사람들 사이 교류가 사라지고 사회적 고립이 문제로 대두하였으며 고독사 증가에 대한 우려도 제기되었다. 마치 이러한 상황에 저항이라도 하듯, 온라인 공간에서 철학카페, 철학대화가 활발히 이루어졌다. 온라인이 아니더라도 감염 예방에 주의를 기울이며 개최되는 오프라인 철학카페나 철학대화를 포함하면 현재 일본 각지 수백 곳에서 이러한 활동이 정기적으로 이루어지는 것으로 추정된다.[4]

미국의 사회학자 에릭 클라이넨버그(Eric Klinenberg)는 1995년 시카고 폭염 당시 생사를 가른 주요 요인으로 사회적 고립 문제를 지적한

4 현재 인터넷상에는 철학카페나 철학대화 개최 정보를 제공하는 각종 웹사이트가 개설되어 있다. 이러한 사이트들의 면면을 살펴보면 홋카이도부터 오키나와까지 전국 각지에서 개최되며, 도쿄나 오사카 등 대도시에서는 다수의 장소에서 정기적으로 개최되고 있음을 알 수 있다. 인터넷으로 정보를 제공하지 않은 철학카페까지 포함한다면 상당히 많은 모임이 존재한다고 여겨진다.

바 있다. 사람들이 자유롭게 모여드는 도서관이나 학교, 공원 등 '사회적 인프라'가 충실히 갖추어진 지역은 그렇지 못한 지역에 비해 생존율이 높았을 뿐 아니라, 평상시에도 주민들의 평균 수명이 압도적으로 길다는 사실이 밝혀졌다(エリック クリネンバーグ 2021). 이처럼 사람들이 자유롭게 모일 수 있는 장소, '사회적 인프라'의 중요성을 역설하는 내용이 담긴 그의 저서 일본어판 제목은 『모일 장소가 필요하다(Place for the People)』이다. 사람들이 재해에 대응하여 살아남기 위해서는 모일 수 있는 장소가 절실히 필요한 것이다. 여기에 더하여 필자는 "이야기 나눌 장소가 필요하다"라고 주장하고 싶다.

필자는 재해나 인구 감소 문제를 겪고 있는 지역의 부흥이나 '마치즈쿠리' 등을 주제로 주민, 행정, NPO 등 다양한 관계자들과 협력하면서 십수 년 동안 여러 가지 실천적 연구를 수행해 왔다. 그 과정에서 깨달은 것은 지역 안에 사람들이 모여 여러 가지 주제에 대하여 자유롭게 이야기 나눌 수 있는 장소가 존재하지 않는다는 사실이었다. 도서관이나 학교, 공원 등과 같은 사회적 인프라가 갖추어져 있지 않기 때문은 아니다. 일본의 경우, 그러한 사회적 인프라는 지방의 과소지역이라도 충실히 갖추어져 있는 경우가 많다.

문제는 사회적 문제나 지역이 안고 있는 문제, 인생의 고민 등을 포함한 '진지한' 화제에 대하여 이야기하는 사람도 주저하고, 듣는 사람도 어떻게 반응해야 좋을지 모르기 때문에 이러한 이야기를 하는 것이 '매너'에 반하는 일, 이른바 '터부'시되고 있다는 것이다. 즉, 제아무리 물리적 장소가 갖추어져 있다고 하더라도, 설령 그 장소에 모일 수 있는 기회가 있다고 하더라도 이야기를 나눌 수 없는 것이다. 이러한 현상은 대부분 '진지한' 주제에 대해서 이야기를 나누어 본 경험이 없을 뿐만 아니라, 시도할 기회 자체도 없었으므로 대화를 나누는 방식에 대해 체험적으로 배울 기회가 부재했던 것에서 기인한다. 이야기를 나눌 수 없다면 문제의식을 공유할 수도 없고, 문제 해결을 위하여 협력해서 행동으로 옮기는 일은 더더욱 어려울 것이다. 필자는 2013년 4월부터 1년간 프랑스 유학 기회를 얻어 파리에서 철학카페를 접했다. 이것이 마치즈쿠리에 도움이 될 것임을 직감하여, 귀국 후 각지의 마치즈쿠리 현장에 철학카페를 도입했다.

일본에서는 철학카페가 한신대지진을 계기로 시작되어 동일본대지진을 통해 후쿠시마를 비롯한 도호쿠의 재해 지역을 중심으로 널리 퍼져 나갔다. 그리고 코로나19 팬데믹을 거치면서 온라인을 포함해 전국으로 일거에 확대되어 현재에 이르렀다. 이러한 현상에서 알 수 있듯이, 일본적 맥락에서 철학카페는 재해를 경험한 사람들이 재해에 대응하여 살아남기 위한 필요성에서 시작되어 점차 확장되었다고 생각된다.

3. 대규모 재해와 철학카페

한신대지진에서 시작되어 동일본대지진을 거쳐 코로나19 팬데믹까지 엄청난 피해를 가져온 대규모 재해를 겪으며 철학카페가 널리 퍼졌다는 사실은 시사하는 바가 크다. 이는 곧 '이야기 나눌 장소'가 필요한 사회적 상황이 생겨나고 있다는 의미이기 때문이다. 그럼 일본에서 철학카페가 생겨난 사회적 배경을 확인해 보겠다.

한신대지진은 앞서 언급한 것처럼 현대 사회에서 철학카페가 시작되는 데 중요한 계기가 되었다. 한신대지진으로 6,000명 이상이 사망했는데, 이는 제2차 세계대전 이후 일본에서 최대 규모의 재해였다. 고도의 경제성장을 거쳐 성숙사회에 접어든 일본에서 고베라는 대도시를 습격한 도시형 재해라는 점도 커다란 특징이라고 할 것이다. 간사이(関西) 지역에는 대지진이 발생하지 않는다는 '신화(神話)'도 있었기에, 많은 사람에게 실로 예상 밖의 대재해가 되었다.

한신대지진을 통해 드러난 중요한 문제 중 하나가 바로 '재해관련사(災害関連死)'다. 재해관련사란 재해가 직접적 원인이 된 사망과 별개로, 생존자 중에서 피난소 생활 등으로 인한 피로가 중첩되어 지병이 악화되거나, 유대감 상실로 인한 사회적 고립이나 고독이 동반되는 스트레스로 인하여 재해 이후 사망하는 경우를 가리킨다. 진재(震災) 관련 죽음은 따로 진재관련사(震災関連死)라고 부르기도 한다. 한신대지진에서는 약 6,400명의 사망자 중에서 940명, 2011년 3월 동일본대지진에서는 약 2만 2,000명의 사망자·행방불명자 중 약 3,700명이 재해관련사로 분류되었다. 2016년 4월 구마모토 지진 때는 희생자 273명 중 218명이 재해관련사로 분류되어 전체 사망 건수 중 재해관련사가 80%를 차지하였다. 즉, 재해관련사가 압도적으로 많았다. 코로나19 팬데믹의 경우에도 자살과 고독사 증가 문제가 종종 보도되었다. 주목해야 할 것은 재해관련사 대부분이 고령자에 집중되어 있다는 점이다.

또한 한신대지진에서는 65세 이상 사망자가 43%를 넘어, 인구 대비 약 3배에 달하였고, 이로 인해 재해약자인 고령자의 증가에 따른 피난 문제, 재난 이후의 피로나 스트레스, 사회적 고립이나 고독사를 예방하기 위한 유대 관계의 유지, 커뮤니티의 중요성 등을 새로 인식하게 되었다. 마음 케어의 필요성이 제기되기 시작한 것도 한신대지진 이후다.

한신대지진을 겪으며 고령자의 재해 대응 문제가 현실화되었으나, 일본이 초고령사회에 진입한 이후 발생한 2011년 3월 동일본대지진, 2016년 4월 구마모토 지진, 2017년 서일본호우피해 등에서는 그 문제의 심각성이 더욱 증가하였다. 예를 들어, 2018년 6월 28일부터 7월

8일에 걸쳐 발생한 서일본호우의 경우 서일본 지역이 광범위하게 피해를 입었는데, 사망자 263명 중 70%가 고령자였다. 피해가 가장 심각한 오카야마현(岡山県) 마비초(真備町)에서는 사망자 51명 중 90%가 고령자였다. 하천이 범람하면서 삽시간에 발생한 홍수로 인해 고지대에 있는 피난소로 가지 못하고 자택 2층으로 피신하려다가 계단을 채 올라가지 못하고 익사한 결과였다.

마비초는 큰 수해 피해가 발생했던 1972년과 1976년 이후 구라시키시(倉敷市) 중심부로 통근하는 신규 주민의 베드타운으로 개발되어 인구가 증가한 지역이다. 따라서 상당수 주민이 수해에 관한 경험이나 지식이 없어 큰 피해를 입은 것으로 여겨지기도 한다. 또 '헤이세이(平成)의 대합병'을 통해 구라시키시에 흡수되어 주변부에 위치한 마비초에 시청 등 행정기관의 배려가 미치지 못한 점도 지적되었다. 필자가 실시한 피재자 인터뷰에서는 오래 이어 온 인간관계나 주변과의 관계가 없어 일상에서 커뮤니케이션이 거의 이루어지지 않았기 때문에 긴급피난 시 연락이 불가능했다는 이야기도 들었다.

평소 일상적인 커뮤니케이션이 없으면 긴급 시 서로 연락하기가 불가능하다는 점은 많은 지역의 공통적인 문제다. 이는 유대감 상실이나 사회적 고립, 고령자의 고독사 문제와도 관련이 있다. 즉, 재해에 대응해야만 하는 지역사회 자체가 이미 문제를 안고 있는 것이다. 바꾸어 말하면, 지역사회가 잠재적으로 안고 있는 문제가 재해를 계기로 드러난 것이다.

초고령사회에 진입한 일본은 지역 커뮤니티를 창조하고 유지하며 운영하는 지혜나 방법을 포함해, 넓은 의미에서 재해문화 육성이 필요한 시점에 놓여 있다. 철학카페도 지역사회가 안고 있는 이러한 문제를 극복하기 위한 새로운 방안 중 하나라고 생각된다.

4. 노인복지센터와의 협동 실천

필자는 다카라즈카시 노인복지센터와 협력하여 2018년 1월부터 매월 1회 철학카페를 개최해 왔다. 코로나19로 인하여 2020년 2월을 마지막으로 2021년 4월까지 1년 정도 휴지기를 가졌다. 그동안 노인복지센터에서 열리던 다른 강좌들도 모두 폐쇄되었다. 특히 철학카페는 좁은 교실에 둥그렇게 모여 앉아 커피를 마시면서 이야기를 나누기 때문에 가장 피해야 할 활동으로 간주되었다. 그러나 많은 참가자로부터 재개해 달라는 요청이 있어, 2021년 5월부터 감염 예방에 철저한 주의를 기울이며 재개하였다. 그 후 매월 개최하여, 2023년 9월에는 통산 46회를 맞이하였다.

한신대지진 당시에는 사망자가 6,000명 이상 발생했다. 고베시 4,564명, 니시노미야시(西宮市) 1,126명, 아시야시(芦屋市) 442명, 다카라즈카시 117명 등이었다. 다카라즈카시는 지역복지에 관해 선진적인 지역으로 유명하다. 그 중심에 있는 다카라즈카시 사회복지협의회는 일본의 지역복지를 대표한다고 할 수 있다. 한신대지진 당시 큰 피해를 입은 것을 계기로, 지역복지의 필요성을 절실히 인식하고 지역복지에 한층 더 노력을 쏟게 되었다(藤井博志 2015). 그 대표적인 노력 중 하나가 '후레아이·이키이키살롱(ふれあい·いきいきサロン)'[5]이다. 주민들 간의 자주적인 교류 활동의 장, 지역 안에서 사람들이 모일 수 있는 장소로서의 살롱 활동이 활발해져, 2019년 기준 186개 단체가 활동하고 있다(宝塚市社会福祉協議会 2020). 이러한 배경이 철학카페가 도입되는 과정에서

---

5 후레아이(ふれあい)는 사람과 사람 사이의 접촉을, 이키이키(いきいき)는 생기가 넘치는 활기찬 모양을 의미한다.

토양이 되었다고 생각한다.

덧붙이자면, 필자가 프랑스 유학에서 돌아온 후 2014년부터 최초로 철학카페를 시작한 지역이 니시노미야시와 아시야시의 경계에 위치한 찻집이었다. 그곳에서 어느 정도 가능성을 확인하고 각지의 '마치즈쿠리' 현장에서 실적을 쌓은 다음, 다카라즈카시에서도 철학카페를 개최하였다. 돌이켜 보면 다카라즈카시, 니시노미야시, 아시야시는 모두 한신대지진 당시 피해 지역이었고, 참가자도 대부분 재난을 당한 경험이 있는 사람들이었다. 그런 점에서 보면, 필자가 시도한 철학카페 역시 다른 많은 철학카페와 마찬가지로 피재지라는 토양을 배경으로 하고 있는 것이다.

노인복지센터에서는 60세 이상 다카라즈카 시민을 대상으로 연중 예술이나 건강, 취미와 관련된 각종 강좌나 이벤트를 개최하며 고령자들의 동호회 활동을 지원하고 있다. 이 노인복지센터와는 2009년 무렵부터 매년 수차례씩 평생교육을 위한 교양강좌 등에 강사로 참여하며 교류해 왔는데, 몇 년 전 담당자에게서 상담 의뢰를 받았다. 노인복지센터가 제공하는 각종 강좌와 이벤트에 참가하는 사람 대부분이 여성이고, 남성 참가자가 매우 적다는 고민이었다. 이러한 현상은 전국적으로 비슷하였다. 앞서 언급한 '후레아이·이키이키살롱'의 경우에도 참가자는 고령자뿐이고, 그중 80%가 여성이며, 대부분 홀로 생활하는 고령자라는 사실이 알려져 있다(宝塚市社会福祉協議会 2020).

이전에는 대학에서 교원 자격으로 교양강좌를 진행하며 노인복지센터의 활동에 어느 정도 공헌해 왔다. 그런데 노인복지센터는 사회복지 분야의 연구자뿐만 아니라 인류학자나 사회학자들에게도 매력적인 현장이다. 지역의 고령자가 많이 모이는 장소인 만큼 고령자들을 대상으로 인터뷰를 진행하여 다양한 정보를 얻을 수 있다는 점만으로도 연구자에게는 충분히 매력적이라고 할 수 있다. 또한 노인복지센터의 조직이나 활동 자체를 조사하여 에스노그래피를 쓰는 것도 가치 있을 것이다. 그러나 이러한 방식은 인류학자가 기존의 연구 대상에 관여하는 방식과 다른 점이 없다. 필자는 이러한 방식으로 노인복지센터에 관여하는 것은 생각해 본 적도 없고, 바라지도 않았다.

그러나 이때 반쯤 우연한 계기로 노인복지센터가 직면하고 있는 과제, 즉 남성 고령자의 사회참여를 어떻게 촉진할 것인가 하는 공공적인 과제를, 전문가 입장에서 관계자와 협력하면서 해결할 필요성이 생겼다. 그렇지만 이처럼 현장에서 발생하는 문제에 대해서는 전문가가 따로 없다. 사회복지 전문가가 이론적으로 설명하고 조언한다고 현장의 문제가 해결되는 것은 아니다. 전문가는 '고령자의 사회참가를 촉진해야 한다'고 이상적인 방향을 제시할 수는 있지만, 구체적으로 어떻게 실현할 것인가에 대해서는 아무런 대답도 주지 않기 때문이다.

물론 지역 안 개별 분야의 문제, 예를 들어 복지·교육·방재·환경·관광 등에는 그에 상응하는 분야별 전문가가 존재한다. 그러나 현장에서 발생하는 실제 문제는 개별 분야의 문제에 그치지 않는다. 전체적인 상황을 고려하면서 현장에 관여할 필요가 있다. 다양한 배경을 가진 주민들을 상대해야 하는데, 그 주민들은 특정 개별 문제에만 관련된 것이 아니며, 실제로는 그런 개별 분야 문제에 관심조차 없는 경우가 대부분이기 때문이다. 또 문제를 해결하기 위해서는 주민들뿐만 아니라 다양한 입장이나 생각을 가진 관계자들과도 협력할 필요가 있으므로 실제로는 관여도 협동도 결코 쉽지 않다. 오히려 전문가가 없는 현장의 문제이다 보니 마치즈쿠리 현장에서 장기간 관계자와 협력하면서 실천적 경험을 쌓아 온 필자에게 이러한 상담을 해온 것이다.

지금 돌이켜 보면, 노인복지센터 담당자의 상담 요청을 받고 이것이 공공인류학적 실천을 할 귀중한 기회라고 직감하여 적극적으로 응하였다.

5. 철학카페의 운영

남성 고령자의 사회참여가 좀처럼 진전되지 않는 배경에는, 앞서 언급한 것과 같은 '회사인간' 특유의 문제에서 비롯되는 다음과 같은 저해 요인이 있다고 생각된다. 우선 고학력 고령자의 증가다. 단카이 세대의 경우 이미 남성의 대학 진학률이 20%를 넘었고, 현재 65세 남성은 40%가 대학 졸업자다. 그런데 매년 증가하는 고학력 고령자는 지역의 노인복지센터 등이 제공하는 취미나 오락 등에서 지적인 만족을 느끼지 못하는 경우가 많다.

필자는 그동안의 경험을 통해 철학카페에는 정년퇴직한 남성 고령자가 많이 참여한다고 느껴 왔기에, 남성 고령자의 사회참여 문제를 해결하기 위한 실마리로서 철학카페를 제안하였다. 당초 담당자는 이것을 일회성 이벤트로 진행할 생각이었으나, 필자의 경험상 그래서는 철학카페의 방식에 익숙해질 수도 없고, 제대로 이야기할 수도 없어 갑갑함만 남길 것이니 몇 차례는 반복할 필요가 있다고 주장하였다. 그 결과 2018년 1월부터 3월까지 매월 1회, 총 세 차례 개최하였다.

당시 10여 명이 참가하였는데, 대부분 남성이어서 담당자도 매우 놀랐다. 참가자들로부터 호평을 받아 그해 5월부터 매월 1회 정기적으로 개최하게 되었다. 이후로도 매회 참가자의 절반 이상은 남성이었다. 다른 강좌들의 경우 여성들만 참가한다는 점을 고려할 때 이는 놀라운 수준이었다. 고령자 복지 전문가들로부터도 주목받았다. 성별 참가자 수를 기록하기 시작한 2022년도 데이터를 보면, 절반에서 3분의 2 정도가 남성이다.

노인복지센터의 철학카페는 매월 1회, 월요일 10시 30분부터 12시까지 개최한다. 시작 시간이 되면 담당자가 철학카페의 사회를 맡은 필자의 소속과 전문 분야, 노인복지센터에서 담당하는 다른 강좌 등에 대하여 간단히 소개한다(사진 4-1). 필자는 참가자들에게 인사한 다음 철학카페의 진행 방식에 대해 설명한다(사진 4-2). 거의 매회 참가하는 사람, 이따금 참가하는 사람, 오랜만에 다시 찾아온 사람 등 참가 경험이 있는 사람이 대부분이지만 그래도 처음 참가하는 사람이 매회 몇 명씩 있다. 따라서 필자와 노인복지센터가 지금까지 맺어 온 인연이나 파리의 철학카페에 대한 소개를 한 다음 철학카페 진행 방식 등을 설명하는데, 매번 반드시 같은 내용을 전달하려고 신경 쓴다.

일본인은 사람들 앞에서 자기 의견을 잘 이야기하지 않으려는 경향이 있어서 철학카페를 열어도 잘될 리 없다는 말을 듣기도 했다. 그러나 철학카페를 시작할 때, 이야기 나누는 규칙을 잘 설명하면 적극적으로 이야기하는 사람도 많고, 오히려 시간이 부족한 경우도 빈번하다. 사람들 앞에서 자기 의견을 잘 이야기하지 않는 것은, 일반적으로 일상생활의 커뮤니케이션에서는 대화 규칙이 명시되지 않다 보니 그 자리가 어떠한 자리인지 잘 파악되지 않아 불안감이 생기기 때문이다. 그러나 철학카페에서는 대화 규칙을 명시하므로 안심하고 이야기할 수 있다.

필자는 철학카페의 진행 방식에 대해 다음과 같이 설명한다. 파리의 철학카페는 서서 구경하는 사람도 있을 정도로 항상 만원이기 때문에 모든 참가자에게 발언 기회가 돌아가지 않을 수 있고, 서로 이름을 밝힐 시간도 없거니와 그럴 필요도 없다. 그러나 노인복지센터의 철학카페는 참가자가 10여 명이고, 둥그렇게 둘러앉아 있으므로 순서대로

사진 4-1. 노인복지센터 담당자가 철학카페의 사회를 맡은 필자를 소개하는 모습(2021. 12. 6)

사진 4-2. 철학카페의 진행 방식을 설명하는 필자(2021. 12. 6)

이름과 사는 지역 정도를 포함하여 간단히 자기소개를 한 다음 그날 논의 주제에 대해 의견이 있으면 짧게 이야기해 달라고 말한다. 이것은 참가자 전원이 한 번씩 발언 기회를 가져 서로에 대해 알 수 있도록 하기 위한 방식이다.

필자의 왼쪽에 앉아 있는 사람부터 시계방향으로 차례대로 자기소개를 하고, 의견이 있는 사람은 이를 표현한다. 그중에는 자기소개만 하고 "오늘은 여러분의 이야기를 들으러 왔습니다"라고 말하며 다른 사람의 이야기를 듣기만 하는 사람도 있다. 순번이 한 바퀴 돌 때쯤이면 시간이 절반 정도 지나는데, 간혹 몇 사람이 발언을 더 할 수도 있다. 그러나 참가자가 많은 날이나 그날 주제에 따라 각 발언자의 이야기가 길어지면 차례를 한 바퀴 도는 것만으로 시간이 거의 다 지나 버릴 때도 있다.

철학카페를 진행할 때 필자가 중요하게 생각하는 규칙은 '상대방의 의견을 비판해도 좋지만 부정해서는 안 된다'는 것이다. 상대방의 발언에 대해 근거를 제시하면서 반대 의견을 이야기하는 것은 문제없지만, 무조건 부정하는 것은 금지다. 여기에는 부정적인 표정이나 태도도 포함된다. 이것은 상대방의 인격을 존중하고 경의를 표하기 위해서다. 발언하는 행위 이면에는 자기 의견이 어떻게 받아들여질지, 혹시 부정적으로 받아들여져 체면이 구겨지는 것은 아닐지 하는 불안감이 자리 잡고 있기 때문이다. 따라서 발언이 끝나면 매번 모두가 박수를 치도록 하고 있다. 박수 치는 행위로 서로의 의견에 경의를 표하면 발언자의 마음이 편안해지고, 무엇보다 분위기가 매우 좋아진다. 누군가 발언할 때마다 회의장에 박수 소리가 울려 퍼지며, 때로는 웃음이 피어나 화기애애한 분위기가 조성된다(사진 4-3).

15분 정도 남았을 때는 자유토론을 끝내고 다음 주제를 정한다. 참가자가 순서대로 다음 시간에 논의하고 싶은 주제를 한 가지씩 제안하고 다수결로 최종 결정한다(사진 4-4).

2018년 1월에 열린 제1회 철학카페에서는 필자가 제안한 '배움'을 시작으로, 제2회와 제3회 때는 '즐겁게 산다는 것'과 '건강하게 산다는 것'이라는 주제로 각각 이야기를 나누었다. 철학카페가 정규 프로그램이 된 다음 첫 번째로 진행된, 통산 4회째 주제는 필자가 제안한 '만

사진 4-3. 자유토론을 진행하는 모습(2021. 12. 6)

사진 4-4. 다음번 논의 주제를 다수결로 정하는 모습(2021. 12. 6)

남'이었으나 그 후 모든 주제는 참가자가 다수결로 결정하였다. 주제를 순서대로 열거하면 '행복이란', '인생을 마무리하는 방법이란', '인간은 무엇을 위해 사는가', '지금, 즐거운 일', '친구', '꿈'으로 이어졌다(자료 4-1). 2019년도에는 '기쁨이란', '지금부터 해야 할 일', '나의 인생을 바꾼 일', '편리함이란', '최선을 다한다는 것이란', '고집이란', '고독이란', '안심의 조건이란', '즐겁게 산다는 것이란', '음식과 건강이란' 등이었다

(자료 4-2). 2020년도에는 코로나19 팬데믹으로 약 1년간 운영을 쉬었지만, 2021년에 재개한 이후 이야기 주제는 '무엇을 위해 살아가는가', '고독이란', '사람과의 교제란', '말씨란', '문화란', '노화란', '상식이란', '돈과 사랑', '다양성을 인정한다는 것이란' 등이었다(자료 4-3). 2022년에는 '교육이란', '질병이란', '목숨보다 소중한 것이란', '산다는 것이란', '자유롭게 산다는 것이란', '고독이란', '능숙한 삶이란', '~다움이란', '종교란', '취미란', '일본의 안전보장이란' 등을 주제로 이야기를 나누었다(자료 4-4).

이러한 주제들을 살펴보면 다른 철학카페에서도 일반적으로 다루는 것, 즉 추상적이고 관념 그 자체에 대해 깊이 생각해 보는 주제나 시사 문제 등 사회적으로 이슈가 되는 문제임을 알 수 있다. 한편, 남은 인생을 어떻게 살 것인가, 건강하고 즐겁게 충실한 인생을 보내기 위해서 필요한 것은 무엇인가 등 인생에 관련된 주제도 자주 다룬다. 주제를 보면 고령자의 관심사항이 잘 드러난다.

노인복지센터에서 철학카페를 정규 프로그램으로 편성하면서 적극적으로 홍보한 덕분에 2018년도 상반기에는 참가자가 일시적으로 20명을 넘기기도 했으나 서서히 10여 명 정도로 안착되었다.

앞서 언급한 것처럼 2020년도에는 코로나19로 인하여 약 1년간 노인센터의 모든 강좌가 폐쇄되었으나, 재개했으면 좋겠다는 요청이 많아 2021년도부터 감염 예방에 철저한 주의를 기울이면서 철학카페를 재개하였다. 코로나19 팬데믹 이전에는 다카라즈카시의 장애인취업계속지원B형사업소(장애복지서비스)에서 제조·판매하는 커피를 200엔에 받았다. 이것은 음료값을 지불하고 대화에 참여한다는 파리 철학카페의 방식을 답습한 것이었는데, 코로나19 팬데믹 이후에는 감염 예방을 위해서 페트병에 담긴 차로 바뀌었다.

자료 4-1. 2018년도 정규 프로그램 편성 이후의 철학 카페 주제와 참가자 수

일정	주제	참가자 수
5월 17일	만남이란	26
6월 22일	행복이란	24
7월 12일	인생을 마무리하는 방법이란	29
9월 27일	인간은 무엇을 위해 사는가	23
10월 30일	지금, 즐거운 일	21
11월 22일	친구	19
2월 15일	꿈	13

자료 4-2. 2019년도 철학 카페 논의 주제와 참가자 수

일정	주제	참가자 수
4월 5일	기쁨이란	13
5월 10일	지금부터 해야 할 일	13
6월 7일	나의 인생을 바꾼 일	12
7월 15일	편리함이란	12
8월 19일	최선을 다한다는 것이란	12
9월 20일	고집이란	11
11월 22일	고독이란	12
12월 13일	안심의 조건이란	13
1월 29일	즐겁게 산다는 것이란	11
2월 27일	음식과 건강이란	11

재개 후 첫 번째로 진행된 2021년 5월 철학카페에서는 1년 전에 결정해 둔 '무엇을 위해 살아가는가'라는 주제로 논의를 진행하였다. 흥미로운 것은 이 자리에서 6월 논의 주제를 다수결로 정한 결과 '고독'이 선정된 것이다. '고독'은 2019년 11월(이후 2022년 9월에도 다루었다)에

자료 4-3. 2021년도 논의 주제와 참가자 수

일정	주제	참가자 수
5월 17일	무엇을 위해 살아가는가	15
6월 14일	고독이란	17
7월 12일	사람과의 교제란	10
9월 13일	말씨란	16
10월 18일	문화란	14
11월 19일	선거란	12
12월 6일	노화란	13
1월 24일	상식이란	15
2월 21일	돈과 사랑	15
3월 28일	다양성을 인정한다는 것이란	14

자료 4-4. 2022년도 주제와 남녀별 참가자 수

일정	주제	참가자 수	성별	
			남성	여성
4월 11일	교육	12	6	6
5월 16일	질병	15	8	7
6월 27일	목숨보다 소중한 것	16	9	7
7월 11일	산다는 것	15	9	6
8월 8일	자유롭게 산다는 것	13	7	6
9월 12일	고독	16	9	7
10월 31일	능숙한 삶의 방식	15	8	7
11월 14일	~다움	9	6	3
12월 19일	종교	15	9	6
1월 25일	(폭설로 휴식)	-	-	-
2월 13일	취미	8	6	2
3월 27일	일본의 안전보장	14	8	6

도 주제로 다룬 적이 있는데, 또다시 선정된 것은 코로나19 시기를 거치면서 '고독'이 많은 참가들에게 관심 대상이 되었기 때문이다.

6. 철학카페의 역할

그렇다면 철학카페에서는 어떠한 일들이 이루어지고 있을까? 이 점을 고찰하기 위해서는 먼저 지역사회 커뮤니케이션 방식을 확인해 둘 필요가 있다.

민속학자 야나기타 구니오(柳田国男)에 따르면, 과거에는 지역에서 생활해 나가기 위한 지혜를 전수하는 교육이 중시되었다. 야나기타는 이것을 '평범교육'이라고 불렀다(柳田国男 1990[1938]). 지역에서 살아가려면 어느 집 자식이든 지역에서 생활하기 위한 커뮤니케이션 방식을 반드시 습득해야 했다.

그런데 메이지 이후 근대에 접어들면서 학교에서 높은 성적을 거두어 입신출세하기 위한 엘리트 교육이 국가 전반에 걸쳐 장려되었다. 비범해지기 위한 교육이라는 의미에서 야나기타는 이것을 '비범교육'이라고 하였다. 그 결과 경쟁 원리에 입각하여 남들과 다른 것을 옳다고 여기는 비범교육에 순응한 많은 사람이 입신출세의 신화를 믿고 고향을 떠나 도시에서 생활하는 샐러리맨이 되었다.

지역 데뷔의 어려움은 비범교육을 받고 그 가치관을 믿으며 살아온 사람들이 나이가 들어 다시 새롭게 평범교육을 배우는 과정에서 겪는 곤란함이라고 할 수 있다. 특히 도시에서 사는 회사인간 대부분은 태어난 고향이 아니라 직업 때문에 우연히 이주해서 살게 된 지역에 데뷔하게 된다. 오래 생활해 온 곳이라 하더라도 거의 관계를 맺지 않은 지역에 데뷔하면서 처음으로 자신이 '외부인'이라는 사실을 깨닫는다. 또한 회사생활을 하며 뼛속 깊이 밴 사고방식이나 태도에 묶여 있기 때문에 지역 커뮤니티에서 생활하는 데 필요한 지혜나 방식을 배워야 한다는 이중삼중의 갈등을 겪는다. 정년을 맞이한 후 고향으로 복귀했다가 유턴하는 사람들이 나타나는 현상도 이러한 갈등이 배경에 있다고 생각된다. 한 번 고향 밖으로 떠났던 사람이 고향에 돌아오더라도 적응하기란 결코 쉬운 일이 아니다.[6]

긴 세월 직장생활을 하며 회사인간이라는 '틀'에 규정된 커뮤니케이션 방식에 익숙해진 사람에게 지역 데뷔란 흡사 해본 적 없는 스포츠 시합에 연습도 없이 갑자기 참가하는 것과 같다. 지역에서의 커뮤니케이션 방식도 하나의 '틀'인 이상, 익숙해지지 않으면 좀처럼 활용할 수 없다.

보통 커뮤니티에서는 신입이 곁눈질로 배워 가며 커뮤니티 활동에 참여하는 과정에서 어느 사이 몫을 제대로 해낼 수 있도록 하는 배움의 방식을 가지고 있다. 레이브와 벵거(Jean Lave and Etienne Wenger)는 이러한 배움의 방식을 '정통(正統)적 주변참가(legitimate peripheral participation)'라고 하며, 이러한 방식을 가진 커뮤니티를 '실천 커뮤니티(community of practice)'라고 부른다(レイヴ·ヴェンガー 1993).

배움의 방식을 위와 같이 포착하는 것은 도제(徒弟) 방식에서 힌트를 얻은 것이다. 이 방식은 신입이 '신입' 입장으로 커뮤니티에 받아들

6 사회학자 도리고에 히로유키는 야나기타의 주장을 실마리 삼아 평범교육이란 "자신들의 커뮤니티를 잘 회전시켜 나가기 위한 지혜의 전수"이며 "커뮤니티는 평범교육을 담당해 온 기나긴 전통이 있다"라고 지적하면서 커뮤니티가 지역에서 생활하는 아이들의 평범교육을 담당하는 유니크한 사례들을 소개한 바 있다(鳥越皓之 2008). 지역 커뮤니티에서 살아가기 위한 지혜와 방법이, 오늘날 정년퇴직을 맞이한 수많은 고령자에게도 절실히 요구되고 있다.

여지고, 처음에는 ‘주변’ 위치에서 ‘백지와도 같은 상태’로 출발하여 점차 ‘틀’을 몸에 익혀 나가는 과정을 잘 설명해 준다. 그런데 여기에서 주목할 부분은, 이미 하나의 ‘틀’에 익숙해진 사람이 새로운 ‘틀’에 다시 적응하기 위해서 커뮤니티에 신입으로 들어가기 직전 단계다. 지역 데뷔 과정에서는 ‘주변’ 위치에 서기 직전 단계에서 실패하는 경우가 많기 때문이다.

이 문제를 해결하기 위해서는 틀을 배우기 위한 ‘장소’를 의식적으로 확보해야 한다. 즉, 지역 커뮤니티에서 살아가는 데 필요한 지혜나 방식을 배우기 위한 ‘장소’가 있어야 한다. 이러한 ‘장소’가 일정한 프로세스로서 지역 커뮤니티에 정착된다면 실천 커뮤니티에서 말하는 이른바 ‘주변’의 역할을 훌륭히 수행할 수 있을 것이다. 필자가 철학카페에 기대하는 역할 중 한 가지가 바로 이 점이다.

7. 공공인류학의 실천

필자는 철학카페를 시작할 때마다 규칙에 대한 안내와 함께 보충 설명을 꼭 덧붙인다. ‘철학자의 이름이나 전문 용어의 의미를 알 필요는 없고, 꼭 그것을 사용해서 이야기할 필요도 없다. 자신의 경험을 바탕으로 이야기를 들려주면 충분하며 오히려 그편이 더 바람직하다’고. 이런 보충 설명을 하는 이유는 철학카페에 처음으로 참가하는 사람들은 자기소개를 할 때 거의 “저는 철학에 대해 완전 문외한이라서 어려운 이야기는 할 줄 모릅니다”라는 식의 말을 앞세우기 때문이다. ‘철학’이라는 말에서 느껴지는 난해한 이미지가 아무래도 신경 쓰이는 모양이다.

그러나 위와 같은 변명을 하는 참가자 중에는 신문이나 책 읽기를 좋아하고 최근 베스트셀러나 고전에 대해서도 잘 알며, 시사에서 각종 사회문제에 이르기까지 다양한 주제에 문제의식을 가지고 있는 사람도 많다. 또 일상 회화에서 그다지 사용하지 않는 어려운 용어가 종종 튀어나오기도 하고, 조리를 갖추어 논리정연하게 이야기하는 사람도 많다. 자기 의견이 정론이라며 강하게 주장하는 사람이 있는가 하면, 결론을 내지 않고는 못 견디는 사람도 있다. 주위 사람들로부터 인정받고 싶다는 마음 때문인지 지식이 풍부하다는 것을 과시하거나 현역 시절 직함이나 활약상을 자랑삼아 이야기하는 사람도 있다.

자기가 하고 싶은 이야기만 길게 늘어놓으며 주제와 관련 없는 말을 하는 사람도 있고, 결국 무슨 이야기를 하려는 건지 알 수 없는 경우도 있다. 그러나 그런 사람도 몇 번 거듭해서 참가하다 보면 점차 자신이 왜 이런 이야기를 하는지 제대로 말하는 방향으로 변해 간다. 어려운 용어를 쓰거나 지나치게 원론적인 이야기를 하던 사람도 차츰 구체적인 예시를 제시하고 설명을 곁들이며 이해하기 쉽도록 말하게 된다.

횟수를 거듭할수록 자기 의견을 잘 이야기하고 상대방의 의견을 듣는 태도도 갖추게 된다. 함께 협력하면서 기분 좋게, 충실한 시간을 보낼 수 있도록 대화하는 방식이 형성되고 공유되는 것이다. 나아가 선배 참가자들이 신입을 잘 이끌며 자연스럽게 커뮤니케이션 방식을 배울 수 있도록 돕는 모습도 나타난다.[7]

---

7 철학카페의 여러 사무를 맡고 있는 노인복지센터 담당자는 다음과 같이 표현한다. “남의 이야기를 듣는 것이 이렇게 어려운 일인 줄 몰랐습니다. 그러나 참가자분 모두가 매우 열심히 이야기를 들으며, 이야기하는 사람이 어떤 사람인지 열심히 이해하려고 노력하는 것처럼 보였습니다. 서로가 어떤 사람인지 이해하는 것이 유대감 형성으로 이어진다고 생각합니다. 최근에는 매번 참가하는 참여자가 새로운 사람을 초대해서 데려오는 경우가 늘어나고 있습니다. 뭐라고 말해야 좋을지 모르

일반화하여 이야기하면, 철학카페에서 이루어지는 것은 다른 커뮤니케이션 방식과 잘 조화를 이루기 위한 작업이며, 일종의 이문화(異文化) 간 커뮤니케이션 방식의 습득이다. 참가자들은 지역사회에서의 커뮤니케이션 방식을 차츰 익혀 나간다.

이것이 가능한 이유는 철학카페의 커뮤니케이션 방식이 상대방의 이해를 돕고자 하는 배려에 기초하기 때문이다. 즉, 상대방의 인격을 존중하고 경의를 표한다는 사실을 실감하기 때문이다. 이로써 과도하게 체면을 지키려 노력할 필요도 없고, 편안한 마음으로 차분하게 커뮤니케이션하게 된다. 어빙 고프먼(Erving Goffman)의 말을 빌리면, 서로의 체면을 지키고 장소의 질서를 유지하기 위한 의례로서 상호행위(interaction ritual)가 잘 기능하기 때문이다(アーヴィンク ゴッフマン 2010).

다양한 배경을 가진 고령자가 지역사회에 순조롭게 적응하게 하려면 커뮤니케이션 방식을 습득할 수 있는 이야기 나눔 장소가 지역사회에 더 많이 만들어져야 한다.

필자의 활동도 공공적 과제에 연구자가 참여하고 관계자와 협력하며 사회에 공헌하고자 하는, 비록 작지만 공공인류학적인 실천일 것이다.

겠지만, 한 가지 주제로 이야기 나누면서 함께 성장하는, 신기한 장소가 되고 있는 것 같습니다."(철학카페 종료 후 인터뷰, 2021. 11. 19)

제Ⅲ부

팬데믹 속에서 드러난 과제

제5장

돌봄과 감시의 동거

코로나19 사태와 '자숙경찰'*

김경화

* 2023년 12월 서울대학교 비교문화연구소에서 발간하는 『비교문화연구』 제29집 제2호에 게재된 "글로벌 팬데믹과 감시의 문화적 전개: 일본 사회의 '자숙경찰'을 사례로"를 수정 보완하였다.

1. 일본의 코로나19 사태 대응과 '자숙경찰'

'자숙경찰(自粛警察)'이란 방역을 위한 자숙 가이드라인을 위반하는 주체를 사적으로 감시, 적발하고 공공연하게 비난과 공격을 가한 일종의 자경단 행위로, 코로나19 초기에 일본에서 자주 보고되었다. 글로벌 팬데믹은 전 인류를 공포와 불안으로 몰아넣었다. 한국을 포함해 전 세계에서 동일한 행위, 혹은 유사한 정황이 관찰되었다. 다만 일본에서는 이 경향이 다른 지역보다 현저했고, 그러다 보니 신종 바이러스에 대한 공포와 불안 속에서 불거진 사회적 현상으로서 큰 관심을 끌었다. 자숙경찰이라는 단어가 '아베노마스크', '사회적 거리두기', '3밀' 등과 더불어 2020년 신조어/유행어 후보로 선정될 정도였다(ユーキャン 2020. 12. 1). 이 현상이 특히 일본에서 두드러지게 된 배경으로서 일본 정부가 펼쳤던 코로나19 방역 정책의 특수성을 이해할 필요가 있다.

2020년 3월 세계보건기구는 코로나19 바이러스로 인한 글로벌 팬데믹을 선언했다. 일본 정부는 국경 통제의 강화 및 집단감염 위험지역(클러스터)의 집중 관리, 중증자 치료에 중점을 둔 방역 정책을 실행하는 한편, 일반 시민의 바이러스 전파 및 감염 위험을 최소화하기 위해 '사회적 거리두기(social distancing)'의 실천을 요청했다. 예를 들어, 꼭 필요하지 않은 외출을 삼가고 집에 머무를 것을 권장하는 '스테이 홈', 가능한 한 '3밀(밀폐·밀집·밀접)'을 피할 것 등의 자숙 가이드라인이 제시되었다. 공공장소에서의 마스크 착용, 대면 접촉을 동반하는 모임의 자제, 음식점이나 술집 등의 영업시간 단축 등도 권장되었다. 다만 이런 가이드라인을 법적으로 의무화하지 않고 시민들의 자발적인 준수를 권장하는 형태를 취했다. 같은 시기에 북미와 유럽, 중국을 포함한 아시아 여러 나라에서는 '록다운(lockdown, 특정 지역의 전면적인 봉쇄 및 이동 제한)', 출입국 제한, 집합 금지 조치의 법적 의무화 등 공권력을 적극적으로 동원한 강제적인 정책이 시행되었다. 개인의 행동을 법적으로 통제한 다른 나라와 대조적으로, 일본 정부의 방역 정책은 오로지 개인의 자발적인 판단과 실천에 근거하는 자숙(自粛)을 주축으로 삼았다는 점이 특징적이었다.

일본 정부의 자숙 중심의 방역 정책에 대해서는 코로나19 초기부터 대체로 비판적인 견해가 제시되었다. 예컨대, 이지마 와타루는 당시 일본 정부에 감염병 대책을 세우고 효과적으로 실행에 옮길 대응 태세가 부재했다고 지적한다(Iijima 2021). 코로나19 바이러스의 위험이 전 세계에 회자되기 시작한 2020년 1월, 일본 정부는 내각부에 '신종 코로나 바이러스 감염병 대책본부'와 산하 '신종 코로나 바이러스 감염병 대책 전문가회의'를 설치하고, 이를 중심으로 방역 대책을 수립해 나갔다. 하지만 이 조직은 미국의 '질병예방관리센터(CDC)'나 한국의 '질병관리청'처럼 감염병 관련 전문가가 대응 방법을 만들고 총괄적으로 방역을 관리, 실행할 수 있는 체제를 갖추고 있지 않았다. 이 때문에 방역 정책에서 전문성과 시의적절한 대응이 부족했다는 비판에 자주 직면했다.

2000년대 초반 한국, 대만 등 아시아 국가들은 중증급성호흡기증후군(SARS, 이하 사스), 중동호흡기증후군(MERS, 이하 메르스) 등 신종바이러스로 인한 국가적 위협을 경험했고, 이후 대규모 감염병 사태와 관련한 대책에 대한 사회적 논의가 진행되었다. 예를 들어, 한국에서는 2003년 사스 바이러스로 인한 감염자가 소수 발생한 적이 있다. 이후 체계적인 방역 체계가 부재하다는 비판적인 여론이 제기되었고, 그 결과 2004년에 감염병 대응을 위한 정부 차원의 전문 조직이 신설되었다. 그런데 일본에서는 사스 및 메르스 사태로 인한 피해가 거의 없어, 결과적으로 국가적 방역 시스템을 정비할 필요성을 감지할 만한 직접적인 계기가 없었다. 코로나19 사태는 일본 사회가 사실상 처음 경험한 대규모 감염 위협이었다. 또한 글로벌 팬데믹이 선언된 2020년에 도쿄올림픽 개최를 앞두고 있었으므로 혼란은 더욱 컸다. 세계적인 감염병 국면이 언제까지 계속될지 예측하기 어려운 상황에서 경제활동을 현저하게 위축시키는 강제 조치를 시행하는 것에 대한 정책적 부담이 컸다는 것이다.

2020년 4월 7일 일본 정부는 '긴급사태선언'을 통해 공식적으로 시민들에게 자숙을 요청했다. 일본 시민들은 정부의 자숙 방역에 비교적 성실하게 협력했다. 대도시의 유동인구는 뚜렷하게 감소했고, 공공장소에서의 자발적 마스크 착용도 대체로 잘 지켜졌다. 기업은 재택근무를, 학교는 온라인 수업을 적극적으로 도입했다. 도시의 음식점과 술집 등은 자율적으로 영업시간을 단축하거나 영업을 중지했다. 하지만 그럼에도 불구하고 확진자 수가 오히려 급증하는 등 감염병에 대한 불안과 공포는 사그라지지 않았다. 이런 상황에서 공공장소에서 마스크를 착용하지 않는 개인이나 영업을 지속하는 음식점, 술집 등에 대한 적발과 공공연한 공격 행위가 빈발했다. 특히 글로벌 팬데믹 초기였던 2020~2021년에 개인이나 영업점들을 사적으로 감시·적발하고, 때로는 공격·징벌하는 행위가 반복적으로 보고되었다. 일본의 매스미디어는 이런 현상에 '자숙경찰' 혹은 '마스크 경찰'이라고 이름 붙였다.

2020년 5월 9일 자 NHK 보도에 따르면, 코로나19로 인한 비상사태선언이 내려진 도쿄의 한 라이브 바에서 라이브 연주 영상을 인터넷으로 공개했다. 그러자 이 동영상을 본 시민이 영업장의 출입구에 '자숙하기 바란다. 다음에는 경찰에 신고하겠다'는 내용의 쪽지를 붙여 놓은 것이 발견되었다. 실제로 그 라이브 연주는 손님이 없는 상태에서 진행되었지만, 그런 사실을 확인하지 않은 채 사적인 적발 및 경고가 이루어진 것이다(NHK 2020. 5. 9). 미야모토 겐타(宮本健太 2021)에 따르면, 영업장에 위협적인 문구로 자숙을 요청하는 내용의 쪽지나 벽지를 붙이는 것, 타지에 등록된 차량 및 운전자에게 폭언이나 공격을 가하는 것, 외출하는 사람 혹은 영업을 지속하는 가게 등을 공개적으로 비방·비난하는 콘텐츠를 소셜미디어(이하 SNS)에 올리는 행위 등이 전형적인 형태였다. 비방이나 욕설까지는 아니어도, 개인이 SNS에서 댓글의 형태로 설교나 비난을 담은 코멘트를 받는 경우도 적지 않았다.

자숙의 사전적 의미는 '스스로 자신의 행동을 조심하다'이다. 즉, 타인에게 아무런 요청을 받지 않은 상태에서 수행하는 자발적인 실천을 뜻한다. 그런 점에서 '누군가에게 자숙을 요청한다'는 표현은 그 자체로 모순적이다. 더구나 일본에서는 시민의 자발적인 협력이 방역 정책의 주축이었기 때문에, 방역 지침을 어기는 행위를 법적으로 제재할 근거가 없었다. 역설적으로 이 점이 감염병에 대한 불안과 공포가 확산되는 상황에서 방역 지침 미준수자에 대한 사적인 감시와 적발을 부채질했다. 다른 한편으로는 법적인 근거가 전혀 없었던 만큼, 이러한 사적인 감시 및 적발을 일탈 행위로 볼 만한 여지도 컸다. 일본 사회의 이런 특징적인 상황 속에서 자숙경찰 현상이 불거졌고 활발하게 담론화되었다.

2. 자숙경찰을 보는 두 가지 관점

글로벌 팬데믹 상황에서 불거진 일본의 자숙경찰 현상을 어떻게 보아야 할까?

자숙경찰은 코로나19와 관련한 일본 사회의 독특한 상황과 관련지어 이해할 필요가 있다. 일본 정부가 방역의 주축으로 삼았던 자숙

방침은 개인의 자구적인 경찰 활동을 부추겼다. 뒤에 자세히 기술하겠지만, 공동체 성원 사이의 동조압력이 비교적 강한 일본 사회의 문화적 특징이 자숙경찰 현상에 강한 영향을 미쳤다는 분석도 제기되었다. 공동체를 위해 개인의 희생과 협력을 중시하는 일본의 문화적 성향이 자숙의 가이드라인을 지키지 않는 일탈자를 적대시하는 정서적 배경이 되었다는 것이다.

하지만 앞서 언급했듯이 글로벌 팬데믹 국면에서 개인이 일상에서 타인을 감시하는 경향은 일본에만 국한된 것은 아니었다. 굳이 자숙경찰이라는 호칭을 붙이지 않았을 뿐, 코로나19 때는 전 세계에서 방역이라는 사회적 명분을 지렛대 삼아 감시와 통제가 일상화됐다. 글로벌 팬데믹 상황에서 개인 간의 상호 감시가 사회적 정당성을 획득하고, 온오프라인 공간에서 다양한 방식으로 심화되었다. 즉, 일본의 자숙경찰 현상은 감염병 국면에서 감시사회가 심화된, 전 세계적인 경향의 일환으로도 볼 수 있다. 따라서 이 현상이 일본에서 더욱 주목받고 '자숙경찰'이라는 독자적인 개념으로 자리매김한 것은 사실이지만, 오로지 일본 사회에서만 일어난 것이라고 주장하기는 어렵다.

일본의 자숙경찰은 서로 다른 두 가지 맥락에서 이해될 필요가 있다. 일본 사회의 특수한 상황을 배경으로 불거진 현상이라고 보는 측면과 글로벌 팬데믹으로 인한 전 세계적인 경향의 연장선으로 보는 측면이다. 이 글에서는 우선 자숙경찰 현상의 개별 사회적 맥락을 기술하기 위해, 일본 국내외에서 제시된 자숙경찰과 관련한 담론을 폭넓게 분석한다. 자숙경찰에 주목하는 담론은 코로나19 팬데믹 초기에 활발하게 제시되었는데, 이에 이 글은 2020년 3월 글로벌 팬데믹 선언 이후 약 2년 동안(2020~2022년) 자숙경찰에 대한 일본 매스미디어의 기사, 논문, 정부나 개인 명의로 발행된 출간물 등을 분석한다. 이 시기에는 자숙경찰 현상이 빈번했을 뿐 아니라, 사회적으로도 관심이 높았다. 이때 일본 국내에서 제출된 견해들은 이후 자숙경찰을 분석한 국내외 연구에 영향을 미쳤다. 이 글은 전체적으로 일본의 사례를 기술한 담론을 주요 분석 대상으로 삼는 한편, 때때로 한국 등 일본 이외 지역에서의 비교문화적인 사례를 보조적 관점으로서 제시한다.

한편, 자숙경찰을 글로벌 팬데믹이라는 국면에서 분석하기 위해 '돌봄 감시(careful surveillance)'와 '폴리옵티콘(poly-opticon)'이라는 기술사회적 개념에 주목한다. 전 인류의 건강을 위험에 몰아넣은 전대미문의 코로나19 사태 속에서 감시의 역할은 사회적 돌봄이라는 영역으로 확대됐다. 마스크 착용, 대면 만남의 절제 등 개인의 방역 지침 준수 여부가 공동체의 공통적인 관심사가 되면서 개인 간의 감시가 일상화되었다. 특히 자숙경찰이 일본의 SNS 공간에서 두드러진 현상이었다는 점도 디지털 정보 기술을 활용한 감시사회라는 측면에서 시사적이다. 결과적으로 이 글은 일본의 자숙경찰 현상을 둘러싼 상이한 두 담론을 고찰한다. 이를 통해 자숙경찰을 일본 문화라는 개별성에 주목하는 담론과 글로벌 팬데믹과 감시사회라는 보편적 맥락에서의 담론이 서로 교차하는 중층적 현상으로 기술하고자 한다.

3. 자숙의 문화, 자숙의 역사

1) 동조압력의 문화적 맥락

앞서 기술한 것처럼 자숙경찰 현상은 개인의 자숙을 주요한 방역 가이드라인으로 삼은 일본 정부의 방역 정책을 배경으로 불거진 현상이었다. 그런데 일본 국내에서는 이 현상을 일본 방역 정책의 특수성보다는 공동체의 화합을 중시하는 일본의 문화적 특징과 관련짓는 관점이 더 활발하게 제시되었다.

자숙경찰에 대한 매스미디어의 일차적인 반응은 대체로 비판적이었다. 예를 들어, 자숙경찰은 "이해하기 어려운 행동"(毎日新聞 2020. 5. 7)이며, "위험한 정의감"(日本経済新聞 2020. 5. 17)이 반영된, "파시즘과 유사한 행동"(朝日新聞 2020. 6. 9)이라는 등 부정적인 보도가 대부분이었다. 일본 법무성은 홈페이지에 '자숙경찰과 잘못된 정의감'이라는 제목의 웹페이지를 개설하고 사적인 경찰 행위의 자제를 요청했다. 이 게시물은 자숙경찰을 신종 바이러스에 대한 과잉 공포와 왜곡된 정의감으로 인한 것이라고 지적하며, 외국인을 향한 차별 및 혐오 발언과 동등한 수준의 일탈로 정의했다(法務省 2020).

이런 비판적인 담론의 이면에는 자숙경찰을 일본 문화의 특징이 발현된 현상으로 자리매김하는 견해가 두드러졌다. 대표적인 것이 자숙경찰은 일본 문화의 동조압력(同調圧力)이 과도하게 발현된 결과(鴻上尚史·佐藤直樹 2020)라는 견해다. 사토 나오키(佐藤直樹 2023)는 자숙경찰이 법적인 구속보다 더 엄격하게 개인의 행동과 사고를 규제하는 동조압력의 문화 속에서 불거진 '일본 특유의 현상'이라고까지 주장했다. 이러한 관점은 일본 내 매스미디어에서도 빈번하게 수용되면서(예를 들어, 毎日新聞 2020. 5. 22) 활발하게 담론화되었다. 이런 담론들은 대체로 일본 사회에 대해 비판적인 성찰을 요구하는 내용이었지만, 자숙경찰을 일본 사회의 지극히 개별적인 맥락에서 이해한다는 점에서 폐쇄적인 관점을 고수한 것도 사실이었다.

일본 문화의 동조압력이 자숙경찰 현상을 부채질한 주요 요인으로 지목되었다. 동조압력이란 공동체의 질서를 중시하고 개인이 다수의

의견에 거스르는 것을 꺼리는 성향을 뜻하는데, 일본 문화의 집단주의적인 성향을 설명하는 개념으로서 폭넓게 받아들여진다. 예를 들어, 야마모토 시치헤이(山本七平 1977)의 '공기론'은 동조압력을 일본 문화의 주요한 특징으로 자리매김한 대표적인 일본문화론이다. '공기를 읽다(空気を読む)'라는 관용적인 일본어 화법이 상징하는 것처럼, 일본에는 공동체 혹은 물리적인 공간을 암묵적으로 지배하는 분위기가 존재하며, 그것이 특정 상황에서 개인의 행동 전략을 규정하는 중요한 맥락으로 작용한다는 주장이다. 따라서 야마모토의 '공기론'은 개인이 다수의 의견에 거스르는 것을 꺼리는 경향을 설명하는 가설로서 자주 회자된다. 실제로 그런 관점에서 자숙경찰 현상을 설명하는 것도 가능하다. 즉, 일본 정부가 제시한 자숙 가이드라인은 겉으로는 강제성이 없었지만 개인이 거스르기 어려운 분위기인 '공기'를 형성했고, 결과적으로 자숙을 강요하는 암묵적인 '공기'에 거스르는 개인에 대한 공격 행위가 정당화되었다는 것이다.

한편, 동조압력이 자숙경찰과 같은 '문제 행동'을 부채질하는 등 부정적으로 작용한 측면도 있지만, 일본 사회가 비교적 효과적으로 방역을 실천하게 한 긍정적인 측면이었다는 분석도 제시되었다. 예를 들어, 『뉴욕타임스』 일본 지부장 리치 모토코와 특파원 벤 둘리는 일본 사회의 동조압력(peer pressure)이 일반 시민들이 공공장소에서 마스크를 상시 착용하게 만들었으며, 일본이 비교적 성공적으로 글로벌 팬데믹에 대처할 수 있도록 이끈 요인이었다고 주장했다(Rich and Dooley 2022). 일본 사회에 뿌리내린 집단적인 규범 의식과 동조압력이 법적 강제성 없이 성공적으로 방역을 수행할 수 있었던 원인이라는 주장(Nagata et al. 2021)은 일반적으로 설득력 있게 받아들여지는 듯하다.

반면, 중국·일본·미국에서 글로벌 팬데믹 당시 마스크 착용과 관

련한 인식을 조사하여 비교 분석한 매슈스(Mathews 2023)는 일본에 마스크 착용을 강제하는 동조압력이 존재한다는 것을 인정하면서도 실제로 일본인이 마스크를 항시 착용한 데는 '스스로를 보호해야 한다'는 개인적인 동기가 더 크게 작용한 것 같다고 주장했다. 다만, 그의 연구는 국가별 비교를 목표로 삼은 소규모 면접 조사인 만큼, 일본 사회 전체의 경향으로 일반화할 수 없다. 그는 자숙을 주축으로 삼은 방역 정책이, 개인이 감염되지 않도록 스스로 노력해야 한다는 자기책임 의식을 강화한 것으로 보인다고 결론지었다. 실제로 일본은 팬데믹 초기 대응에서 대만, 한국, 노르웨이, 튀르키예의 뒤를 이어 경제적·인적 피해가 적은 국가 5위에 올랐다(ニッセイ基礎研究所 2021. 5. 21). 록다운이나 집합 금지 등 강제적인 방역 조치를 도입하지 않았음에도 불구하고, 상대적으로 인명 피해가 크지 않았다. 그런 점에서 보자면, 공동체의 동조압력이 비교적 강하게 작용하는 가운데 자숙을 강조하는 방역 정책이 스스로 자신의 건강을 책임져야 한다는 자기보호 의식을 강화하면서, 결과적으로 일본 사회의 코로나19 대응을 성공적으로 이끌었다고 볼 수 있을 듯하다.

코로나19 팬데믹 속에서 벌어진 자숙경찰 현상이 일본 사회 전체적으로 복고적인 일본문화론을 재소환, 강화하는 계기였다는 점도 주목할 만하다. 예컨대, 일본문화론의 고전으로 받아들여지는 『국화와 칼』(2019[1946])에서 저자 루스 베네딕트는 공동체 집단을 의식한 개인의 부채 의식과 수치의 정서를 일본인의 문화적 행동 양식을 관통하는 핵심적인 특징이라고 주장한다. 베네딕트의 일본문화론은 20세기 중반 태평양전쟁 당시 미국인 연구자로서는 적국(일본)을 상대로 현지 조사가 불가능했다는 한계가 있었음에도, 일본 사회 내부적으로 제3자의 시선을 통해 자문화를 인식하고 이해하는 실마리로 기능했다(Ryang

2002). 특히 중세 이후 일본 사회의 역사적 관습을 통해 현대적인 현상을 해석하는 복고적인 접근법은 일본 사회의 역사적·문화적 독자성을 강조하는 자문화 기술의 기초로서 폭넓게 수용되었다. 반면에 앞서 언급한 야마모토의 '공기론'은 일본의 역사와 전통 사상, 독자적인 문화적 정서 등을 근거로 현대 일본 사회를 해설하는, 복고적인 일본문화론의 전형이다.

공동체와의 화합을 중시하는 성향이 일본 고유의 문화적 특징은 아니다. 동조압력의 정서는 한국을 포함해 동아시아권에서도 유사하게 보고되고 있다. 그러나 일본의 문화적 정체성의 연장선으로 자리매김하려는 복고적 담론의 실천이 활발하게 수행되었다는 점에서, 자숙경찰을 일본 사회의 고유한 맥락과 관련지어 주목할 필요가 있다.

2) 자숙 개념의 역사적 맥락

일본에서 자숙은 글로벌 팬데믹 속에서 갑자기 등장한 낯선 개념이 아니다. 사회적 위기 혹은 지진이나 태풍 등으로 인한 재해 상황에서 자숙이 전면적으로 거론된 사례가 역사적으로 적지 않다. 이토 마사아키(伊藤昌亮 2021)에 따르면, 일본 근대사에서 자숙이라는 개념이 처음 전면적으로 부상한 계기는 1930년대 말 중일전쟁이었다. 당시 쇼와(昭和) 정부는 전시체제에서 전쟁 물자 부족을 해소하기 위한 일환으로 '국민정신총동원운동'을 추진했다. 개인에게는 음식점, 카페, 극장, 영화관 등의 방문을 자제할 것을 요청하는 한편, 음주, 흡연, 불꽃놀이, 화려한 복장 등 사적인 만족과 쾌락을 추구하는 것은 바람직하지 않은 행위로 규정했다. 도소매업자들에게는 자발적으로 물건 값을 올리지 말 것을 요청했다. 이와 같은 조치들은 표면적으로는 개인의 자발적인 지지를 호소하는 사회운동의 형태를 취했지만, 실제로는 강제적인 의무인 양 수용되었다.

패전 이후에도 1988년 히로히토 일왕의 서거, 1995년 한신대지진 등 일본 사회 전체를 충격에 빠뜨린 대형 사건 때 자숙이 거론되었다. 명분이나 내용은 과거 전시 때와 달랐다. 대지진과 지진해일 등 도시가 파괴되거나 대규모 인명 피해가 생긴 재해 직후에는 '재해 피해자에 대한 배려'라는 논리가 자숙 분위기를 부추겼다. 예를 들어, 2011년 일본 동북 지역을 강타한 동일본대지진 직후에는 피해 지역과 동떨어진 규슈 지방에서 지역 축제 등 오락성 행사를 중지하거나, 방송국에서 사기업의 광고를 배제하고 공영 광고만 송출하는 등 소위 자숙을 표방한 조치가 광범위하게 실천되었다. 실제로 이러한 종류의 자숙이 지진이나 태풍 등 자연재해 피해자를 실질적으로 지원하는 효과가 있다고 하기는 어렵다. 그보다는 이러한 자숙의 실천을 전시함으로써, 일본 사회 전체적으로 자연재해로 인한 피해자를 지원하고 응원하는 분위기를 형성하는 데 의의가 있다고 할 것이다.

근대 이후 일본 역사 속에서 자숙 요청은 국가권력이 비상사태를 공식화하고 집단주의적인 행동강령을 구동시키는 방법이었다. 반면, 역사적으로 자숙의 수용은 일본인이 전쟁이나 자연재해 등 위기 상황을 규범적으로 수용, 극복하는 방식의 하나였다. 일심단결해서 공동체의 어려움을 극복하자는 강력한 사회적 메시지가 존재했다. 이토 마사아키는 코로나19 사태 때의 자숙 요청은 감염 방지라는 명분에 근거한 일종의 '총동원체제'라고 주장한다(伊藤昌亮 2021: 31). 방역을 위한 자숙 요청이 마치 전시 상태인 양 서로 감시하고, 내부의 적(자숙 지침을 어기는 자)을 적발·처벌해야 한다는 전체주의적인 정서를 환기시키는 메커니즘으로 작용했다는 것이다. 그런 점에서 볼 때 자숙을 주축으로 삼은 일본의 방역 정책은 처음부터 타인에 대한 감시와 공격, 즉 자숙경찰과 같은 적대적인 양상으로 전개될 가능성을 내포했다고 볼 수 있다.

물론 이러한 역사적 경위에도 불구하고, 일본 사회 내부적으로 자숙 방역에 대해 상당한 비판과 의구심이 제기된 바 있으며(Iijima 2021; Nagata et al. 2021), '자숙피로'를 호소하는 목소리도 작지 않았다(読売新聞オンライン 2021. 7. 31). 자숙의 수용을 통해 사회적 위기를 극복하려는 역사적·문화적 기제가 존재하지만, 다른 한편으로 새로운 방식의 문제해결을 모색하는 움직임도 공존했다는 점을 언급해 두고 싶다.

4. 글로벌 팬데믹과 '돌봄 감시'

1) 기술적 접근법과 감시의 일상화

글로벌 팬데믹은 감시의 맥락을 결정적으로 확대했다. 역사적으로 감시와 통제는 감염병 국면에서 빈번하게 동원되는 해법이었다. 코로나19 때도 예외가 아니었다. 특히 디지털 데이터와 개인 미디어, GPS 위치 정보 등 첨단 정보통신 기술을 활용한 감시와 통제가 적극적으로 도입되었다는 점에 주목할 필요가 있다. 무선 인터넷과 개인 미디어(스마트폰 등)가 이전보다 훨씬 정밀하고 철저한 감시와 통제를 가능케 했다(Kampmark 2020). 전용 애플리케이션을 통해 디지털 데이터를 수집·축적·분석하는 등 감염 위험군의 추적, 격리, 모니터링 등을 수행하는 기술적 접근 방식은 방역을 일상생활에 침투시켰다(Kim 2021).

스마트폰 등 개인용 휴대 미디어를 적극 활용한 형태의 접근법은 개인이 항시 감시당한다는 사실을 덜 의식하고 생활할 수 있게 했다.

디지털 기술을 활용한 방역은 감시 행위에 대한 사회적 저항을 효과적으로 경감시켰다. 디지털 기술로 인해 감시 기법은 정교해졌고, 감시 대상과 상황은 유례없이 광범위해졌다. 감시의 주체와 맥락 역시 현저하게 일상화되고 다양해졌다.

사실 코로나19 팬데믹 이전부터 감시는 디지털 기술과 네트워크의 진보와 함께 빠른 속도로 탈근대 국면으로 들어서고 있었다(바우만·라이언 2014[2012]). 감시란 일반적으로 개인을 통제하고 규율을 강제하는 권력적인 통치 메커니즘으로 이해된다. 푸코(푸코 2003[1975])는 개인(범죄자)을 격리하고 동선을 제한하는 공간(감옥)의 구조로 제안된 '파놉티콘'(벤덤 2019[1791]) 개념의 맥락을 한층 확대해 현대 사회에서 작동하는 정교한 감시와 통제 메커니즘을 설명했다. 예컨대, 현대 사회에서는 법률·학교·작업장·가족 등 다양한 제도와 시설들이 개인의 삶을 구성하는 요소로 감시와 통제를 받아들이도록 '교육' 혹은 '훈련'하고 있다는 것이다. 그는 사회 구성원이 자신의 신체에 대한 규제와 통제를 내재적인 규범으로 수용한 상태를 '규율사회(disciplinary society)'라는 개념으로 자리매김했다. 실제로 다양한 방식 및 맥락의 감시와 통제의 제도가 현대인의 삶에 관여하고 있다고 해도 좋을 것이다.

디지털 카메라와 무선통신 등 감시 기술이 발전하면서 감시의 맥락과 형태가 매우 다양해졌으며, 감시자와 피감시자의 관계도 유연해졌다. 개인의 안전과 보호, 범죄 행위의 사전 방지를 목적으로 하는 공적 감시 기술에 대한 거부감도 현저하게 감소했다. 이 같은 상황은 들뢰즈(Deleuze 1992)가 주장한 '관리사회(society of control)', 즉 감시자와 피감시자의 관계가 유연하고, 감시의 방식이 기계적·기술적이며, 감시 메커니즘에의 참여 여부를 주체적으로 결정하는 감시사회에 상당히 근접해 있다. 예컨대, 공공장소에 설치된 CCTV, 택시나 개인 자동차에 설치하는 블랙박스 등 시각적 감시 기술은 범죄를 예방하고 사유 재산을 보호하는 안전의 상징이다. 개인정보와 관련한 데이터를 기업이 활용할 수 있도록 허가하는 것은 편리한 디지털 서비스 이용을 위한 관행이다. 현대 기술 사회에서 감시는 권력과 억압의 도구이기도 하지만, 다른 한편으로 안전과 편안함이라는 교환가치를 획득하기 위해 불가피한 수단으로 수용되고 있다.

글로벌 팬데믹은 감시의 이러한 양면성을 첨예하게 드러냈다. 코로나19 바이러스의 창궐이 감시 행위에 이타적·친사회적 명분을 부여한 것이다. 사회적 정당성이 있었으므로 개인은 방역 당국의 감시와 통제를 기꺼이 수용했다. 한편, 개인 간의 자발적 감시도 증가했다. 개인은 자신뿐 아니라 가족 성원의 코로나19 바이러스 감염 여부를 체크하고, 회사 동료나 지인들의 건강을 점검하며, 거리에서 마주치는 타인이 마스크를 착용했는지 끊임없이 의식하고 감시했다. 방역이라는 사회적 명분하에 개인 간 상호 감시, 수평적인 모니터링, 지역 공동체 성원에 대한 감시와 지적 등의 행위가 적극적으로 또한 폭넓게 수행되었다. 일본의 자숙경찰 현상도 그 연장선으로 자리매김할 수 있다.

자숙경찰과 유사한 현상은 일본 이외 지역에서도 자주 보고되었다. 예를 들어, 글로벌 팬데믹 기간 중에 마스크 착용과 사회적 거리두기가 법적 의무였던 한국에서도 지하철 등 공공장소에서 마스크를 착용하지 않은 시민의 감시나 고발이 활발하게 이루어졌다(매일경제 2020. 8. 28). 연예인이나 인플루언서가 방역 준칙을 지키지 않는 사생활을 SNS에 공개하면 공공연한 비난이나 공격이 가해졌다. 마스크를 착용하지 않은 출연자를 등장시킨 TV 예능 프로그램은 비난의 표적이 되었다(노컷뉴스 2020. 12. 8). 한국이나 일본 등에서는 마스크를 착용하지 않는 사람이 공격을 받았지만, 거꾸로 마스크 의무화에 대한 사회적 저항이 컸던 미국에서는 마스크를 착용한 유명인사를 비난하는 사례도 보고되었다(연합뉴스 2020. 2. 29). 구체적인 사례에서 감시 내용은 상이하더라도, 글로벌 팬데믹 속에서 일상생활의 상호 감시가 정당성을 확보하고, 개인이 타인을 사적으로 감시·징벌하는 경향이 강화된 것은 보편적인 현상이었다.

2) '돌봄 감시'

글로벌 팬데믹 속에서 디지털 기술이 방역에 적극적으로 활용되었다는 점에서, 기술사회적인 맥락에서 주로 논의되어 온 '돌봄 감시(careful surveillance)'[1]라는 개념은 시사적이다(Hjorth and Richardson 2016). 이 개념은 원래 반려동물이나 노약자 등을 항시적으로 보살피기 위해 디지털 감시 기기를 활용하는 새로운 트렌드를 설명한 것이다. 사회적인 돌봄과 보살핌을 제공하는, 우호적·긍정적인 이유에서 이루어지는 감시 행위의 새로운 맥락을 강조하는 개념이다. 디지털 감시 기술의 진보는 소위 '빅 브라더'라고 부르는 전지전능한 감시 권력을 출현시키는 것이 아니냐는 우려를 불러일으켰다. 시민 사회가 우려할 만한 권력적 감시의 확산, 심화의 국면도 분명히 존재한다. 그와 동시에 다른 한편으로 항시적인 돌봄과 보살핌이 필요한 신체적·사회적 약자를 보조하는 장치로서 디지털 기술을 활용하려는 긍정적인 시도가 늘어나고 있

1 'careful'은 일반적으로 '조심스러운, 신중한'의 의미로 번역되는 만큼, 'careful surveillance'는 '보살핌 혹은 돌봄을 위한 감시'라고 번역할 수 있다. 이 글의 원문인 논문에서는 '보살핌의 감시'라고 썼다. 하지만 도서가 돌봄이라는 개념 틀에 근거하고 있으므로 이 글에서는 '돌봄'이라는 용어를 썼다. '돌봄의 감시'라는 용어의 의미가 독자들에게 모호하게 들릴 수 있다는 지적을 받아들여 '돌봄 감시'라고 번역했다.

는 것이 사실이다.

예를 들어, 반려동물을 항시 모니터링하기 위한 가정용 웹캠, 반려동물의 위치를 추적하기 위한 GPS 기술, 건강 체크 기능이 있는 반려동물용 웨어러블 기기 등의 사용이 지속적으로 증가하고 있다. 이때의 디지털 감시 기술은 권력적인 지배나 억압이라기보다 사회적·물리적으로 약한 주체에 대한 항시적 돌봄의 수단이다. 이런 측면이 코로나19 사태 속에서 사회 전면으로 부각되었다. 디지털 기술은 방역을 위한 효과적인 수단으로 폭넓게 활용되었다. 디지털 기술을 활용한 돌봄 감시가 사회 전면적인 관행으로 확대된 것이다.

일본은 지진, 화산 폭발, 계절성 폭풍(태풍) 등 대규모 자연재해로 인한 피해가 빈번하다. 그런 점에서 박승현(2020)은 일본 사회는 자연재해에 대한 집합적인 기억이 반복적으로 소환, 강화되는 '재난공동체'의 특성이 뚜렷하다고 주장한다. 대형 재난 상황에서 감시와 통제는 공동체의 질서를 유지하고 상호 부조를 가능케 하는 신뢰의 메커니즘이자 공동체 성원의 불안을 완화시키는 정서적 기제다. 대형 재난을 반복적으로 경험해 온 일본 사회에는 감시와 통제의 긍정적인 '효과'가 경험적으로 각인되어 있다고도 할 수 있다. 타인에 대한 감시를 공동체적 보살핌으로 재해석하는 경향, 즉 돌봄 감시라는 국면이 큰 저항 없이 수용될 가능성도 큰 것이다.

감시(surveillance)와 관련한 일본어가 복수 존재한다는 사실은, 이전부터 일본 사회에서 감시의 다양한 맥락이 인지되고 있었다는 것을 시사한다. 일반적으로 '간시(監視)'는 공적이고 수직적인 감시를 뜻한다. 문제가 발생하지 않도록 사전에 예방하는 의미에서 수행되는 권력적인 행위라는 점에서, 부정적인 뉘앙스로 해석되는 경향이 있는 영단어 'surveillance'와 유사한 맥락이다. 이에 비해 '간토쿠(監督, 우리말의 '감독'

혹은 영어의 'supervise'와 유사하다)' 역시 감시의 한 형태인데, 조직의 높은 직급 구성원이 낮은 직급 구성원을 지켜보고 지도하는 행위를 뜻한다. '간시' 혹은 '간토쿠'라는 단어는 감시자와 피감시자 사이의 긴장 관계를 상정하며, 감시 행위의 권력적·억압적인 측면을 암묵적으로 드러낸다.

반면, 역시 감시 행위의 한 형태를 뜻하는 '미마모루(見守る)'는 전혀 다른 뉘앙스를 띤다. 이 역시 어떤 주체가 다른 주체를 지속적으로 바라보고 살피는 감시 행위를 뜻하지만, 그 행위가 사적이고 비공식적이며 선의에 근거한다는 점에서 권력적인 감시와 성격이 다르다. '미마모루'라는 표현에는 권력적인 뉘앙스가 포함되지 않을 뿐 아니라, 오히려 육아나 타인에 대한 돌봄 등 긍정적·친사회적인 맥락이 강하다. 영어로는 'watch over', 'protect', 'guard' 등 상대의 안전과 안위를 지켜 준다는 이타적인 의미로 번역하는 것이 일반적이다. '미마모루'의 명사형인 '미마모리(見守り)'는 사람을 보호하는 영적인 힘을 가진 행운의 부적을 뜻한다. 일본 사회에서 감시와 돌봄은 밀접하게 연관된 개념이다. 이런 측면은 일본에서 특히 자숙경찰과 같은 사적인 감시와 통제 행위가 빈발한 배경으로서 주목할 만하다.

다만 공동체 성원 모두 '재해의 피해자'라는 유사한 정체성이 형성되기 쉬운 자연재해 상황과 달리, 감염병 국면에서 개인은 감염의 대상이자 누군가를 감염시키는 매개체이기도 하다. 감염의 잠재적 피해자이자 가해자로서 개인의 정체성은 더 복잡한 양상을 띤다. 이것이 바로 일반적인 자연재해 상황에서는 감시를 사회적 돌봄으로 수용하고 상호 부조의 일종으로 해석하는 온건한 성향을 보인 것에 비해, 글로벌 팬데믹 국면에서는 타인에 대한 적대적인 감시 혹은 종종 공격적인 행동으로 전개된 배경이라고 볼 수 있다.

3) SNS 공간과 전방위적·일상적 상호 감시

코로나19 사태는 개인과 개인 사이의 일상적인 상호 감시를 현저하게 증가시켰다. 디지털 기술이 진보하며 감시는 점점 더 “사회적 차원의 문제가 아니라 개인의 문제”(바우만·라이언 2014[2001]: 15)로 해석되고 있다. 특히 SNS는 개인이 텍스트 혹은 이미지 정보로서 스스로 삶과 동선을 끊임없이 드러내는 공간이다. 불특정 다수에 의한 불특정 다수에 대한 전방위적이고 상호적인 감시 양식을 의미하는 ‘폴리옵티콘’에 최적화된 공간이라고 할 수 있다. 폴리옵티콘이란 다수가 다수를 감시하는 탈근대적인 감시 메커니즘을 설명하는 개념이다(Felstead et al. 2005). 홀에서 주방이 들여다보이는 오픈키친 등 새로운 노동 환경에 대한 논의에서 시작되었지만, 디지털 데이터 처리 기술의 진전과 더불어 감시사회 전반에 대한 논의(Rice 2019; Sherman 2022)로 맥락이 확대되고 있다. 특히 최신 정보가 항시 유통되는 SNS 공간은 언제나 폴리옵티콘이 가능한 구조가 마련되어 있다. 물리적인 장소와 달리 불특정 다수에 의한 항시적인 감시 행위가 성립하는 것이다. SNS 이용이 일상화되면서 개인이 타인의 사적인 삶을 들여다보는 상호 감시가 빠르게 확대되고 있는 상황과 무관하지 않다(Trottier 2011; Brown 2014).

실제로 일본의 자숙경찰 현상은 SNS 공간에서 가장 첨예한 방식으로 가시화되었다. 감시가 공동체에 호의적인 보살핌으로 재해석되면서, 타인의 동선이나 마스크 착용 여부 등 사적인 엿보기를 정당화했다는 점은 앞서 언급했다. 아베 기요시(Abe 2009)에 따르면, 글로벌 팬데믹 이전부터 일본의 SNS는 이용자 간의 일상적인 상호 감시를 통한 동조압력이 강하게 작용했다. 표면적으로는 자유로운 표현과 관계 맺기가 가능하지만, 다른 한편으로는 문화적 규범을 엄격하게 의식하는 집단주의적인 정서가 존재한다는 것이다. 오카이 다카유키(岡井崇之 2022) 역시 자숙경찰의 배경으로 미디어의 역할에 주목했다. 신종 바이러스에 대한 매스미디어의 보도가 공포와 불안을 부채질했고, 부정적인 감정이 SNS에서 집합적으로 표출되면서 상호 감시와 동조압력을 증폭시켰다는 것이다.

코로나19 초기부터 일본의 SNS에서는 사태의 심각성과 방역 관련 정보가 활발하게 공유되었다. 예를 들어, 일본 정부의 긴급사태선언 직후 신종 바이러스 확산에 대한 불안이 급속히 증폭되던 2020년 4월 3일, 세대를 불문하고 호감도가 높은 뮤지션 호시노 겐이 외출을 자제하자는 메시지를 담은 자작곡 동영상을 SNS에 배포했다. 사회적 거리두기에 대한 자발적 협조를 권장하는 뜻에서 〈집에서 춤추자(うちで踊ろう)〉라는 제목의 자작곡 음원을 자유롭게 재활용할 것을 권장했다. 그런데 4월 13일, 당시 수상이던 아베 신조가 이를 패러디한 동영상을 SNS에 올려 논란을 불러일으켰다. 의료 종사자를 위해 자숙에 협조해 달라는 메시지를 담아 패러디 동영상을 제작·공개했는데, 자택에서 한가롭게 반려견과 놀면서 티타임을 갖는 장면을 담아 국가적 위기를 수습하는 수장으로서 부적절하다는 비판을 받았다.

해당 뮤지션이나 정치가의 진의와 무관하게, 이런 정보들이 SNS 공간에서 지속적으로 불안감을 부채질했을 가능성이 충분하다. 마츠바라 유(松原悠 2021)는 자숙경찰 현상을 부추기는 사회적 분위기가 인터넷에서 형성되고 확산되었다고 주장했다. 매스미디어에서 자숙경찰이라는 단어가 회자되기 전부터, SNS에서는 마스크 착용 여부에 대한 상호 감시의 분위기가 팽배했으며, 긴급사태선언 이후에는 마스크를 착용하지 않거나 여행을 즐기는 사진을 타임라인에 올리는 개인들에 대한 적발과 사적 비난 행위가 빈발했다는 것이다.

글로벌 팬데믹은 SNS에서의 상호 감시에 공적인 정당성을 부여했다. 공동체를 보호한다는 사회적 명분이 폴리옵티콘을 정당화했고, SNS 공간의 전체적인 분위기가 자숙의 동조압력을 강화했다고 할 수 있다. 일본의 자숙경찰이 SNS에서만 보고된 현상은 아니지만, 사적인 정보가 대량으로 유통되는 SNS 공간이 매우 효과적이고 일상적이며, 전방위적인 상호 감시의 장으로 활용되었다는 점은 분명하다.

5. 돌봄과 감시의 동거

글로벌 팬데믹은 감시 역할을 돌봄 혹은 보살핌이라는 친사회적·이타적 맥락으로 확대했다. 아동 등 사회적 약자에 대한 돌봄과 감시의 애매한 경계선에 대한 비판적인 논의는 과거에도 제기되었다(예를 들어, Livingstone 2006). 다만 코로나19 팬데믹은 최첨단 디지털 감시 기술이 방역이라는 사회적 돌봄 수단으로 활용 가능하다는 사실을 예시했다. 전 사회적으로 방역이 필요한 상황에서 감시 기술은 사회적 돌봄을 위한 강력한 장치로 기능했다. 글로벌 팬데믹은 감시와 돌봄이 공존하는 고도의 감시 기술 사회와 관련한 논쟁적인 주제를 한층 첨예하게 드러낸 계기였다.

보살핌과 감시의 복잡한 관계 및 애매한 경계선에 대한 지속적인 논의와 합의 도출이 필요하다. 감시 기술 혹은 감시 행위가 특정 상황에서 사회적 돌봄의 도구로 기능한다는 사실은 분명해 보인다. 다만 사회적 돌봄이라는 긍정적인 맥락에 주목한다는 것이 감시 그 자체의 권력적 속성을 경시하거나 프라이버시 침해, 과도한 사적 규제를 정당화한다는 의미로 받아들여져서는 안 된다. 오히려 글로벌 팬데믹과 같은 전 지구적 위기 상황이 어떻게 감시의 권력적 속성을 은폐하는지에 대한 검토가 필요하다. 또한 디지털 기술의 진보와 일상화가 개인 간 상호 감시를 일상화 혹은 강화하고 있다는 점을 인지할 필요도 있다. 디지털 감시사회의 전면화라는 점에서, 글로벌 팬데믹의 장기적인 사회적 영향력에 대한 심도 있는 논의가 필요할 것이다.

코로나19 사태 때 일본의 자숙경찰은 자숙이라는 특정한 방역 정책과 일본의 문화적·역사적 맥락을 배경으로 불거졌다는 의미에서 일본 사회적인 현상이다. 동시에 불특정 다수에 대한 감시 행위에 사회적 돌봄(방역)이라는 정당성이 부여되었다는 점에서, 그리고 감시사회의 심화라는 보편적 차원에서 시사하는 바가 큰 현상이기도 하다. 특히 일상적인 상호 감시, 즉 폴리옵티콘에 최적화된 디지털 공간이 뚜렷하게 가시화되었다는 점에서 기술사회적인 함의도 크다. 일본의 자숙경찰은 문화적으로 혹은 디지털 기술을 전용하는 방식으로 감시사회가 심화한 양상을 결정적으로 드러내는 사례라고 볼 수 있다. 다만 이 글이 취한 담론 분석이라는 방법론의 한계도 분명하다. 자숙경찰이 실제로 사회적·문화적으로 어떤 영향을 미쳤는지에 중점을 둔 내부자적 관점에서의 탐구는 앞으로 중요한 연구 과제다.

포스트먼(Postman 2005[1992])은 새로운 기술이 사물에 대한 사고방식과 문화적 습관에 영향을 미친다고 말한다. 그의 이런 주장은 기술결정론이라는 비판을 자초하는 측면도 있지만, 다른 한편으로 사회의 문화적 습관과 사고방식이 기술과 동떨어진 현상이 아니라는 뜻으로도 읽힐 수 있다. 감시 기술의 권력적 측면에 경도된 비판적인 기술사회론만으로 감시사회의 심화라는 기술 현상을 해명하기는 어렵다. 일본의 자숙경찰은 개별 사회의 문화적 전통과 집합적 인식이 기술사회적 현상에 영향을 미친 전형적인 사례로서 유의미하다.

제6장

우머노믹스와 여성 불황

코로나19로 돌출된 여성 빈곤*

박승현

* 『일본문화연구』 제88권(2023)에 실린 "코로나19로 돌출된 일본 여성 빈곤의 쟁점들: 고용과 임금의 젠더 격차를 중심으로"를 수정 보완하였다.

1. 코로나19와 일본 여성 빈곤의 돌출

2020년 11월 16일 시부야구(渋谷区) 하타카야(幡ケ谷) 버스정류장의 벤치에서 노숙하던 60대 여성 A 씨가 인근 남성의 폭행으로 사망하는 사건이 발생했다. 사망한 여성의 소지품은 사용이 정지된 휴대폰과 현금 8엔이 전부였다. 피해 여성이 코로나19로 직장과 집을 잃고 노숙하다가 죽음으로 내몰린 배경에 대한 보도가 이어졌다. 단기계약으로 마트 시식판매원으로 일했으나 2020년 봄 이후 코로나19로 인해 마트 시식이 중단되었고, 집세를 낼 수 없게 되었으나 주위에 도움을 청하지 않았던 사정 등이 미디어를 통해 알려졌다. 극단 배우로 활동하던 시절 밝게 웃던 모습이나 고향 히로시마에서의 학창 시절이 조명되기도 했다. 여성은 폐를 끼치지 않기 위해 버스가 끊긴 시간에 정류장에 왔다가 버스가 출발하는 시간 전에 자리를 떴고, 동네 사람들은 옷차림이 깨끗하여 노숙하는 사람으로 보이지 않았다고 증언했다(NHK 事件記事取材ノート 2021. 4. 30). 코로나19 속에서 내몰린 이 죽음을 애도하며 "그녀는 나다"라는 구호를 외치는 여성연대의 집회가 이어졌다. 이 사건이 사회적으로 큰 파장을 일으킨 것은 이미 여성들이 처해 있던 복합적인 취약성이 코로나19 팬데믹으로 여러 국면에서 분출되었기 때문이다. 여성 자살, 특히 일하는 여성과 젊은 여성의 자살률 급증에서 그 징후가 시작되었다. 자살자 수가 감소하는 추세이던 가운데 코로나19 이후 여성 자살자의 증가는 이례적이었다.

2020년 1월 30일 세계보건기구(WHO)는 코로나19에 대해 '공중보건 비상사태'를 선포했다. 2월 11일 세계보건기구는 새로운 감염증을 COVID-19, 코로나바이러스 감염증 2019(Coronavirus disease-2019)로 명명했다. 코로나19 팬데믹의 불안감이 증폭되는 가운데 아베 신조(安倍

晋三) 총리는 2020년 4월 7일 도쿄, 가나가와, 오사카 등 대도시를 중심으로 7개 도도부현에 첫 긴급사태선언을 발령했다. 긴급사태선언과 함께 정부는 밀폐·밀집·밀접의 '3밀(三密)'을 피할 것, '불요불급'의 외출 자숙, 음식점 영업시간 자숙 등을 국민들에게 요청했다(박승현 2022: 41-43). 코로나19가 장기화되면서 긴급사태선언을 해도 인파가 줄어들지 않는 '자숙피로' 현상이 벌어지기도 했지만, 코로나19에 대한 불안감이 극대화되었던 2020년 4~6월 첫 번째 긴급사태선언 당시 일본의 GDP는 '전후 최악의 역성장'을 보였다. 팬데믹이 일본 경제를 강타한 이 시기에 가장 심각한 타격을 받은 것은 여성 고용이었다. 2020년 4월 긴급사태선언으로 남성 고용자 수가 39만 명 감소한 것에 비해 여성 고용자 수는 70만 명 감소했다. 경제적 타격 이상의 총체적 문제가 있음을 짐작할 수 있는 것은 여성 자살자 수 급증이었다. 후생노동성의 2021년『자살대책백서』에 따르면, 2009년 이래 11년 연속 일본의 자살자 수는 감소하는 추세를 보였으나 2020년 자살자 수는(2만 1,081명) 전년 대비 4.5% 증가했다. 남성 자살자 수는 전년보다 23명 감소했으나, 여성 자살자수가 7,062명으로 이전 해보다 15.4% 증가한 것이다.

코로나19 팬데믹은 전 세계의 시련이었지만, 2020도쿄올림픽·패럴림픽(이하 도쿄올림픽) 기대 속에 있던 일본 사회의 혼란은 더욱 컸다. 올림픽 개막이 1년 연기되는 초유의 사태 속에서, 2021년 7월 개막을 앞두고 여성 비하 문제가 불거져 도쿄올림픽은 또 한 번 큰 낭패를 겪었다. 도쿄올림픽 조직위원회 모리 요시로(森喜朗) 회장이 일본올림픽위원회 임시평의원회에서 여성 이사 증원 문제를 언급하며 "여성이 많은 이사회는 회의 진행에 시간이 걸린다"라고 여성 비하 발언을 해 논란이 일었다. 야당 소속 여성 의원들이 중의원 회의에 흰옷을 입는 것으로 항의했고, 도쿄올림픽 자원봉사자 390명이 사퇴하자, 결국 모리 요시로 회장은 발언 9일 만에 사퇴했다(朝日新聞 2021. 2. 8). 이어서 개폐회식 총괄 예술감독 사사키 히로시(佐々木宏)가 여성 외모 비하 발언으로 사임하는 일이 벌어졌다(NHK News 2021. 3. 18). '스테이 홈'으로 인해 여성의 육아·가사 부담이 늘어나고, 가정폭력 문제가 불거지며, 여성의 생활 빈곤이 사회문제화되는 중에 일어난 일이었다.

자산 버블 붕괴, 리먼 쇼크 등 전후 일본 사회가 경제적 위기에 빠졌을 때 매스컴의 주목을 받은 것은 주로 '남성의 빈곤'이었다. 이에 비해 코로나19 시기에는 여성 빈곤, 여성 특유의 젠더 문제를 포함하는 주제들이 크게 돌출되었다. 도쿄 이케부쿠로 중앙공원에서 무료배식 활동을 해온 비영리단체의 대표는 지난 20년 동안 운영한 이래 코로나19 속에서 급식 이용 '최대 인원'이 매회 갱신되고 있으며, 이전에는 대부분 남성 홈리스들이 이용하여 여성들은 줄 서기 어려운 분위기였으나 코로나19 이후 여성 이용자가 늘었고, 여성이 아이를 데리고 줄 서는 '이상사태'가 발생하고 있다고 보고했다(NHK 2021. 11. 24). 패전 직후부터 70년 이상 여성 상호부조의 조직으로 활동해 온 시가현 모자복지 노조미카이(滋賀県母子福祉のぞみ会) 대표는 코로나19 속에서 여성들이 '전후 최악'의 생활 빈곤을 겪고 있다고 발언했다(NHK みんなでプラス 2021. 12. 13).

영업 자숙의 규제 속에서 수입이 급감한 비정규직 여성 노동자, 유흥업 종사자의 목소리도 부각되었다(KBS 다큐인사이트 2020. 10. 8). 도쿄 올림픽 기간 중에도 지속되었던 올림픽 반대 시위는 반(反)빈곤 시위이기도 했다. 경제적 이유로 생리용품을 구매하지 못하는 여성의 문제를 다룬 NHK 다큐멘터리 〈생리의 빈곤〉(NHK 2021. 4. 6)이 반빈곤네트워크(反貧困ネットワーク)의 '빈곤저널리즘 대상 2021'을 수상하는 등 코로나19 속에서 여성 빈곤 문제는 일본 사회 여러 국면에서 부각되었다.

아베 신조 총리는 2013년 9월 26일 유엔 총회 기조연설에서 '모든 여성들이 빛나고 활약할 수 있는 사회 건설'을 위한 '우머노믹스(womenomics)' 정책 슬로건을 내세웠다. 이후 여성 취업자 수는 역대 최고를 기록했으나, 비정규직 비율이 해마다 상승하는 가운데 여성 비정규직 비율은 남성의 두 배 이상 높았다. 경제성장기의 일본형 고용시스템은 정규직과 비정규직 고용의 이중 구조, '전업주부 파트타임노동'과 같이 차별적인 노동시장/정책으로 여성 노동을 주변화하면서 유지되었다. 여성 차별적인 제도와 정책, 가부장제 가족주의, 신자유주의적 노동시장의 연쇄적이며 동시적인 영향 속에서 여성 빈곤은 일본 사회에 뿌리 깊게 존재해 왔다. 그러나 여성의 귀속 계층이 부모나 남편으로 간주되는 동안 고용과 임금의 젠더 격차는 당연시되고 문제시되지 않았으며, 빈곤은 '열외' 상황으로 간주되었다.

그렇기에 2011년 12월 『아사히신문』 1면에 실린 기사 「단신 여성, 3명 중 1명이 빈곤, 모자 세대는 57%」는 가족의 장막이 벗겨졌을 때 드러난 여성 '개인'의 현실이라는 점에서 세간의 주목을 받았다. 『아사히신문』 보도 이후 '빈곤 여성'은 방송이나 주간지 등에 화제로 떠오르기 시작했고, 65세 이상 여성 고령자 및 모자가정 싱글맘의 빈곤은 더 심각하여 '빈곤의 여성화'가 논의되기 시작했다.

일본의 미디어가 '격차'를 본격적으로 조명한 것은 2000년대 이후이다. 경제학자 다치바나키 도시아키(橘木俊詔 1998)의 『일본의 경제격차(日本の経済格差)』, 사회학자 사토 도시키(佐藤俊樹 2000)의 『불평등사회일본(不平等社会日本)』 등은 '일억총중류'의 평등 신화에 의문을 던지고 '계급사회', '격차사회' 논쟁에 불을 붙였다. 격차 확대는 고령화와 함께 연금생활자가 늘어난 탓에 나타나는 착시효과라는 주장도 있었지만, '약자와 패자'에 민감한 영화와 소설은 이미 일본 사회에 스며들어 있는 가족 붕괴, 관계의 단절, 고용 문제와 빈곤, 엄습하는 불안과 폭주의 이야기를 쓰고 있었다. 〈혐오스런 마츠코의 일생〉, 〈아무도 모른다〉 등의 영화에서 쇼와(昭和) 끝자락의 가족 붕괴와 고립, 빈곤의 문제가 선명하게 노출되었고, 영화 〈백 엔의 사랑〉, 〈어느 가족〉, 최근의 드라마 〈리키시〉 속에서 이러한 문제들이 더 이상 '열외' 상황이 아님이 분명해졌다. 그리고 코로나19 팬데믹이라는 특수한 상황에서 일본 사회에 잠재해 있었으나 가시화되지 않고 문제시되지 않았던 여성 빈곤 문제가 돌출했다.

2. '혐오스런 마츠코의 일생'과 열외의 빈곤들

2006년에 개봉한 영화 〈혐오스런 마츠코의 일생(嫌われ松子の一生)〉은 도쿄에서 백수로 지내는 청년 쇼에게 2년 만에 갑자기 아버지가 찾아오는 것으로 시작된다. 아버지는 쇼에게 고모의 유품 정리를 부탁한다. 오래전 행방불명되어 만나 본 적도 없는 고모 마츠코의 유품을 정리하기 위해 쇼는 마츠코가 혼자 살던, 도쿄 한구석에 있는 집을 찾아간다. 오사카만국박람회 '태양의 탑' 열쇠고리가 흔들리는 고모의 낡은 가방, 먼지가 쌓인 쓰레기 더미 속 넝마 같은 집.

마츠코는 1947년에 세 남매의 맏딸로 태어나, 대학을 졸업하고 중학교 교사가 되었다. 뮤지컬 형식의 영화 속에서 젊고 의욕적이며 엉뚱한 마츠코의 학교생활은 생동감이 넘친다. 그러나 마츠코는 학교에서 벌어진 절도 사건 범인으로 몰리면서 사표를 쓰고, 한번 삐끗한 마츠코의 인생에 불행과 불행이 겹친다. 가족과도 연락이 끊기고, 동생에게 돈을 빌리려고 하자 동생은 "누나는 여자니까 어떻게든 벌 수 있지 않나"라고 말한다. 성 산업에 발을 들여 '백야'의 에이스가 되지만, 금방 '시대에 뒤처져' 해고되고 만다. TV에서는 오일쇼크로 인한 종이 부족으로 마트에서 소동이 일어났다는 뉴스가 흘러나온다. 배신한 애인을 홧김에 죽이고 이번에는 정말 인생 끝이구나 했지만, 복역하면서 배운 미용 기술로 출소 후 미용실에 취직하고 친구도 생겨 그 우정으로 마츠코는 다시 빛나는 듯했다. 그러나 곧 "이 남자라면 지옥까지 간다"라고 작정한 마츠코 인생의 내리막길은 더욱 가팔라진다. 2001년 비대한 몸집에 누더기를 걸친 꼴이 된 53세의 마츠코는 다시 한번 시작해 보리라 마음먹고, 성공한 옛 친구가 건네준 명함을 찾으러 강가에 나섰다가 동네 중학생들의 폭행으로 생을 마친다.

판타지로 가득한 영화 〈혐오스런 마츠코의 일생〉, 마츠코의 낡은 가방에서 흔들리며 소리 내는 오카사만국박람회 '태양의 탑'은 풍요로운 일본 사회에서 삐걱거리기 시작한 '열외의 삶'을 선명하게 비춘다. 마츠코는 1947년생으로 전후 부흥과 함께 성장한 베이비붐 세대 이른바 '단카이'며, 마츠코가 대학에 들어가는 1960년대 후반은 전례 없는 경제성장 시대였다. 인류의 진보와 조화를 테마로 한 '오사카만국박람회 EXPO70'은 고도의 경제성장기를 상징하며 6개월에 걸쳐 6,400만 명을 동원한 상징적인 행사였다. 그러나 이 '쇼와의 풍요' 속에서 마츠코는 줄곧 내리막길로 떨어졌고, "이제 아무도 사랑하지 않겠다"라고 결심하며 마츠코가 히키코모리 생활을 작정할 때 텔레비전에서는 새로운 연호 '헤이세이(平成)'가 발표된다. 헤이세이 일본의 '잃어버린 30년'(요시미 순야 2020)이 시작되기도 전에, 버블 경제 절정기 도쿄의 어느 누추한 방구석에서 마츠코는 완전히 뻗어 버린 것이다.

1988년 도쿄의 아동 방치 사건을 소재로 한 고레에다 히로카즈(是枝裕和) 감독의 〈아무도 모른다(誰も知らない)〉(2005)는 〈혐오스런 마츠코

의 일생〉보다 1년 앞서 개봉했다. 이 영화는 칸영화제 역대 최연소 남우주연상에 빛나는 장남 아키라 역의 14세 배우, 야기라 유야(柳楽優弥)의 인상적인 눈빛으로도 유명하다. 아이가 넷이나 있다는 것을 숨기고 작은 집을 빌린 엄마. 이사 센터가 돌아간 뒤 캐리어를 열어 아이들을 꺼내 주며 '없는 척하면서 살아가기'의 수칙을 정하는 것으로 영화는 시작된다. 밖으로 나가면 안 되고 큰 소리도 내지 말라는 엄마의 말에 아이들은 "할 수 있어!"라고 다짐하며 이 상황을 재미있게 받아들인다. 이윽고 엄마는 "나는 행복하면 안 되니?"라면서, 크리스마스 전에 돌아온다는 약속을 남기고 아키라에게 동생들을 부탁한 뒤 집을 떠난다. 편의점에서 식사를 조달하다가, 수도도 끊기고 전기도 끊기고, 엄마는 돌아오지 않는 '아무도 모르는' 아이들끼리의 생활이 시작된다.

1960년대까지는 '빈곤으로 인한 결핵 환자' 등 일본 국내의 빈곤 문제가 신문기사로 다루어졌다. 그러나 1970년대 이후 이른바 '일억 총중류' 일본에서 빈곤은 '해외의 빈곤, 세계의 빈곤'에 관한 것으로 다루어졌다(水島宏明 2022: 34-35). 그러나 '풍요로운 사회'에도 빈곤이 모여드는 집합 지역, 일용직 남성 노동자 등 주변화된 사람들이 모여드는 오사카 가마가사키 '요세바(寄せ場)'의 섬과 같은 빈곤이 존재했다.[1] 1980년대 '풍요로운 일본 사회' 속에서 1987년 1월 삿포로의 시영주택에서 세 아이를 키우던 모자 세대의 모친이 아사하는 사건이 발생하여 세간에 충격을 주기도 했다.

1 박지환(2020)은 전후 일본 경제가 급속도로 성장하는 가운데 주변화된 사람들이 집약된 공간, 주변적 남성성이 투영된 공간으로 오사카시 니시나리구(西成区) 가마가사키(釜ケ崎)를 분석한다. 가마가사키는 1970년대 이후 도시 빈민이 거주하는 슬럼에서 남성 단신 노동자가 모여 있는 요세바(寄せ場)로 변모했다. 가마가사키의 남성 노동자들은 건설업 등 고도경제성장의 일익을 담당했으나, 전후 일본 사회를 지탱한 핵심 제도인 가족-학교-회사의 연쇄에서 철저하게 배제되었다.

『아사히신문』이 다시 '국내 빈곤'을 다룬 것은 2007년 9월 25일의 사설 「새로운 빈곤층: 지혜를 모으면 구제할 수 있다(新たな貧困層: 知恵を出せば救える)」였다. 이 사설에서 '넷카페난민(ネットカフェ難民)'이라는 말이 처음 등장한다. '넷카페난민'은 얼핏 빈곤처럼 보이지 않는 빈곤이 일본 사회에 스며들어 있음을 암시했고 2007년 신조어·유행어 톱 10에 꼽혔다. 또한 2006년 7월 NHK 다큐멘터리 〈워킹 푸어(ワーキングプア)〉는 일본 사회에서 '일하는 빈곤층'의 출현을 가시화했다. 고이즈미 정권의 신자유주의적 규제 완화 속에서 2006년 12월과 2007년 12월에 이어진 NHK 〈워킹 푸어 II, III〉 시리즈는 '일해도 일해도 여유가 생기지 않는' 넷카페난민, 수면 부족 싱글맘, 일을 놓을 수 없는 노인의 빈곤을 보도했다.

한편 미국발 금융 위기 직후인 2008년 히비야 공원의 '연말연시 파견촌(年越し派遣村)'은 '격차로 끝나지 않는 빈곤'을 가시화하며 대중적인 관심을 불러일으켰다. 유아사 마코토(湯浅誠)가 주도한 파견촌은 리먼 쇼크 여파로 인한 갑작스러운 파견 해고로 연말연시를 보내기 곤란해진 이들을 불러들였고, 파견촌이 대대적으로 보도되고 각지에서 기부가 이어지면서 큰 화제가 되었다. 그 가운데 2009년 중의원 총선에서 민주당이 압승을 거두며 정권교체가 이루어졌다.

3. 헤이세이의 '어느 가족'들

고레에다 히로카즈 감독의 2018년 칸 황금종려상 수상작 〈어느 가족(万引き家族)〉은 세상 어느 한 구석 하츠에(키키 키린)의 오래된 집에 모여든 이들의 이야기다. 그 속에 살고 있는 인물들은 '정상 가족 신화'

가 감추고 있는 불화와 폭력, 학대와 유기의 문제를 겪었고, 잦은 실업과 빈곤이 인생의 저변에 깔려 있으며, 아이들은 학교에 다니지 않는다. 오사무(릴리 프랭키)와 노부요(안도 사쿠라)는 노부요의 전남편 살인으로 엮여 있고, 이번에 다시 린의 '유괴'로 엮인다.

어린 쇼타에게 상점 물건 훔치기를 가르쳐 2인 1조로 생필품들을 훔쳐 오는 오사무, 세탁 공장에서 일하며 세탁물에 딸려 온 물건을 슬쩍하는 노부요, 풍속업에 종사하며 하츠에 할머니를 따르는 아키, 부모의 학대로 추운 날 베란다에 방치되어 있다가 어느새 이 집의 아이가 되고 급기야 린으로 이름을 바꾼 깡마른 아이 주리. 오사무는 파친코 옆에 세워진 차에 방치되었던 쇼타의 아빠 노릇을 하고 싶어 하고, 노부요는 혈연이 아니라 '선택받은 관계'라서 흐뭇해한다. 이들이 처마 밑에 쪼르륵 모여 앉아 스미다가와(隅田川) 불꽃놀이 소리를 들으며 즐거워할 때 이들은 정말 '평범한 가족'처럼 보인다.

그러나 툭툭 터지듯 이들의 일상을 위협하는 일들이 벌어진다. 공사 현장에서 일하다가 다쳐 쉬게 된 오사무는 산재 처리를 받을 줄 알았지만 일용직이라서 보상받을 길이 없다. 노부요는 '워크셰어'로 일이 줄어들다가 급기야 인건비 감축 방침으로 세탁 공장에서 해고된다. 쇼타는 학교가 궁금하지만 학교에 가지 못하고 린이 절도를 배워 가는 것이 아무래도 마음에 걸린다. 린은 TV에 행방불명인 아이로 보도되기 시작하자 이 집에 눌러앉기로 하면서 단발머리로 모습을 바꾼다. 기차를 타고 처음 바다로 가족여행을 떠난 이들은 다시 영락없는 평범한 가족의 모습을 하고 있다. 그러나 사망한 하츠에를 마당에 묻고 연금을 인출하는 사체 유기가 벌어지며, 어린 쇼타가 물건을 훔치다 마트 직원들에게 쫓겨 다리를 다친다. 이 일로 '부모'는 경찰서로 불려 갔다가 허둥지둥 내빼고, 야반도주하려다가 결국 온 가족이 경찰에 잡힌다. 그리고 법과 제도와 정상 가족의 규범에 닿자마자 '어느 가족'은 마른 낙엽처럼 바스러지고 만다. "왜 훔치는 것을 가르쳤죠?", "아이들은 당신을 무엇이라 불렀죠?"라고 경찰은 오사무와 노부요를 취조한다. 노부요는 "누가 버린 걸 주운 거예요. 버린 사람은 따로 있지 않나요?"라고 말한다. 린은 친부모에게 보내지고, 수감되거나, 풀려나거나, 보호받으며 이들 가족은 산산조각 난다. 하츠에의 오래된 집은 텅 비어 버린다. 헤이세이의 종착역 즈음에 개봉한 이 영화는 그 30년 균열의 단면들을 조심스럽게 긁어모아 담아 놓은 듯했다.

그러고 보니 〈어느 가족〉의 오사무 역을 맡은 배우 릴리 프랭키의 자전적 소설『도쿄타워: 엄마와 나, 때때로 아버지』는 밀리언셀러로 등극하며 2006년 서점대상을 받았다. 릴리 프랭키의 부모는 일찍이 헤어졌고, 이혼 후 홀로 릴리 프랭키를 키운 엄마는 아들의 학비를 대고 생활비를 대느라 "한 푼도 남지 않았다"라고 말한다. 나중에 오다기리 조 주연의 영화 〈도쿄타워〉로 제작된 '눈물 없이는 읽을 수 없는' 이 자전적 소설은 규슈 오구라 탄광촌 모자 세대의 빠듯한 삶의 이야기이기도 하다. 2014년 영화 〈백 엔의 사랑〉에서 안도 사쿠라는 도시락 가게를 하는 엄마에게 얹혀사는 백수 딸로 등장한다. 이 집에는 이혼 후 마찬가지로 엄마 집에 얹혀사는 언니와 조카가 함께 살고 있다. 안도 사쿠라는 언니와 대판 싸운 뒤 집을 나오고, 아무래도 둘을 떼어 놓아야겠다고 결심한 엄마는 안도 사쿠라에게 집세를 쥐여 주며 '독립'시킨다.

1963년생 릴리 프랭키는 농땡이를 치면서도 그럭저럭 졸업하고 그럭저럭 취직하여 홀로 사는 엄마를 도쿄로 불러 같이 살자고 한다. 빛나는 도쿄타워를 구경하며 도쿄에 새로 보금자리를 만드는 릴리 프랭키와 엄마의 모습이 희망차다. 한편, 전형적인 니트족이자 패러사이트 싱글인 〈백 엔의 사랑〉 속 안도 사쿠라에게는 엄마라는 비빌 언덕이 남아 있어, 조카와 게임 내기를 하고 언니와 밥상머리에서 몸싸움을 할 수 있다. 나중에는 복싱을 시작하고, 경기에 나가서 얻어터지면서 삶의 밑바닥을 치고 올라오는 힘을 얻기도 한다.

〈백 엔의 사랑〉 이후 10년이 흘러 제작된 2023년 드라마 〈리키시〉에 등장한 가족의 사정은 훨씬 더 나쁘다. 주인공 오제 키요시의 부모는 규슈에서 초밥집을 했으나 망해 큰 빚을 진다. 부친은 편치 않은 몸으로 공사장 앞에서 교통정리를 하고, 동네 불량배나 다름없는 생활을 하는 오제는 돈을 벌어 집안의 빚을 갚겠다는 생각에 스모를 시작한다. 그러던 중 부친이 뺑소니 사고로 의식 없이 입원해 있고, 모친은 보란 듯이 외도를 하면서 오제에게 병원비를 독촉한다. 또 한 명의 등장인물, 스모 경기에서 연승을 거두는 무적의 선수 시즈우치의 어린 시절은 훨씬 더 혹독하다. 엄마와 시즈우치, 동생이 사는 집에는 쓰레기 더미가 쌓여 있다. 이 황량한 집에서 엄마는 가난을 원망하며 어린 형제를 몰아붙인다. 어린 시즈우치가 동네 스모 경기에서 이긴 날, 가족은 기분 좋게 달콤한 쿠키를 나눠 먹지만, 돌아오는 길에 집 외벽에 가득한 빚쟁이들의 협박 글을 본다. 결국 엄마는 동생을 찌른 뒤 자살하고 어린 시즈우치는 그 현장을 목격한다.

이 영화들이 그리는 가족의 곤경과 극단의 상황에서 공통점을 찾아본다면 아버지/남편의 부재와 모자 세대의 고군분투를 가장 먼저 꼽을 수 있을 것이다. 어느새 일본 영화나 드라마에서 빈곤, 여성 빈곤, 싱글맘의 고단함은 가장 평범한 소재가 되었다.

4. 미디어 보도, 빈곤의 쟁점들

일본에서 가시적인 '빈곤의 공간'은 1990년대 버블 경제 붕괴 이후 우에노 공원 홈리스와 오사카 가마가사키의 요세바, 2000년대 리먼 금융 쇼크 이후 파견촌의 모습일 것이다. 버블 경제 붕괴 이후 우에노 공원, '주변화된 남성들'의 삶이 집약된 가마가사키, 연말연시 파견촌에서 숙박하는 이들은 '남성'이었고, 이 빈곤의 공간에서 여성의 모습은 찾아보기 어려웠다.

여성 빈곤이 세간의 주목을 받기 시작한 것은 2011년 12월 9일 『아사히신문』에 실린 기사 「단신 여성, 3명 중 1명이 빈곤, 모자 세대는 57%」가 중요한 계기가 되었다. 혼자 사는 여성 세대의 빈곤율은 단신 노동세대(20~64세) 32%, 62세 이상 52%, 19세 이하 자녀가 있는 모자 세대 57%에 이르러, 여성이 가계를 지탱하는 세대에 빈곤이 집중되어 있다는 내용이었다. 이 통계는 국립사회보장·인구문제연구소가 2007년 '국민생활기초조사'를 바탕으로 계측한 수치로, 여기서 빈곤율은 상대적 빈곤율, 즉 세대 소득을 기준으로 국민 1인당 가처분소득을 산출하고, 그 정중앙 소득의 절반(2006년 조사에서는 114만 엔)에 미치지 못하는 이의 비율을 말한다.

한편, '넷카페난민'이라는 신조어가 암시하듯, 얼핏 빈곤이라고 알아채기 어려운 모습으로 '빈곤의 형태'가 바뀌는 가운데, 넷카페는 여성 빈곤을 가시화하는 공간으로 드러나기 시작했다. 미디어는 넷카페에서 생활하는 여성들의 공간, 100엔 숍에서 사들인 거울과 방향제 등의 생활잡화로 가득한, 책상 밑으로 겨우 다리를 뻗을 수 있는 공간을 비추었다.

여성 빈곤 문제가 사회문제로 주목받은 것은 먼저 한부모가정 아동의 빈곤, 모자가정의 '아동 빈곤'을 통해서였다(山野良一 2014; 赤石千衣子 2014; 神原文子 2020). 2008년부터 2020년 8월 31일까지 '여성 빈곤'을 다룬 기사들을 분석한 연구에 따르면, 여성 빈곤에 대한 보도에서도 압도적인 비중을 차지하는 것은 '싱글맘·모자가정'의 빈곤이다(古渡彩乃 2021: 18). 빈곤 문제에 끈질기게 달라붙는 '자기책임론' 관점에서 아동의 빈곤은 자기책임의 요소가 없을 뿐 아니라, 미래세대를 위한 투자라는 면에서 사회적으로 쉽게 수용되는 측면이 있다.[2]

NHK 다큐멘터리는 2006년 〈워킹 푸어〉시리즈에 이어 2012년 〈차일드 푸어(チャイルド·プア)〉라는 제목으로 아동 빈곤을 다루었다(2012. 10. 19 방송). 특히 NHK 다큐멘터리 〈보이지 않는 빈곤(見えない貧困): 미래를 빼앗긴 아이들〉(2017. 2. 15 방송)은 대대적인 빈곤 조사를 통해 빈곤이 가져오는 '박탈' 상황에 주목했다. 이 다큐멘터리의 주제는 아동 빈곤이지만, 내용을 보면 한부모가정의 사례가 중심이고, 아동 빈곤, 여성 빈곤, 한부모가정 빈곤이 상호 중첩되었다. 자녀의 휴대폰, 텔레비전, 게임기 등의 '소유'에는 계층에 따른 큰 차이가 없으나, 장시간 집에 혼자 있어야 하고, 가족여행이나 생일파티 경험이 없는 등 경제적 빈곤이 초래하는 관계의 빈곤, 심리적 박탈감의 차이가 크다는 것이 강조되었다. 생활비가 부족해 잠을 줄이고 식비를 줄이는 싱글맘의 고군분투, 엄마의 장시간 노동으로 방치되는 아이들의 외로움, 생활비 부족분을 메우기 위해 아르바이트하는 고등학생 등 '출발선이 다른' 한부모가정 자녀의 일상이 조명되면서 '자조노력', '자기책임론'의 한계를 추궁했다.

2 2023년 4월 1일 어린이가정청(こども家庭庁)이 신설되고, 지금까지 후생노동성과 내각부가 담당해 온 소자화 대책, 아동 빈곤 문제, 아동수당 지급, 임신과 출산, 육아 지원, 육아 행정, 아동학대나 이지메 등을 일원화하여 담당하게 되었다.

한편, 성 산업 종사 여성의 실태를 비추는 미디어를 통해 여성 빈곤의 또 다른 양상이 부각되었다. 2010년대에는 점포 없이 거래되는 성 서비스, SNS를 통한 조건 만남 '파파카츠(미성년을 포함한 젊은 여성이 남성과 데이트하고 돈을 받는 것)', 원조 교제를 줄인 말 엔코(援交) 등이 보도되기 시작했다. 또한 '여성 빈곤과 성 산업'에 대한 다수의 보고가 출간되어 미성년자, 대학생, 싱글맘을 포함한 다양한 계층의 '빈곤 여성', 미성년자들이 전면적인 박탈 상황 속에서 성 산업으로 유입되는 양상을 분석했다(鈴木大介 2014; 仁藤夢乃 2013; 上間陽子 2017). 특히 1990년대 중반부터 20년 이상 AV 여배우, 풍속업에 대한 취재를 해온 작가 나카무라 아쓰히코(中村淳彦)의 『동양경제』 온라인(東洋経済オンライン) 연재 「빈곤에 허덕이는 여성의 현실(貧困に喘ぐ女性の現実)」 등이 대중적으로 큰 화제가 되었다.

2016년 4월 시작된 이 연재에서는 직장 갑질에 시달리는 파견 OL 등의 빈곤, 질병, 희박한 인간관계, 고독, 사회적 안전망에 대한 지식 부족 등이 중첩된 가운데 도쿄의 높은 생활비에 허덕이는 젊은 여성의 인터뷰들이 실려 화제가 되었고, 특히 학자금 명목으로 빌린 빚 때문에 풍속업에 뛰어든 명문대 여대생의 사례 등이 논란이 되었다. 이 연재는 이후 『도쿄빈곤여자(東京貧困女子)』(2019)로 출판되었고, 저자는 2000년대 중반부터 성 산업 종사가가 크게 증가하는 등 '공급과잉'으로 원조교제나 매춘의 대금이 크게 낮아졌다며 '여성 빈곤' 현장을 비춘다.

생활 곤란으로 '파파카츠'를 시작했다는 미성년 소녀들은 아르바이트비를 얘기하듯 '쉽게 번 듯 보이는 큰 수입'을 밝혀(ABC テレビニュース 2021. 9. 10) 인터넷에 "이것이 빈곤인가?"라는 댓글이 달리기도 했다. 그러나 이들의 인터뷰에서 공통적으로 드러나는 가정 불화와 학대, 방임, 학교 부적응, 그리고 경찰의 함정 단속에 걸리는 모습은 이들이 처

한 다중적인 사회적 배제(阿部彩 2011: 92-121) 상황을 보여 준다. 인간관계, 교육 기회, 사회적 보호망으로부터 서서히 단절되고 내몰리는 상황에 놓여 있음에도 SNS를 통해 조건 만남을 가지는 '파파카츠' 등은 전형적인 성매매와 달리 장소를 특정할 수 없는 형태로 마치 '아르바이트를 하는 듯' 이루어져, 특히 미성년 여성이 처한 전면적인 박탈 상황을 은폐한다.

2020년 즈음부터 신주쿠 가부키초 도호시네마 앞 공터에 모여든 가출 청소년을 뜻하는 도요코 키즈(トー横キッツ) 등의 신조어가 유행했다. 신주쿠 가부키초 TOHO 빌딩 옆길로 모여드는 도요코 키즈, 그들의 공간과 커뮤니티, SNS 발신 등을 총칭하여 2021년 겨울 즈음 해시태그(#トー横界隈)들이 등장하며 '도요코 카이와이(トー横界隈, 도요코 일대)'는 사회현상으로 다루어지기 시작했다. 도요코 키즈에 이어 오사카 글리코 간판 아래의 그리시타(グリ下), 나고야 돈키호테 옆의 돈요코(ドン横) 등 '달리 갈 곳 없는' 아이들이 삼삼오오 어슬렁거리는 공간이 전국 각지의 번화가에 생겨났고(朝日新聞 2022. 11. 23), 일본 사회가 코로나19 방역 속에 있던 2021년 봄부터 여름까지가 피크를 이루었다. 스테이 홈 상황에서 가정폭력 등 거주 환경의 악화가 주된 원인이었다. 동시에 가부키초 등 유흥가에서 벌어진 성범죄, 자살, 폭행, 살인 등이 '도요코', '돈요코'와 연관되어 이른바 풍평 피해가 발생하기도 했다(朝日新聞 2022. 4. 13).

코로나19의 불안감이 최고조에 달했던 첫 번째 긴급사태선언 당시 거리두기와 스테이 홈, 불요불급의 외출 자숙, 텔레워크(재택근무) 상황에서 신주쿠, 시부야 등 번화가의 인파가 85%까지 줄어들었고, 파친코 및 주점 등 '밤의 거리'는 감염의 발원지라는 오명을 썼다(박승현·남기정 2022: 231). 한편, 코로나19 속에서 취재를 이어 간 나카무라 아츠히코(中村淳彦 2020: 134)는 빈곤 여성들에게 대도시 번화가는 '재분배의 장'인데, 코로나19로 인해 번화가의 기능이 정지해 이들의 아슬아슬한 경제적 안전망이 끊겼다고 이야기한다. 성 산업 종사자는 고용이나 소득을 증명할 서류가 미비해, 코로나19 팬데믹 때 가장 타격을 받은 업종임에도 불구하고 소득 감소에 따른 보상을 받을 방법이 없었다.

2020년 4월 8일 긴급사태선언 발령 이후 '영업 자숙' 요청에 따라 넷카페가 문 닫자, 넷카페 거주자들은 순식간에 이른바 '홈리스'가 되었다. 코로나19로 거처를 잃은 이들의 생활을 지원한 이나바 쓰요시(稲葉剛 2021: 59)는 "신주쿠, 시부야, 이케부쿠로, 우에노…… 도쿄도 각지의 넷카페인들과 이미 넷카페를 나온 이들로부터 SOS가 멈추지 않는다. 돈이 없어 휴대폰도 없고 도보로만 움직이는 사람들도 있다"라는 글을 트위터에 발신했다. 통상 홈리스 상태지만, 노상 생활자는 아니었던 '넷카페난민'들의 주거 문제가 코로나19 긴급사태선언 속에서 드러난 것이다.

5. 여성에게 집중된 코로나19 고용 불황

아베 총리는 2013년 유엔 총회 기조연설에서 '우머노믹스'를 제안했는데, 아베 정부가 여성친화적인 정책 슬로건을 발표한 배경에는 저출산 고령화로 인한 노동인구 감소 속에서 여성·고령자의 인적 자원을 활용한 노동력 부족 해소와 경제 회생의 의도가 있었다. 2014년 아베노믹스 2단계에서는 지속 가능한 성장을 위한 인구 정책, 보육 정책의 확대를 통한 출산율 반등과 개호 정책 정비를 통한 개호 이직 방지가 강조되었다. 이를 구체화한 것이 2016년 '일억총활약 계획'이다(송지

연 2023: 57-62).

이와 같은 기조와 정책의 성과로 여성 취업자 수는 2019년 3,005만 명으로 늘어나, 1953년 조사를 시작한 이래 처음으로 3,000만 명을 넘어섰다(総務省統計局 2023. 1. 31). 여성 취업자 수는 코로나19 충격으로 일시 감소했다가 2022년에 3,024만 명으로 다시 증가했다. 2005년 58.1%였던 15~64세 여성의 취업률은 2021년에 역대 최고치인 71.3%까지 증가했다. 같은 기간 남성의 취업률이 80.4%에서 83.9%로 소폭 증가한 것에 비해 여성 취업률이 비약적으로 증가한 것은 여성을 둘러싼 사회적 환경, 노동시장의 변화가 급격했음을 보여 준다.[3]

그렇다면 여성 취업률이 증가했는데 왜 빈곤 문제가 발생하는가? 2021년 『남녀공동참획백서』(内閣府 2022)에 의하면 비정규직 비율이 해마다 상승하는 가운데 2020년 전체 노동자 중 비정규직 노동자는 37.2%다. 그리고 비정규직 비율은 여성이 54.4%, 남성이 22.2%로, 여성 비정규직 노동자 비율이 2배 이상 높다(총무성통계국 2020년 7월 노동력 조사).

비정규직 비율이 높은 여성 고용의 허약성은 코로나19를 계기로 확연하게 드러났다. 음식과 숙박업 등 여성의 비중이 높은 대면형 서비스 분야가 코로나19 속에서 타격을 받은 것은 세계적 현상이어서 "여성 불황(She-cession)"이라고 이름이 붙기도 했는데, 이는 고용손실이 남성보다 여성에 집중되었기 때문이다. 2008년 리먼 쇼크 때는 전 세계가 동시에 영향을 받아 수출산업 등 외수형 산업의 불황이 두드러지고 남성이 많은 제조업 고용에 타격이 컸다. 반면, 코로나19 당시에는 음식이나 숙박, 생활 오락 등 대면 서비스 산업의 불황이 두드러졌기에

3 内閣府, 2022, 『男女共同参画局 男女共同参画白書』의 제1절 참조.

여성 비정규직 비율	연도	남성 비정규직 비율
38.1	1990년	8.8
38.4	1994년	8.5
42.9	1998년	10.3
49.3	2002년	15.9
52.8	2006년	17.9
53.8	2010년	18.9
56.7	2014년	21.8
56.1	2018년	22.2

자료 6-1. 여성과 남성의 비정규직 비율

출처: 金ハンギョル 2022. 4. 5, 내각부 남녀공동참획 취업 자료

여성 고용이 심각한 영향을 받았다. 특히 일본은 이전부터 존재하던 남녀 간 고용 격차, 특히 여성 비정규직 비중이 높아 이 문제가 더욱 두드러졌다. 긴급사태선언 발령과 함께 2020년 4월 취업자 수는 전년 대비 크게 감소했는데, 남성은 39만 명 감소한 데 비해 여성은 70만 명 감소해 여성 고용의 충격이 현저했다.

일반적인 불황과 달리 팬데믹 상황에서는 전면적인 '스테이 홈'으로 여성의 가사 부담이 증가하고, 어린이집 및 초중학교의 임시 휴원·휴교로 인해 '일과 가정 사이 양자택일'에 직면해 근무시간을 대폭 줄이거나 휴직하는 여성의 비중이 높았다(조우얀페이 2021: 36). 업종과 직종의 차이, 기업 규모의 차이, 고용 형태 등으로 남녀의 재택근무 기회 격차 또한 현저했다. 코로나19 긴급사태선언으로 전국이 얼어붙은 4월 초 시점을 분석하면, 재택근무 가능자는 남성, 대졸자, 정보통신업, 관리직, 전문직, 1,000명 이상 규모 기업, 고소득층, 수도권 거주자에 편중되었다(高見具広 2020). 이후 보다 폭넓은 업종과 직종에도 적용되었으

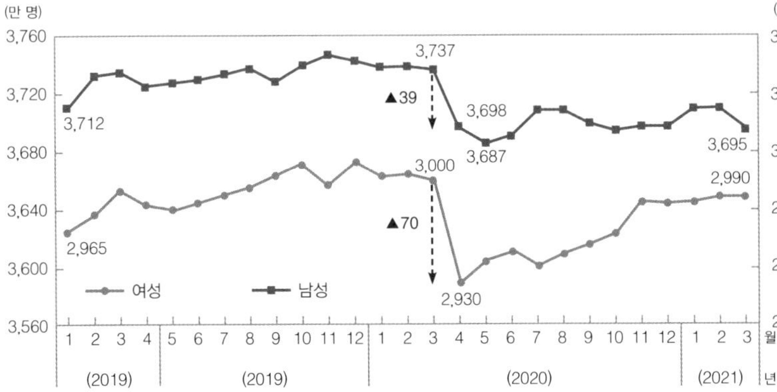

자료 6-2. 코로나19에 따른 여성과 남성 취업자 수의 변화 비교

출처: 内閣府男女共同参画局 令和3年版 男女共同参画白書

나, 워라밸 측면에서 여성에게 재택 업무가 유리할 것이라는 예상을 깨고, 여성들이 처한 노동 조건상 남성보다 오히려 재택근무가 어렵다는 사실이 드러났다(山口一男·大沢真知子 2021: 1).

무엇보다 직종을 불문하고 여성의 비정규직 비율이 높은 것이 코로나19의 경제적 타격이 여성에게 집중된 주요한 원인이다. 일본 노동정책연구·연수기구(JILPT)의 2020년 5월 말 민간기업 직장인 4,307명(20~64세) 대상 취업 상황 조사를 참고하면, 남성 및 정규직 노동자는 휴직자 비율이 각각 1.6%, 1.4%인 반면, 여성은 5.3%, 비정규직 노동자는 6.9%에 달했다. 이 조사에서 비정규직 노동자 중 73.7%가 여성이라는 점을 고려하면, '비정규직 여성'은 '비정규직'과 '여성'이라는 이중의 불리한 조건에 있음을 짐작할 수 있다. 또한 18세 미만 미성년 자녀가 있는 고용자의 경우 여성의 휴직률이 남성의 7.1배에 달했다. 코로나19는 육아를 담당하는 여성의 고용 상황에 가장 큰 영향을 미친 것이다(조우얀페이 2021: 37-41).

첫 번째 긴급사태선언이 시행된 2020년 2분기 일본 국내총생산은 전분기 대비 7.8% 하락했으며, 전년 대비 27.8% 하락한 '전후 최악의 역성장'을 기록했다. 마이너스 성장의 주요 원인으로 '긴급사태선언에 따른 외출 자숙으로 개인 소비 감소'가 꼽혔다. 경기침체에 따른 사회적 부작용이 증가하는 가운데 정부는 '방역'과 '경제'를 양립시키는 대응으로 전환했다. 대표적인 경기부양책의 일환으로 코로나19 확산 위험의 논란 속에서도 경제 회생 명목의 여행비용 지원 캠페인 '고 투 트래블'을 강행했다(박승현 2022: 32). 정부 정책의 무게 중심이 방역에서 경제로 옮겨 가는 가운데 2020년 11월 시점에 재취업한 이들의 비율은 남성이 75%, 여성이 61%였다. 세대별로 보면 맞벌이 가정 여성의 재취업 비율이 57%로 가장 낮아 육아·가사와 임금노동 양립의 어려움을 재차 확인할 수 있다. 싱글맘의 재취업률은 71%였고, 코로나19로 인한 경제적·정신적 어려움에 관한 실태조사에서 식비를 줄이고 적금을 깨고, 대출금 반환이나 공공요금 연체 비율이 가장 높고, 정신적 스트레스가 가장 높은 세대는 싱글맘 세대였다(NHK 2020. 12. 7).

6. 고용과 임금의 젠더 격차

임금의 젠더 격차는 한국은 물론 일본 사회에도 만성적으로 잠재해 있던 문제다. 2021년 민간급여실태통계조사(国税庁長官官房企画課 2022. 9)[4]를 보면, 급여 소득자 5,270만 명의 평균 급여는 443만 엔이고,

---

4 민간급여실태통계조사는 1949년부터 매해 실시되며, 민간 사업소의 연간 급여 실태를 급여 계층별, 사업 소규모별, 기업 규모별로 조사한다. 이 조사를 토대로 계급별, 성별, 연령 계층별, 근속 연수별 급여 소득자의 분포를 알 수 있다.

남성 급여 소득자 3,061만 명의 평균 급여는 545만 엔인 데 비해, 여성 급여 소득자 2,209만 명의 평균 급여는 302만 엔이었다. 남성은 연간 400만~500만 엔의 급여 소득자가 537만 명(17.5%)으로 가장 많은 비중을 차지하는 데 비해, 여성은 100만~200만 엔의 급여 소득자가 497만 명(22.5%)으로 가장 높게 나타났다. 소득의 젠더 격차는 여성 비정규직 비율이 높은 것에 주요 요인이 있는데, 전체 정규직의 평균 급여는 508만 엔인 데 비해 정규직 이외 급여자의 평균 급여는 198만 엔에 그쳤다.

그러나 정규직과 비정규직의 급여 차이로 설명할 수 없는 임금 격차 또한 명백하다. 정규직 남성의 평균 급여는 570만 엔인 데 비해 정규직 여성의 평균 급여는 389만 엔이며, 정규직 이외 남성의 임금은 267만 엔인 데 비해 여성은 162만 엔으로, 고용 형태를 불문하고 남녀의 임금 격차가 컸다. 이와 같은 남녀 임금 격차는 업종별 평균 급여의 차이에서 비롯된다. 남성 취업 비율이 높은 '전기, 가스, 열 공급, 수도업'의 평균 급여가 766만 엔으로 가장 높고, 여성 취업 비율이 높은 '숙박업, 서비스업'의 경우 평균 급여가 260만 엔으로 가장 낮은 분포를 보였다.

〈자료 6-3〉에서 보는 바와 같이 남성은 노동시장에 진입한 후 50대까지 꾸준히 임금이 상승해 55~59세경 피크에 이르며 같은 연령대 여성의 두 배 이상이 되지만, 여성은 연령에 따른 임금 상승이 거의 없다. 취업률은 20대부터 50대까지 꾸준히 70% 이상으로 높지만, 정규직 비율은 25~29세에 58.7%로 피크이며, 30~34세 때 45.9%에서 35~39세 때는 38.2%까지 떨어진다. 이에 따라 급여 또한 20대 중반을 정점으로, 20대 중반 이후 상승하지 못하고 20대 중반부터 50대까지 평균 급여가 320만 엔 전후에 머무는 평행선을 그린다. 출산과 육아 등

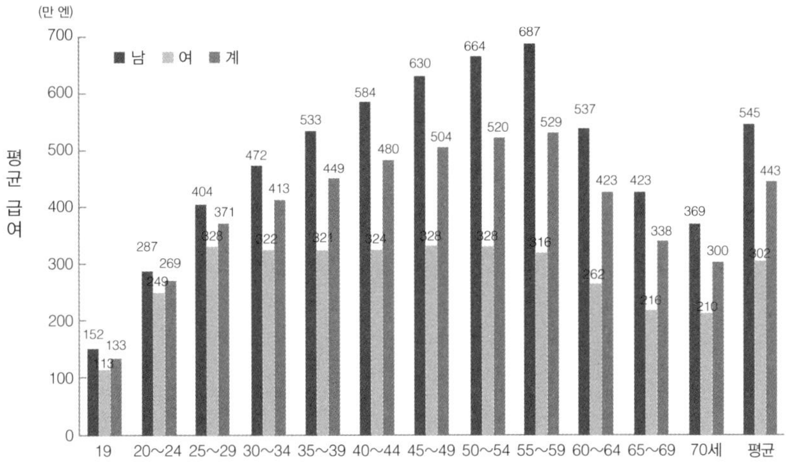

자료 6-3. 2021년 민간급여실태통계조사 남녀 연령 계층별 평균 급여

출처: 国税庁長官官房企画課 2022. 9.

으로 인한 경력단절로 고용의 질적 하락이 발생하거나, 관리직 승진이 어려운 비정규 고용의 비율이 높아 남녀 임금 격차는 연령에 따라 더욱 심화된다. 남녀 모두 근속 연수 30~34년에 이르는 장기 근속자의 임금이 가장 높은데, 여기서도 남성은 761만 엔, 여성은 453만 엔으로 차이가 크다.

고용과 임금의 격차는 연금 격차로 이어진다. 2021년 후생연금보험 노령연금 수급권자의 평균 연금액은 남성 16만 3,380엔, 여성 10만 4,686엔으로 여성은 남성의 3분의 2 이하다. 연금 수급권자 수도 여성은 남성의 절반에 머물러, 여성 고령자 빈곤 문제의 주요한 원인이 된다. 비정규직 노동자는 소득이 낮을 뿐 아니라 일본의 세금과 사회보험료의 공적부담이 저소득자, 비정규직 노동자에게 더욱 냉담하게 적용되므로 발생하는 문제다(오사와 마리 2014: 56).

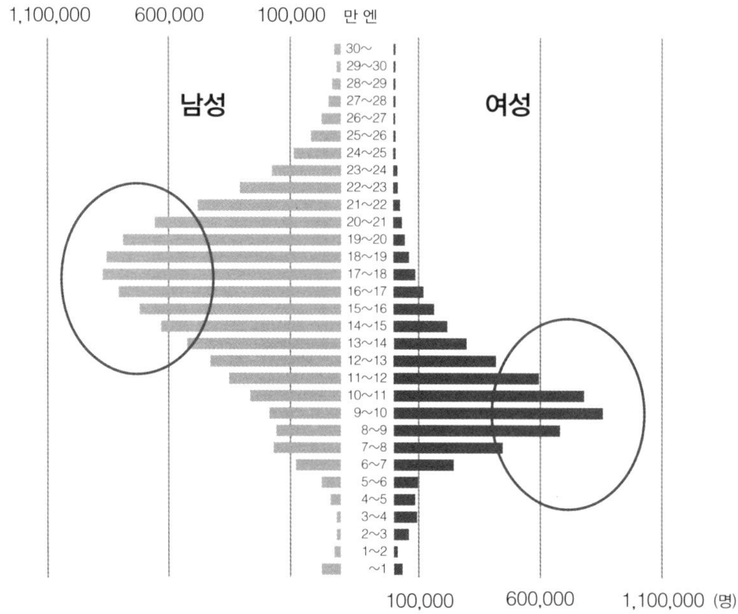

자료 6-4. 후생연금보험 노령연금액 계급별 수급권자 수(2021)

출처: 후생노동성연금국, 「후생연금보험 국민연급사업연보(2021년)」

7. '더 이상 쇼와가 아니다'

1970년대는 블루칼라와 화이트칼라 간 임금 격차, 지역별 임금 격차가 줄어들고, 세대 수입의 격차 또한 줄어들어 '일본 현대사를 통틀어 학력에 따른 경제 격차가 가장 적었던 시기'(橋本健二 2009: 147)다. 이때는 블루칼라와 화이트칼라 층의 가계비 구조가 거의 다르지 않아 사회계층의 동질화가 일어난 시기(中川清 2007: 207-271; 岩田正美 2017: 197)이기도 하다. 한편 이 시기에 '남자는 일, 여자는 가사'라는 성별 역할 분업이 급속하게 대중화되었다. '샐러리맨과 전업주부'의 세대를 뒷받

침하는 배우자 소득 공제가 1961년부터 실시되었고, 1970년대까지 전업주부는 꾸준히 증가했으며, 여성의 결혼퇴직이나 조기퇴직이 당연시됐다.

전후 '쇼와기'의 일본형 생활보장시스템은 기업복지와 가족복지, 즉 종신고용과 연공서열의 고용 관행과 전업주부의 육아와 가사, 개호의 무상노동에 기대어 유지되었다. 1980년대에는 배우자 특별공제 등 성별 역할 분업을 강화하는 정책이 잇달아 도입되었고, 사회 정책은 세대주인 남편을 부양자로, 전업주부인 아내를 피부양자로 구분하는 '가족 단위'로 설계되었다. 당시 과세 체계를 보면, 피부양자인 아내의 수입이 한 해 103만 엔 미만이면 아내의 수입에서 소득세가 면제되었다. 그러나 아내의 연간 수입이 103만 엔을 초과하면 남편과 아내가 각각 독립된 과세 대상이 되며, 배우자 공제 혜택도 받을 수 없어 부부의 세금 총액이 증가했다. 이로써 기혼 여성의 임금을 낮은 수준으로 억제하는 '103만 엔의 장벽'이 관행화되었다.

김경옥(2022: 252)의 지적과 같이 여성의 비정규직화는 이미 1963년부터 예견된 것으로, 당시 정부의 경제심의회는 경제성장에 따른 인력난을 예견하며 중장년 여성의 파트타임 고용을 권고하는 의견을 제출했다. 1985년 6월 UN여성차별철폐조약이 만장일치로 국회에서 가결되고 남녀고용기회균등법이 제정된 이후에도 기업은 '종합직', '일반직'의 코스 제도를 만들어 사실상 남성을 종합직으로, 여성을 일반직으로 양분했다. 1990년대 이후 취업 여성의 수가 전업주부의 수를 넘어섰지만, 그 상당 부분은 '주부 파트타임(主婦パート)'이라 불리는 비정규 고용이었다.

1994년(헤이세이6)에는 65세 이상의 인구가 14%를 넘어 '고령사회'에 돌입했다. 이 시기에 이혼율이 급증하여 단독 세대의 비율도 상승한다. 여성의 직장 진출이 늘어나는 한편, 1989년의 이른바 '1.57 쇼크'를 경험하고 다음 해에는 합계특수출생률이 1.34로 떨어져 저출산이 본격적으로 진행되었다. 강력한 젠더 분업을 기반으로 가족과 기업 등 중간 집단이 사회보장 기능을 대체하는 '쇼와'적인 일본형 생활보장 체제에 본격적인 균열이 생기기 시작한 것이다. 이른바 '신시대일본경영'이 본격화된 이후 비정규직 비율은 1999년 24.4%, 2009년 33.7%, 2019년 38.3%까지 증가했고, 2022년에는 36.9%에 달했다.

2022년의 비정규 고용을 고용 형태별로 파악하면 파트타임 노동이 48.6%로 절반 가까이 되고, 아르바이트 21.6%, 계약직 13.5%, 파견직 7.1%의 비중을 차지한다(厚生労働省 2021). 그러나 일본 사회의 고용시장이 본격적으로 '유연화'되기 전인 1990년에도 여성 비정규직 비율은 38.1%였다. 이는 당시 남성 비정규직 비율(8.8%)의 5배에 달하는 수치다. 전후 일본의 여성 노동은 결혼퇴직, 출산퇴직, 조기정년제, 주부 파트타임 등 여성 차별적인 제도와 정책 속에 있었다. '근대 가족 신화'의 뿌리 깊은 통념 속에서 '차별'이 문제시되지 않았을 뿐이다. 가부장적 사회구조와 성차별적 노동시장, 가족주의와 성별 역할 분업, 사회안전망 부재에 더해 여성 차별을 묵인하는 사회 분위기 속에서 여성의 빈곤 문제는 드러나기 전부터 뿌리 깊게 잠재하고 있었던 것이다.

그렇기에 이이지마 유코(2017: 14-19)는 여성 빈곤은 좀처럼 실태가 드러나지 않고 파악하기 힘들다고 진단하며, 빈곤은 많은 여성의 삶에서 '초기 설정값'과 같이 공통된 것으로, 최근 상승한 것이 아니라 오히려 완화되고 있다고 분석한다. 1970년대 중반까지 일본인의 유배우자율은 95%를 웃돌았고, 근대 가족 모델과 성별 역할 분업에 의거한 일본형 고용 시스템은 노동시장에서 여성의 주변화를 공고히 해왔다. 그럼에도 이것이 세대 안에 숨겨져 문제로 인식되지 않았고, 비혼 여성의 빈곤은 더구나 열외로 치부되었다. 코로나19 속에서 드러난 일본의 여성 빈곤은 가족 등 여성을 둘러싼 사회적 환경의 변화와 여성 차별적인 노동의 역사가 만나는 지점에서 분출했다고 할 것이다.

2022년 6월 남녀공동참획국(Gender Equality Bureau Cabinet Office)의 『남녀공동참획백서(男女共同参画白書)』는 '100세 시대 결혼과 가족'을 테마로 삼는다. 그리고 코로나19 속에서 일본 사회 '남녀공동참획'이 진전되지 않았음이 다시금 현저하게 드러났다고 분석한다. 특히 가족의 형태가 변하고 있음에도 불구하고 남녀 간 임금 격차나 노동 관행, 의식, 정책, 제도들이 여전히 전후 고도 경제성장기, 쇼와 시대 방식에 머물고 있음을 지적하며 '더 이상 쇼와가 아니다'라는 문제의식을 던진다.

전후의 '쇼와적인' 가족은 평균 두 명의 자녀와 부부의 성별 역할 분업이 이루어지는 형태였다. 1980년(쇼와55년)과 2020년(레이와2년)을 비교하면, 40년 동안 남녀 모두 '비혼'과 '별거'의 비율이 큰 폭으로 증가했다. 1980년에 전체 약 60%를 차지하던 '부부와 자녀(42.1%)'와 '3세대 이상(19.9%)'은 2020년 기준 각각 25.0%, 7.7%로 감소했고, 1인 가구 비율은 19.8%에서 38.0%로 증가해 전체에서 가장 높은 비율을 차지한다. 코로나19 속에서 혼인은 2020년 52.6만 건, 2021년 51.4만 건으로 전후 가장 적은 수치다. 2020년 기준 30대 비혼율은 여성 40.5%, 남성 50.4%다. 50세 시점에 배우자가 없는 비율은 2020년 기준 남녀 모두 약 30%다. 사망 연령 최빈값이 여성 93세, 남성 88세인 초고령사회 일본의 가족과 인생의 모습은 그야말로 '쇼와'에서 일변하여 다양화하고 있다.

일본은 한국과 나란히 성별 임금 격차가 큰 나라다. 2021년 기준 한국의 성별 임금 격차는 31.1%다. 남녀 근로자를 각각 연봉 순으로 줄 세울 때 정중앙인 중위임금을 받는 남성이 여성보다 31.1%를 더 받았다는 의미다. 한국은 1996년 OECD 가입 이래 30년간 OECD 성별 임금 격차 1위를 차지해 왔다. 31.5%는 OECD 평균인 11.7%와 차이가 크며, OECD 주요국 중 한국에 이어 성별 임금 격차가 큰 일본의 22.5%와도 차이가 적지 않다. 이 글에서는 코로나19 속에서 드러난 일본 여성의 빈곤 문제를 일본 사회의 맥락에서 다루었으나, 그 구조적 조건은 한국도 다르지 않기에 일본 여성 빈곤의 논의는 한국 사회에 시사하는 바가 크다.

참고문헌

서문

권숙인, 2009, "일본의 '다민족·다문화화'와 일본연구," 『일본연구논총』 29.

박승현, 2020, "코로나19 팬데믹과 불안억제사회 일본: 재난공동체의 불안과 자숙, 그리고 연대," 『아시아연구』 제23집 4호.

리베카 솔닛, 2012, 『이 폐허를 응시하라: 대재난 속에서 피어나는 혁명적 공동체에 대한 정치사회적 탐사』, 정해영 역, 펜타그램.

후쿠시마 료타, 2020, 『부흥문화론: 일본적 창조의 계보』, 안지영·차은정 역, 리시올.

アードマンパルモア·前田大作, 1988, 『お年寄り: 比較文化から見た日本の老人』, 片多順 訳, 九州大学出版会.

岩本通弥, 2017, "異化される〈日常〉としてのマスメディア —「男児起き去り事件」と「介護殺人·心中事件」のNEWS報道をめぐって," 『日常と文化』 3: 63-98.

上野正彦, 1981, "老人の自殺," 『日大医学雑誌』 40(10): 1109-1119.

増田寛也, 2014, 『地方消滅: 東京一極集中が招く人口急減』, 中央公論新社.

齋藤純一, 2000, 『公共性』, 岩波書店.

塩崎賢明, 2014, 『復興〈災害〉— 阪神·淡路大震災と東日本大震災』, 岩波書店.

人口戦略会議, 2024, "人口ビジョン2100."

東日本大震災復興構想会議, 2011, "復興への提言: 悲惨のなかの希望."

1장

김현미, 2005, “경계에 선 여성 노동자는 말할 수 있는가?,” 『글로벌 시대의 문화 번역: 젠더, 인종, 계층의 경계를 넘어』, 또하나의 문화.

______, 2010, “글로벌 신자유주의 경제 질서와 이동하는 여성들,” 『여성과 평화』 5: 121-142.

박경민, 2022, “일본 재흥(再興)의 개국 담론과 글로벌 일본인론: 국제인과 글로벌인재 육성정책에 대한 비판적 검토,” 『아시아리뷰』 12(3): 113-152.

오가와 레이코, 2016, “동아시아의 글로벌화하는 돌봄노동: 일본, 한국과 리저널 케어 체인(東アジアのグローバル化するケア労働：日韓とリージョナル·ケア·チェーン),” 『第89回 日本社会学会大会 研究報告』, https://jss-sociology.org/research/89/pdf/JP1K.pdf.

이현옥, 2016, “동아시아 맥락에서의 돌봄레짐 변화와 이주의 여성화: 한국과 대만을 중심으로,” 『경제와 사회』 6: 239-269.

채수홍, 2003, “여성, 노동자, 여성노동자: 여성주의 민족지의 젠더와 계급,” 『여성연구』 65(2): 1-34.

최무현·김경희, 2004, “일본의 복지레짐의 성격 변화: 개호보험의 도입을 중심으로,” 『한국행정학보』 38(5): 303-325.

라셀 살라자르 파레냐스, 2009, 『세계화의 하인들: 여성, 이주, 가사노동』, 문현아 역, 도서출판 여이연.

安里和晃, 2007, “日比経済連携協定と外国人看護師·介護労働者の受入れ,” 久場嬉子 編著, 『介護·家事労働者の国際移動』, 日本評論社.

伊藤鏡, 2014, “介護現場における外国人介護労働者の評価と意欲: インドネシア第一陣介護福祉士候補者受け入れ施設のアンケート調査をもとに,” 『厚生の指標』 61(11): 27-35.

遠藤清江, 2019, “介護現場の国際化と女性労働者の役割,” 『東洋大学人間科学総合研究所紀要』 21: 243-253.

大和三重, 2020, “日本の介護人材不足と外国人介護労働者の受入れをめぐる課題: 神戸市の外国人介護人材調査の結果から,” *Human Welfare* 12(1): 57-70.

鹿毛理恵, 2018, “日本における外国人介護人材受け入れの現状と課題: 経済連携協定によるインドネシア介護福祉士候補者の受け入れの事例を中心にして,” 『アジア女性研究』27: 17-29.
田村穂, 2020, "技能実習制度の変遷: これまでの課題とこれからの課題,"『神戸大学経済学部 ワーキングペーパー』331: 1-16.
津崎克彦, 2014, "在留外国人統計に見る外国人労働力の性質と変容,"『四天王寺大学紀要』58: 125-154.
哲佐野, 2002, "外国人研修·技能実習制度の構造と機能,"『ディスカッション·ペーパー』53: 1-25.
森廣正, 2002, "日本における外国人労働者問題の研究動向: 文献を中心にして,"『大原社会問題研究所雑誌』528: 1-25.
守屋貴司·傅迎莹, 2010, "日本における外国人研修制度·技能実習制度に関する研究: 滋賀県を中心として,"『立命館経営学』48(5): 155-176.
山口裕子, 2020, "日本の外国人受け入れ政策の変遷と課題: 技能実習制度から2018年入管法改正までを中心に,"『北九州市立大学文学部紀要』90: 87-108.
Chan, Yuk Wah, 2019, "Asian Migrations and the Evolving Notions of National Community," *Routledge International Handbook of Migration Studie*s, edited by Steven J. Gold and Stephanie J. Nawyn, Routledge.
Constable, Nichole, 1997, "Sexuality and Discipline among Filipina Domestic Workers in Hong Kong," *American Ethnologist* 24(3): 539-558.
Faier, Lieba, 2007, "Filipina Migrants in Rural Japan and Their Professions of Love," *American Ethnologist* 34(1): 148-162.
Hochschild, Arlie, 2000, "Global Care Chains and Emotional Surplus Value," *On the Edge: Living with Global Capitalism,* edited by Will Hutton, Anthony Giddens and Jonathan Cape, 130-146.
Hollifield, James F. and Michael O. Sharpe, 2017, "Japan as an 'Emerging Migration State'," *International Relations of the Asia-Pacific* 17(3): 371-400.
Hondagneu-Sotelo, Pierrette, 2007, "Maid in L.A", *Doméstica: Immigrant Workers Cleaning and Caring in the Shadows of Affluence*, University of California Press.
Hondagneu-Sotelo, Pierrette and Ernestine Avila, 1997, "'I'm Here, but I'm There': The Meanings of Latina Transnational Motherhood," *Gender & Society* 11(5): 548-571.
Kashiwazaki, Chikako, 2006, "Japanese Immigration Policy: Responding to

Conflicting Pressures," *Migration Information Source: Fresh Thought, Authoritative Data, Global Reach*, https://www.migrationpolicy.org/article/japanese-immigration-policy-responding-conflicting-pressures.

Lan, Pei-Chia, 2001, "The Body as a Contested Terrain for Labor Control: Cosmetics Retailers in Department Stores and Direct Selling," *The Critical Study of Work: Labor, Technology, and Global Production*, edited by Rick Baldoz, Chuck Koeber, and Phil Kraft, Temple University Press, pp. 83-105.

______, 2003, "Among Women: Migrants Domestics and Their Taiwanese Employers Across Generations," *Global Woman: Nannies, Maids, and Sex Workers in the New Economy*, edited by Barbara Ehrenreich and Arlie Hochschild.

______, 2018, "Bridging Ethnic Differences for Cultural Intimacy: Production of Migrant Care Workers in Japan," *Critical Sociology* 44(7-8): 1029-1043.

Lopez, Mario, 2007, "From Bride to Care Worker? On Complexes, Japan and the Philippines," *Media and Culture Journal* 10(3), http://journal.media-culture.org.au/0706/04-lopez.php.

Piper, Nicola, 2006, "Gendering the Politics of Migration," *The International Migration Review* 40(1): 133-164.

Roth, Joshua Hotaka, 2002, *Brokered Homeland: Japanese Brazilian Migrants in Japan*, Cornell University Press.

Sassen, Saskia, 2003, "Global Cities and Survival Circuits," *Global Women: Nannies, Maids, and Sex Workers in the New Economy*, edited by Barbra Ehrenreich and Arlie Russel Hochschild, Holt Paperbacks.

Sellek, Yoko, 1997, "Nikkeijin: The Phenomenon of return migration," *Japan's Minorities: The Illusion of Homogeneity*, edited by Michael Weiner, Routledge, pp. 178-210.

______, 2001, *Migrant labour in Japan New York*, Palgrave Macmillan.

Shipper, Apichai W., 2005, "Criminals or Victims? The Politics of Illegal Foreigners in Japan," *The Journal of Japanese Studies* 31(2): 299-327.

Suzuki, Nobue, 2000, "Between Two Shores: Transnational Projects and Filipina Wives in/from Japan," *Women's Studies International Forum* 23(4): 431-444.

______, 2007, "Marrying a Marilyn of the Tropics: Manhood and Nationhood in

Filipina-Japanese Marriages," *Anthropological Quarterly* 80(2): 427-454.

Tsuda, Takeyuki(Gaku), 2000, "Japanese-Brazilian Ethnic Return Migration and the Making of Japan's Newest Immigrant Minority," *Ethnology* 39(1): 55-71.

______, 2003, "Domesticating the Immigrant Other: Japanese Media Images of Nikkeijin Return Migrants," *Ethnology* 42(4): 289-305.

Yamawaki, Keizo, 2000, "Foreign Workers in Japan: A Historical Perspective," *Japan and Global Migration: Foreign Workers and the Advent of a Multicultural Society*, edited by Mike Douglass and Glenda S. Roberts, Routledge.

外国人技能実習機構(OTIT), 2022, "令和3年度外国人技能実習機構業務統計."

______, 2023, "国籍·地域別職種別 技能実習計画認定件数(構成比),"『令和4年度外国人技能実習機構業務統計』.

熊本県, 2023, "外国人労働者が働きやすい工夫をしている企業事例集."

厚生労働省, 2001, "支援費制度担当課長会議資料(支援費制度の事務大要)."

______, 2008, "介護労働者の確保·定着等に関する研究会(平成20年7月)."

______, 2016a, "経済連携協定に基づく介護福祉士候補者等の異なる活躍を推進するための具体的方策について."

______, 2016b, "外国人介護人材受入れの在り方に関する検討会報告書."

______, 2018a, "介護分野における特定技能の在留資格に係る制度の運用に関する方針."

______, 2018b, "特定技能の在留資格に係る制度の運用に関する基本方針について."

______, 2020, "外国人介護人材の受入れについて."

______, 2021, "介護人材確保に向けた取り組み."

______, 2022a, "外国人雇用状況の届出状況まとめ."

______, 2022b, "インドネシア、フィリピン及びベトナムからの外国人看護師·介護福祉士候補者の受入れについて."

______, 2023a, "「外国人雇用状況」の届出状況まとめ(令和4年10月末現在)."

______, 2023b, "EPA基づく外国人看護師候補者の看護師国家試験の結果."

______, 2023c, "第34回介護福祉士国家試験におけるEPA介護福祉士候補者の試験結果."

出入国在留管理庁, 2022, "技能実習生の妊娠·出産に係る不適正な取扱いに関する実態調査."
______, 2023a, "特定技能在留外国人数(令和4年12月末現在)."
______, 2023b, "技能実習生の妊娠·出産について."
男女共同参画局, 2021, "男女共同参画白書 令和2年版: 介護者数の推移."
ディップ総合研究所, 2019, "外国人労働者と働いた経験·外国人労働者のイメージ."
内閣官房, 2006, "「生活者としての外国人」に関する総合的対応策."
内閣府, 2004, "外国人労働者の受入れに関する世論調査(平成16年5月調査)."
______, 2010, "労働者の国際移動に関する世論調査(平成22年7月調査)."
______, 2019, "企業の外国人雇用に関する分析ー取り組みと課題について."
法務省, 2017, "新たな外国人技能実習制度について."
______, 2021, "在留外国人に対する基礎調査結果報告書."
ライフデザイン研究所, 2002, "外国人労働者に関する意識調査."
CNCケアネットワーク協同組合, https://care-nw.org/(2020. 12. 18 접속).
HACK 外国人採用, https://recruit-guide.jp/(2020. 12. 18 접속).
ILO, 2019, "Public Attitudes towards Migrant Workers in Japan, Malaysia, Singapore, and Thailand."
KSK Recruitment Channel, "在日フィリピン人介護士," https://www.ksk-k.com/service/international/caregiver/(2020. 12. 18 접속).
MUFG, 2021, "外国人介護人材の受入れ実態等に関する調査研究事業報告書."
______, 2023, "外国人介護人材の介護福祉士取得に向けた調査研究事業報告書."
UN Women, 2012, "Factsheet Domestic Work and Migration in Asia."
国際人材協力機構(JICO) 홈페이지.
日本技能実習生支援センター 홈페이지, "外国人技能実習制度とは," https://www.jitco.or.jp/ja/regulation/(2023. 2. 10 접속).
伊賀タウン情報ユー, 2020. 7. 5, "介護施設で技能実習インドネジア女性5人伊賀市の老健," https://www.iga-younet.co.jp/2020/07/05/27242/(2020. 12. 18 접속).
朝日新聞, 2022. 5. 7, "全国初の特定技能2号､岐阜の中国籍男性「やっと家族と暮らせる」," https://www.asahi.com/articles/ASQ555F5SQ4MOHGB00F.html(2023. 4. 2 접속).
______, 2023. 3. 24, "孤立出産の背景にある複雑な事情「気持ちを理解し､匿名での支援を」," https://www.asahi.com/articles/ASR3S4HG3R3RTIPE01K.

html(2023. 5. 15 접속).
日本経済新聞, 2021. 7. 7, "コロナ下の介護危機: 家庭内の負担女性に偏り," https://www.nikkei.com/article/DGXZQOCD253IR0V20C21A5000000/(2023. 5. 23 접속).
読売TV, 〈日本に憧れて…技能実習制度のいま:日本での仕事を夢見るインドネシアの若者〉(2022년 11월 26일 방송), https://www.youtube.com/watch?v=uZkFxWwI5Dc(2022. 11. 30 접속).
Japan Times, 2017. 1. 10, "Leaning to Bow: Japan Reluctantly Opens Door to Foreign Housemaids," https://www.japantimes.co.jp/news/2017/01/10/national/learning-bow-japan-reluctantly-opens-door-foreign-housemaids/(2020. 12. 18 접속).
NHK NEWS, 2023. 3. 24, "ベトナム人元技能実習生 赤ちゃん遺棄の裁判 きょう最高裁判決," https://www.tokyo-np.co.jp/article/240010(2023. 5. 15 접속).
______, 〈技能実習生制度を廃止「育成就労制度」に名称変更 最終報告書〉(2023년 11월 24일 방송), https://www3.nhk.or.jp/news/html/20230410/k10014033941000.html(2024. 1. 15 접속).

2장

가스가 기스요, 2019, 『백 살까지 살 각오는 하셨습니까?: 아프지 않고, 외롭지 않은 노년을 위한 100세 인생 지침서』, 최예은 역, 아고라.
톰 섹스피어, 2013, 『장애학의 쟁점: 영국 사회모델의 의미와 한계』, 이지수 역, 학지사.
高齢化社会をよくする女性の会 編, 1991, 『女、老いをひらく: 第9回女性による高齢化社会シンポジウムの記録』, ミネルッヴァ書房.
樋口恵子, 2019, 『老~い、どん! あなたにも「ヨタヘロ期」がやってくる』, 婦人之友社.
______, 2021, 『老いの福袋-あっぱれ! ころばぬ先の知恵88』, 中央公論新社.
______, 2022, 『どっこい生きてる90歳 老~い、どん! 2』, 婦人之友社.

女の自立と老いを考えるシンポジウム実行委員会, 1982, "第一回女性による老人問題シンポジウム報告書."

斎藤駿, 2023, "きんさん·ぎんさん,"『文芸春秋』2023年 1月号.
婦人公論, 2020. 11. 29, "上野千鶴子×稲垣えみ子「認知症の母を苦しめた《幸せな老後》のイメージ」: 最後まで、ご機嫌な独居老人でいよう." https://fujinkoron.jp/articles/-/2099(2023. 1. 30 접속).
______, 2022. 7. 29, "《介護保険の母》樋口恵子、乳がん発見を機に90歳の決断。「みんなが少しでも生きやすくなるように、そんな表彰ならあってもいい」," https://fujinkoron.jp/articles/-/6284(2023. 1. 28 접속).

3장

江尻愛美·河合恒·安永正史·白部麻樹·伊藤久美子·植田拓也·大渕修一, 2021, "住民主体の通いの場における活動期間に応じた継続支援方法の考察,"『日本公衆衛生雑誌』68(7): 459-467.
飛田敦子, 2022, "コロナ禍以前の居場所調査を振り返って," 兵庫県立大学NPO研究連携センター·認定NPO法人コミュニティ·サポートセンター神戸 編,「2021年度居場所マネジメント実態調査中間報告書—エコシステムから見たウィズコロナ時代の居場所のあり方—」,『兵庫県立大学政策科学研究所研究資料』290: 3-11.
藺牟田洋美·安村誠司·藤田雅美·新井宏朋·深尾彰, 1998, "地域高齢者における『閉じこもり』の有病率ならびに身体·心理·社会的特徴と移動能力の変化,"『日本公衆衛生雑誌』45(9): 883-892.
金子勇, 1987, "都市高齢者のネットワーク構造,"『社会学評論』38(3): 336-350.
神戸市, "つどいの場," https://www.city.kobe.lg.jp/a46210/kenko/fukushi/carenet/kaigoyobou_panda/yobou_salon/index.html(2022. 12. 16 접속).
国立社会保障·人口問題研究所, 2018, "日本の世帯数の将来推計(全国推計)2018(平成30)年推計," https://www.ipss.go.jp/pp-ajsetai/j/HPRJ2018/t-page.asp(2022. 11. 24 접속).
小嶋雅代, 2022, "「通いの場」の概念整理－狭義と広義－," 近藤克則 編,『ポストコロナ時代の「通いの場」』, 日本看護協会出版会.
厚生労働省, 2013, "平成25年度 介護予防事業及び介護予防·日常生活支援総合事業

(地域支援事業)の実施状況に関する調査結果(概要),” https://www.mhlw.go.jp/file/06-Seisakujouhou-12300000-Roukenkyoku/0000077238.pdf(2022. 11. 24 접속).

______, 2014, “平成26年度 介護予防事業及び介護予防·日常生活支援総合事業(地域支援事業)の実施状況に関する調査結果(概要),” https://www.mhlw.go.jp/file/06-Seisakujouhou-12300000-Roukenkyoku/0000077238_3.pdf(2022. 11. 24 접속).

______, 2016, “一億総活躍社会実現に向けた健康寿命の延伸－効果的な介護予防の取組と戦略的な組合せの横展開－,” 平成27年度 地域づくりによる介護予防推進支援事業 第2回都道府県介護予防担当者·アドバイザー合同会議(H28.2.25)資料1, https://www.mhlw.go.jp/file/05-Shingikai-12301000-Roukenkyoku-Soumuka/0000121710.pdf(2022. 11. 24 접속).

______, 2018, “介護予防·日常生活支援総合事業(地域支援事業)の実施状況(平成 30 年度実施分)に関する調査結果(概要),” https://www.mhlw.go.jp/content/12300000/000570876.pdf(2022. 11. 24 접속).

______, 2019, “一般介護予防事業等の推進方策に関する検討会取りまとめ,” https://www.mhlw.go.jp/content/12300000/000576580.pdf(2022. 11. 24 접속).

小辻寿規, 2011, “高齢者社会的孤立問題の分析視座,” *Core Ethics* 7: 109-119.

内閣官房, 2021, “孤独·孤立対策推進会議決定 令和3年12月28日,” https://www.cas.go.jp/jp/seisaku/kodoku_koritsu_taisakusuishin/dai1/siryou1-1.pdf(2022. 11. 24 접속).

内閣府, 2014, “平成26年度一人暮らし高齢者に関する意識調査,” https://www8.cao.go.jp/kourei/ishiki/h26/kenkyu/zentai/pdf/s2-2.pdf(2022. 11. 24 접속).

______, 2015, “住生活に関する世論調査 平成27年度,” https://survey.gov-online.go.jp/h27/h27-juuseikatsu/zh/z13.html(2022. 11. 24 접속).

______, 2019, “平成30年度 高齢者の住宅と生活環境に関する調査,” https://www8.cao.go.jp/kourei/ishiki/h30/zentai/index.html(2022. 11. 24 접속).

______, 2021a, “令和3年版高齢社会白書(全体版),” https://www8.cao.go.jp/kourei/whitepaper/w-2021/html/zenbun/s1_1_3.html(2022. 11. 24 접속).

______, 2021b, “2020年度 第9回高齢者の生活と意識に関する国際比較調査(日本、アメリカ、ドイツ、スウェーデンの4カ国),” https://www8.cao.go.jp/kourei/ishiki/

r02/zentai/pdf/2_7.pdf(2022. 11. 24 접속).
西宮市, “第5次西宮市総合計画(素案)地域別アウトライン 参考資料3,” https://www.nishi.or.jp/shisei/sogokeikaku/sogokeikaku/dai5jisogokeikaku/keikakusakutei/gojisopabukomekekka.files/06_outline.pdf(2022. 11. 24 접속).
認定NPO法人コミュニティ·サポートセンター神戸, 2016,『第1回『居場所』サミット in 神戸－みんなでつくろう! わがまち居場所－BigMapデータ集』vol.1, https://www.cskobe.com/uploads/ibasho_p.pdf(2022. 11. 24 접속).
______, 2017,『第2回『居場所』サミットin 神戸－あつまる はなす 次への一歩－BigMapデータ集』vol. 2, https://www.cskobe.com/uploads/ibasho_p.pdf(2022. 11. 24 접속).
認定NPO法人コミュニティ·サポートセンター神戸·兵庫県立大学NPO研究連携センター, 2022,『都市型居場所つながりワークブック組織診断チェックシート付き』, https://www.cskobe.com/uploads/ibasho_v2_all.pdf(2022. 11. 24 접속).
野津隆志, 2022, “高齢者の孤立を防ぐ居場所づくり,”『研究紀要』二十三輯: 4-20.
斉藤雅茂·冷水豊·山口麻衣·武居幸子, 2009, “大都市高齢者の社会的孤立の発現率と基本的特徴,”『社会福祉学』50(1): 110-122.
下山昭夫, 2018, “高齢期生活と社会的ネットワーク－地域包括ケアシステムの社会学的検証に向けて－,”『淑徳大学社会福祉研究所総合福祉研究』22: 7-16.
総務省統計局, 2022, “高齢者の人口,” https://www.stat.go.jp/data/topics/topi1321.html#:~:text(2022. 11. 24 접속).
田近敦子·井手一茂·飯塚玄明·辻大士·横山芽衣子·尾島俊之·近藤克則, 2022, “「通いの場」への参加は要支援·要介護リスクの悪化を抑制するか: JAGES2013-2016縦断研究,”『日本公衆衛生雑誌』69(2): 136-145.
當間克維, 2022, “都市型居場所の特徴と現状および課題,” 認定NPO法人コミュニティ·サポートセンター神戸·兵庫県立大学NPO研究連携センター 編,『都市型居場所つながりづくりワークブック』: 19-27.
辻大士·高木大資·近藤尚己·丸山佳子·井手一茂·LINGLING·王鶴群·近藤克則, 2022, “通いの場づくりによる介護予防は地域間の健康格差を是正するか?: 8年間のエコロジカル研究,”『日本公衆衛生雑誌』69(5): 383-393.
渡辺美鈴·渡辺丈眞·松浦尊麿·樋口由美·渋谷孝裕·臼田寛·河野公一, 2007, “生活機能の自立した高齢者における閉じこもり発生の予測因子,”『日本老年医学会雑誌』 44(2): 238-246.
読売新聞, 2018. 5. 16, "「孤独」に社会で向き合う英国、その背景は," https://www.yomiuri.co.jp/fukayomi/20180514-OYT8T50092/.
Age UK Oxfordshire, Counsel and Care, Independent Age and WRVS, 2011, *Safeguarding the Convoy: A call to action from the Campaign to End Loneliness*, Age UK Oxford.
______, 2012, *Loneliness: the state we are in*, Age UK Oxford.
Cohen, Sheldon, 2004, "Social relationships and health," *American Psychologist* 59: 676-684.
Jo Cox Commission, 2017, *Combating loneliness one conversation at a time: A call to action*, https://www.jocoxfoundation.org/wp-content/uploads/2023/07/rb_dec17_jocox_commission_finalreport.pdf(2022. 11. 24 접속).
OECD, 2005, "Society at a Glance 2005 OECD Social Indicators: Social Isolation," https://www.oecd-ilibrary.org/docserver/soc_glance-2005-en.pdf(2022. 11. 24 접속).
Office for National Statistics, 2018, "Loneliness-What characteristics and circumstances are associated with feeling lonely?," https://www.ons.gov.uk/peoplepopulationandcommunity/wellbeing/articles/lonelinesswhatcharacteristicsandcircumstancesareassociatedwithfeelinglonely/2018-04-10#main-points(2022. 11. 24 접속).
The National Academies of Science, Engineering, Medicine, 2020, *Social Isolation and Loneliness in Older Adults: Opportunities for the Health Care System*, The National Academics Press.
Townsend, Peter, 1963, "Isolation, loneliness, and the hold on life," *The Family life of old People: An inquiry in East London*, Penguin Books.

4장

アーヴィンク ゴッフマン, 2010, 『儀礼としての相互行為』, 浅野敏夫 訳, 法政大学出版局.

エリック クリネンバーグ, 2021,『集まる場所が必要だ: 孤立を防ぎ､暮らしを守る「開かれた場」の社会学』, 藤原朝子 訳, 英治出版.
ジーン レイヴ·エティエンヌ ウェンガー, 1993,『状況に埋め込まれた学習』, 佐伯胖 訳, 産業図書.
関谷雄一·高倉浩樹 編, 2019,『震災復興の公共人類学: 福島原発事故被災者と津波被災者との協働』, 東京大学出版会.
藤井博志 監修·宝塚市社会福祉協議会, 2015,『市民がつくる地域福祉の進め方』, CLC.
柳田国男, 1938, "平凡と非凡,"『柳田国男全集』27, ちくま文庫.
梶谷真司, 2018,『考えるとはどういうことか 0歳から100歳までの哲学入門』, 幻冬舎.
宝塚市社会福祉協議会, 2020,『生活支援コーディネーター活動実績報告書』.
山泰幸, 2021a, "場のデザイン知と哲学カフェ: 協働のエスノグラフィーの試みから,"『土木計画学研究·講演集(CD-ROM)』64, ROMBUNNO 30-02.
______, 2021b, "超高齢時代のまちづくり: 地域コミュニティと場づくり," 岩本通弥 他 編,『民俗学の思考法』, 慶応義塾大学出版会.
山泰幸·関谷雄一, 2019, "災害と向き合う協働の民族／民俗誌: 長期密着型フィールドワークの効果と課題,"『日本災害復興学会 2019年度鳥取大会予稿集』: 17-18.
山下晋司 編, 2014,『公共人類学』, 東京大学出版会.
鳥越皓之, 2008,『｢サザエさん｣的コミュニティの法則』, 日本放送出版協会.
清水展, 2003,『噴火のこだま ピナトゥボ·アエタの被災と新生をめぐる文化·開発·NPO』, 九州大学出版会.
カフェフィロ(Café Philo) 編, 2014,『哲学カフェのつくりかた』, 大阪大学出版会.

5장

닐 포스트먼, 2005,『테크노폴리: 기술에 정복당한 오늘의 문화』, 김균 역, 궁리.
데이비드 라이언, 2014,『감시사회로의 유혹』, 이광조 역, 후마니타스.
미셸 푸코, 2003,『감시와 처벌: 감옥의 탄생』, 오생근 역, 나남출판.
박승현, 2020, "코로나19 팬데믹과 불안억제사회 일본: 재난공동체의 불안과 자숙, 그리고 연대,"『아시아연구』23(4): 23-40.

제러미 벤덤, 2019, 『파놉티콘』, 신건수 역, 책세상.

지그문트 바우만·데이비드 라이언, 2014, 『친애하는 빅브라더: 지그문트 바우만, 감시 사회를 말하다』, 한길석 역, 오월의봄.

岡井崇之, 2022, "コロナ禍から問い直すメディアと社会ー「自粛警察」はいかにして生まれたのか,"『奈良県大学人権教育研究協議会研究報告』17: 1-16.

山本七平, 1977, 『「空気」の研究』, 文芸春秋.

松原悠, 2021, "新型コロナウイルス感染症の流行に伴う「自粛警察」についての一考察ー言説空間の変容に注目して,"『災害と共生』5(1): 13-27.

伊藤昌亮, 2021, "自粛の社会史,"『マス·コミュニケーション研究』98: 51-65.

______, 2022, 『炎上社会を考える自粛警察からキャンセルカルチャーまで』, 中公新書ラクレ.

佐藤直樹, 2023, 『なぜ、自粛警察は日本だけなのか: 同調圧力と「世間」』, 現代書館.

鴻上尚史·佐藤直樹, 2020, 『同調圧力: 日本社会はなぜ息苦しいか』, 講談社.

Felstead, Alan, Nick Jewson and Sally Waters, 2005, *Changing Places of Work*, Palgrave Macmillan.

Kampmark, Binoy, 2020, "The Pandemic Surveillance State: An Enduring Legacy of COVID-19," *Journal of Global Faultlines* 7(1): 59-79.

Trottier, Daniel, 2011, "A Research Agenda for Social Media Surveillance," *Fast Capitalism* 8(1): 59-68.

Deleuze, Gilles, 1992, "Postscript on the Societies of Control," *October* 59: 3-7.

Mathews, Gordon, 2023, "A Cross-cultural Study of Mask-wearing during the Covid-19 Pandemic: Comparing China, Japan and the USA." *Etnoantropološki Problemi Issues in Ethnology and Anthropology* 18(1): 51–76.

Ross, Guy, 2022, "Mass Surveillance to Fight COVID-19: Acceptance of Surveillance Technologies Depends on Goal-directed Motivation," *Journal of Location Based Services* 17(1): 26-47.

Brown, Ian, 2014, "Social Media Surveillance," *The International Encyclopedia of Digital Communications and Society*, https://doi.org/10.1002/9781118767771.wbiedcs122(2023. 10. 29 접속).

Abe, Kiyoshi, 2009, "The Myth of Media Interactivity: Technology, Communications and Surveillance in Japan," *Theory, Culture and Society* 26(2-3): 73-88.

Hjorth, Larissa, and Ingrid Richardson, 2016, "Careful Surveillance and Pet Wearables: At Home with Animals," *The Conversation* 5(september), https://theconversation.com/careful-surveillance-and-pet-wearables-at-home-with-animals-63883(2023. 4. 30 검색).

Andrejevic, Mark, et al., 2021, "Situating 'Careful Surveillance'," *International Journal of Cultural Studies* 24(4): 567-583.

Rice, Nikolai, 2019, "The Polyopticon: Data Gathering and State Technopower," *Georgetown Security Studies Review* 28(August), https://georgetownsecuritystudiesreview.org/2019/08/28/the-polyopticon-data-gathering-and-state-technopower/(2023. 5. 9 검색).

Livingstone, Sonia, 2006, "Children's Privacy Online: Experimenting with Boundaries Within and Beyond the Family," *Computers, Phones and the Internet: Domesticating information Technology*, edited by Robert Kraut, Malcom Brynin and Sara Kiesler, Oxford University Press.

Ryang, Sonia, 2002 "*Chrysanthemum*'s strange life: Ruth Benedict in Postwar Japan," *Asian Anthropology* 1(1): 87-116.

Sherman, Stephanie, 2022, "The Polyopticon: A Diagram for Urban Artificial Intelligences," *AI & Society* 38: 1209-1222, https://doi.org/10.1007/s00146-022-01501-3(2023. 5. 13 검색).

Nagata, Takashi, et al., 2021, "Fighting Covid-19 in Japan: A Success Story?" *Coronavirus Politics*, edited by Scott Greer, Elizabeth King, Elize Massard da Fonseca and André Peralta-Santos, University of Michigan Press.

Iijima, Wataru, 2021, "Jisyuku as a Japanese Way for anti-Covid-19. Some Basic Reflections," *Historical Social Research* 33: 284-301.

Kim, Yeran, 2021, "Bio or Zoe?: Dilemmas of Biopolitics and Data Governmentality during COVID-19," *Cultural Studies* 35(2-3): 370-381.

노컷뉴스, 2020. 12. 8, "'선녀들' 여의도 한복판 '노마스크' 촬영 비판 봇물," https://www.nocutnews.co.kr/news/5460635(2023. 4. 30 검색).

매일경제, 2020. 8. 28, "지하철선 꼭… NO마스크 신고 1만 8천 건," https://www.mk.co.kr/news/society/9496805(2023. 4. 30 검색).

연합뉴스, 2020. 2. 29, “마스크 착용 사진 올린 미국 연예인에 부정적 평가,” https://www.yna.co.kr/view/AKR20200229021800075(2023. 4. 30 검색).

宮本健太, 2021, “自粛警察ってどういう意味? 私的攻撃が止まらない原因や法的責任を解説,” https://best-legal.jp/self-restraint-police-26393/(2023. 5. 1 검색).

読売新聞 オンライン, 2021. 7. 31, “若者「我慢の限界」自粛疲れも…進まぬ摂取に危機感薄く,” https://www.yomiuri.co.jp/national/20210730-OYT1T50436/(2023. 4. 30 검색).

毎日新聞, 2020. 5. 7, “「自粛警察」の理不尽,” https://mainichi.jp/articles/20200509/dde/001/040/030000c(2023. 4. 30 검색).

______, 2020. 5. 22, “同調圧力、相互監視…下向く世相に「自粛警察」横行、不満は解消しないのに,” https://mainichi.jp/articles/20200521/k00/00m/040/277000c(2023. 4. 30 검색).

法務省, 2020, “自粛警察と誤った正義感,” https://www.moj.go.jp/JINKEN/jinken05_00055.html(2023. 5. 9 검색).

日本経済新聞, 2020. 5. 17, “「自粛警察」危うい正義感 コロナで鬱憤、他社を攻撃,” https://www.nikkei.com/article/DGXMZO59211260W0A510C2SHB000/(2023. 4. 30 검색).

朝日新聞, 2020. 6. 9, “「自粛警察」, まるでファシズム,” https://www.asahi.com/articles/DA3S14506341.html(2023. 4. 30 검색).

NHK, 2020. 5. 9, “「自粛警察」相次ぐ 社会の分断防ぐ冷静な対応を新型コロナ,” https://www3.nhk.or.jp/news/html/20200509/k10012423651000.html(2023. 4. 30 검색).

ニッセイ基礎研究所, 2021. 5. 12, “コロナ禍を上手く乗り切っているのはどの国か?,” https://www.nli-research.co.jp/report/detail/id=67765?site=nli(2023. 5. 9 검색).

ユーキャン 2020. 12. 1, “「現代用語の基礎知識」選2020ユーキャン新語·流行語大賞 年間大賞&トップ10発表,” https://www.u-can.co.jp/company/news/1209908_3482.html(2023. 12. 13 검색).

Rich, Motoko and Ben Dooley, 2022, “Japan's Secret to Taming the Coronavirus: Peer Pressure,” *The New York Times*, 2(July), https://www.japantimes.co.jp/news/2022/07/03/national/japan-coronavirus-peer-pressure/(2023. 5. 9 검색).

6장

김경옥, 2022, "현대 일본 사회와 여성의 역할 변화: 신전업주의 지향을 중심으로," 『인문연구』 98: 245-269.

김미숙, 1999, "90년대 일본여성노동력에 대한 사회적 보호정책의 새로운 흐름," 『한국인구학』 22(2): 163-195.

릴리 프랭키, 2007, 『도쿄타워』, 양윤옥 역, 랜덤하우스코리아.

문은영·전경옥, 2005, "일본의 가족, 노동시장, 복지정책을 통해 본 여성 빈곤: 여성 한부모 가구주 사례를 중심으로," 『세계지역연구논총』 23(2): 31-58.

박승현, 2022, "코로나19 자숙이 불러일으킨 '세켄(世間)'의 공기: 일본문화론의 재부상과 '코로나 쇄국'의 문제," 『일본연구논총』 55: 40-59.

박승현·남기정, 2022, "도쿄 — 일본: 2020 올림픽·패럴림픽과 코로나19 방역의 딜레마," 서울연구원·서울대학교 아시아연구소 편, 『팬데믹, 도시의 대응: 세계 대도시의 코로나19 경험에서 배우다』, 서울연구원.

박지환, 2020, "슬럼에서 요세바로: 현대 일본에서의 주변적 남성성의 공간적 생산과 구성," 『일본연구논총』 52: 124-155.

송지연, 2023, "'아베 정부의 인구구조 변화에 대한 대응 전략'," 조관자 편, 『일본 자본주의의 위기, 새로운 자본주의의 기회인가?』, 박문사.

오사와 마리, 2014, "일본의 사회적 취약성의 극복과 생활보장체계," 『젠더법학』 제5권 1·2: 43-67.

요시미 순야, 2020, 『헤이세이(平成) 일본의 잃어버린 30년』, 서의동 역, A.K.

이이지마 유코, 2017, 『여성파산』, 정미애 역, 매일경제신문사.

조우얀페이, 2021, "일본 여성에게 집중된 코로나 쇼크의 피해: 현황과 향후 전망," 『국제노동브리프』 2021년 1월호: 35-27.

종합여성사연구회, 2006, 『일본여성의 어제와 오늘』, 최석환·임명수 역, 어문학사.

古渡彩乃, 2021, "コロナで貧困の描かれ方は変わったのか: 女性の貧困をめぐる日本の新聞報道を事例に," 学士論文, 京都大学.

橋本健二, 2009, 『「格差」の戦後史』, 河出書房新社.

稲葉剛, 2021, 『貧困パンデミック』, 明石書店.

鈴木大介, 2014, 『最貧困女子』, 幻冬舎.

山口一男·大沢真知子, 2021, "新型コロナの影響下での在宅勤務の推進と男女の機会の不平等," RIETI Discussion Paper Scrics 21-J-002.
山野良一, 2014,『子どもに貧困を押しつける国·日本』, 光文社.
上間陽子, 2017,『裸足で逃げる 沖縄の夜の街の少女たち』, 太田出版.
水島宏明, 2022, "「貧困」をめぐるテレビ報道はリーマンショック期からコロナショック期にかけてどう変容したのか: 生活保護を中心に,"『大原社会問題研究所雑誌』, 766巻: 31-51.
神原文子, 2020,『子づれシングルの社会学: 貧困·被差別·生きづらさ』, 晃洋書房.
阿部彩, 2011,『弱者の居場所がない社会: 貧困·格差と社会的包摂』, 講談社.
岩田正美, 2017,『貧困の戦後史』, 筑摩書房.
仁藤夢乃, 2013,『難民高校生: 絶望社会を生き抜く「私たち」のリアル』, 英治出版.
赤石千衣子, 2014,『ひとり親家庭』, 岩波書店.
佐藤俊樹, 2000,『不平等社会日本: さよなら総中流』, 中央公論新社.
酒井順子, 2003,『負け犬の遠吠え』, 講談社.
中川清, 2007,『現代の生活問題』, 放送大学教育振興会.
中村淳彦, 2020,『新型コロナと貧困女子』, 宝島社.

高見具広, 2020. 9. 16,『JILPTリサーチアイ 第46回, 在宅勤務は誰に定着しているのか: 「緊急時」を経た変化を読む』, 労働政策研究·研修機構, https://www.jil.go.jp/researcheye/bn/046_200916.html(2023. 7. 25 검색).
国税庁長官官房企画課, 2022. 9, "令和3年分 民間給与実態統計調査." https://www.nta.go.jp/publication/statistics/kokuzeicho/minkan2021/pdf/002.pdf.
橘木俊詔, 1998,『日本の経済格差: 所得と資産から考える』, 岩波書店.
金ハンギョル, 2022. 4. 5, "女性4分の1超に雇用打撃," VIRIDIS Online, https://viridisonline.org/2022/04/05/1547/(2023. 7. 20 검색).
内閣府 男女共同参画局, 2022,『令和4年版男女共同参画白書』.
一般社団法人反貧困ネットワーク, "貧困ジャーナリズム大賞2021受賞者一覧." https://hanhinkonnetwork.org/archives/345(2023. 8. 11 검색).
中村淳彦, 2018. 6. 14, "貧困に喘ぐ女性の現敏,"『東洋夫訳 Online』, https://toyokeizai.net/category/hinkon.
総務省統計局, 2023. 1. 31,『労働力調査(基本集計) 2022年(令和4年) 平均結果の要約』, https://www.stat.go.jp/data/roudou/sokuhou/nen/ft/pdf/youyaku.

pdf(2023. 8. 2 검색).
厚生労働省, 2021, "非正規雇用の現状と課題", https://www.mhlw.go.jp/content/001078285.pdf(2023. 11. 3 검색).
朝日新聞, 2021. 2. 8, "五輪ボランティア390人が辞退 森喜朗氏の発言受け."
______, 2021. 4. 16, "小池知事「都外の人は来ないで."
______, 2022. 4. 13, "僕のためにパパ活を. トー横の18歳. 少女に売春させた疑いで逮捕."
______, 2022. 11. 23, "ドン横に居場所みつけた16歳 メイクをまねた記者に見せた笑顔."
ABC テレビニュース, 2021. 9. 10, "バイト感覚でパパ活をする少女たち."
NHK News, 2021. 3. 18, "五輪·パラ開閉会式の統括責任者佐々木氏辞任へ."
NHK スペシャル, 2006. 7. 23, "ワーキングプア: 働いても働いても豊かになれない."
______, 2006. 12. 10, "ワーキングプア II: 努力すれば抜け出せますか."
______, 2007. 12. 16, "ワーキングプア III: 解決への道."
NHK ドキュメンタリー, 2012. 10. 19, 〈チャイルド·プア〉.
______, 2017. 2. 15, 〈見えない貧困: 未来を奪われる子どもたち〉.
NHK みんなでプラス, 2021. 12. 13, 〈家を失う女性たち vol. 3〉.
______, 2021. 11. 24, 〈「家賃が払えない」ホームレスの炊き出しに並ぶ女性たち〉.
NHK 事件記事取材ノート, 2021. 4. 30, "ひとり、都会のバス停で~彼女の死が問いかけるもの," https://www3.nhk.or.jp/news/special/jiken_kisha/kishanote/kishanote15/.

고레에다 히로카즈(是枝裕和), 2005, 〈아무도 모른다(誰も知らない)〉 140min.
______, 2018, 〈어느 가족(万引き家族)〉, 121min.
나카시마 데쓰야(中島哲也), 2007, 〈혐오스런 마츠코의 일생(嫌われ松子の一生)〉, 129min.
다케 마사하루(武正晴), 2016, 〈백 엔의 사랑(100円の愛)〉 113min.
에구치 간(江口カン), 2023, 〈리키시(サンクチュアリ聖域)〉 넷플릭스.

찾아보기

Abstract

Rebuilding Japan, a Disaster Community

Edited by Seung-hyun Park, Eunsook Jee, Sug-In Kweon

This book offers a multifaceted exploration of contemporary Japan, a nation facing numerous challenges, striving to restore "the social" and reconfigure communities amidst large-scale disasters and an unprecedented super-aging process. How are communities of care and solidarity being restructured and newly established among the recurring threats of disasters and demographic changes? This research in welfare anthropology is based on a collaborative work among Korean and Japanese scholars during the COVID-19 pandemic. The authors critically examine the direction of Japan's social welfare, addressing the vulnerabilities exposed by disasters and the pervasive isolation and loneliness experienced by elderly citizens, while also advocating for the conceptual broadening of welfare. The focus of Japanese society, which has centered on external outcomes such as economic growth and globalization, is progressively shifting towards welfare, caregiving, and solidarity. "Who is most vulnerable during a disaster?" "How is the strength of communities that build and sustain caregiving networks cultivated?" The local sites, where these questions are raised and discussed, along with the changes the researchers have encountered, provide insight into the future direction of Japan's "disaster community" and offer significant implications for Korean society as well.

저자 소개

권숙인

공편자, 서울대학교 인류학과 교수

서울대학교 인류학과를 졸업하고 스탠퍼드대학교에서 인류학 박사학위를 받았다. 숙명여대 일본학과를 거쳐 현재 서울대 인류학과 교수로 재직 중이다. 주변부 집단의 정체성, 이주와 이산, 여성과 이주, 식민지 조선의 일본인, 재일 한인, 지역재생과 새로운 공동체 만들기 등의 주제에 관심을 갖고 연구하고 있다. 저서로는『재일한인의 인류학』(2021, 공저),『일과 생활세계: 1세들의 공간·노동·젠더』(2020, 공저) 등이, 논문으로는 "韓国人類学の日本研究: 1980年代から現在まで"(2022), "일본에 돈 벌러 간 이야기: 1910~20년대 일본 방직산업의 조선여공"(2019) 등이 있다.

김경화

공저자, 미디어 인류학자

서울대학교 인류학과 학사 졸업 후 일본 도쿄대학교에서 일본 사회와 모바일 미디어에 관한 인류학적 연구로 석사와 박사 학위를 취득했다. 도쿄대 정보학환(情報学環) 조교수, 간다외국어대학교 준교수로 재직했다. 전문 분야는 디지털 미디어와 네트워크 문화로, 한일 비교문화적 관점에서 기술 사회에 대한 연구를 하고 있다. 저서로『같은 일본 다른 일본: 미디어 인류학자가 읽어주는 일본의 속사정』(2022),『二代男と改革娘： 日韓の人類学者が韓国を語ってみた』(2024, 공저),『セカンドオフラインの世界: 多重化する時間と場所』(2022, 공저),『Second Offline: Doubling of Time and Place』(2021, 공저) 등이 있으며, 논문으로 "Creating 'Safe Places' in Social Media: Japanese Youth's Tactics of

Self-Presentation During the COVID-19 Pandemic"(2024, 공저)이 있다.

박경민

공저자, 서울대학교 인류학과 박사 수료

서울대학교 인류학과 박사를 수료했다. 정책, 국가와 시민사회, 초국적 이주, 다문화, 여성과 이주 등에 관심을 갖고 연구하고 있다. 최근 저서로는 『탈냉전 시대 아시아의 재구성과 아시아인의 정체성』(2023, 공저) 등이 있으며, 논문으로는 "국제화하는 국가와 내향화하는 사회: 일본의 문화적 다양성도입과 국제화 정책의 역설"(2023), "일본 재흥(再興)의 개국 담론과 글로벌 일본인론: 국제인과 글로벌인재 육성 정책에 대한 비판적 검토"(2022), "일상적 시민 공간으로서의 자발적 시민 결사체: 일본의 글로벌 마치즈쿠리 프로젝트와 시민참여 경험에 관한 민족지적 연구"(2021), "일본의 국제화 정책과 지역의 '국제화하기': 정책 인류학적 관점"(2019) 등이 있다.

박승현

공편자, 계명대 일본어일본학과 조교수

도쿄대학 총합문화연구과에서 도쿄 대규모 공공단지의 고령화와 재건축에 관한 인류학 연구로 박사학위를 받았다. 계명대학교 일본어일본학과 조교수로 재직 중이며, 재난과 공동체, 고령화와 복지, 재일 한인의 생활세계, 가족과 젠더 연구를 중심으로 일본의 사회문화를 연구하고 있다. 최근 저서로는 『팬데믹, 도시의 대응』(2022, 공저), 『재일한인의 인류학』(2021, 공저), 『老いゆく団地: ある都営住宅の高齢化と建替え』(2019) 등이 있으며, 논문으로는 "일본 싱글맘 빈곤과 근대가족 모성 규범의 굴레"(2024), "코로나19 자숙이 불러일으킨 '세켄(世間)'의 공기"(2022), "고베 도시경영의 계보와 '부흥재해'"(2022), "지역산업 속 재일(在日)의 역사와 현재: 고베 구두마을 나가타와 재일코리안의 '케미컬슈즈'"(2020) 등이 있다.

야마 요시유키(山泰幸)

공저자, 간세이가쿠인대학교(関西学院大学) 인간복지학부 학부장·재해부흥제도연구소 소장

간세이가쿠인대학교에서 사회학 박사학위를 받았다. 간세이가쿠인대학교 인간복지학부 학부장이며 재해부흥제도연구소 소장으로 재직 중이다. 주요 연구 분야는 지속가능한 지역 만들기, 방재·감재 마을 만들기, 재해부흥이며, 고령자의 사회참여 및 철학카페를 활용한 이야기 장소 디자인에 관한 실천적 연구를 수행하고 있다. 최근 저서로는 『ナラティヴ·ポリティクスとしての異人論: 不寛容時代の〈他者〉をめぐる物語』(2024, 공편), 논문으로는 "近代日本における復興思想の形成と展開"(2024), "過疎地域の孤立集落の災害対応と復興の課題: 令和6年能登半島地震を受けて"(2024), "地震なき風土論: 関東大震災と和辻哲郎の人間観"(2023), "韓国ソウル群集事故〈梨泰院惨事〉を考える"(2023), "文化遺産とまちづくり: 災害と過疎からの地域復興"(2022) 등이 있다.

오와 미에(大和三重)

공저자, 간세이가쿠인대학교 인간복지학부 교수

오사카대학교 국제공공정책연구과에서 개호인재 정착에 관한 연구로 박사학위를 받았고, 간세이가쿠인대학교 인간복지학부 교수로 재직 중이다. 주요 연구 분야는 고령자 복지, 소셜 네트워크 및 복지NPO이며, 외국인 개호자 수용 및 고령자의 사회참여에 대해 연구하고 있다. 최근 논문으로는 "Social Vulnerability of Oder Adults and COVID-19: Findings from Surveys of Professionals Providing Care in Japan"(2023, 공저), "高齢者福祉施設で働く外国人介護職員の就労意識と受け入れをめぐる課題地域ケアリング"(2022, 공저), "コロナ禍に耐える地域在住高齢者: レジリエンスに着目した支援の可能性"(2021), "新型コロナウイルスと高齢者: グローカル·ソーシャルワークの視点から"(2021), "日本の介護人材不足と外国人介護労働者の受入れをめぐる課題: 神戸市の外国人介護人材実態調査の結果から"(2020) 등이 있다.

지은숙

공편자, 서울대학교 비교문화연구소 학술교수

서울대학교 인류학과에서 "비혼의 관점에서 본 일본의 가족관계와 젠더질서의 변화"를 주제로 박사학위를 받았다. 현재 서울대학교 비교문화연구소 학술교수로 재직 중이다. 인구 고령화와 가족관계의 변동, 돌봄의 민주화와 젠더 질서의 변화, 젠더와 나이 듦의 의미 등을 주제로 연구를 진행하고 있다. 대표 저서로는 『오늘을 넘는 아시아 여성: 페미니즘이 묻고 인류학이 답하다』(2023, 공저), 『역동하는 관계와 가족커뮤니티』(2023, 공저), 『재일한인의 인류학』(2021, 공저) 등이 있다. 주요 논문으로는 "비혼여성의 돌봄관계와 새로운 친밀성에 관한 고찰"(2022), "능력주의는 여성을 임파워링하는가: 일본의 여자력(女子力) 담론을 통해 본 능력주의와 페미니즘의 역동"(2022), "도시 거주 비혼여성의 주거 실천과 대안적 거주 생애사의 구축"(2022) 등이 있다.